횡으로 읽는 문명 이야기:
중반구와 글로벌 르네상스

횡으로 읽는 문명 이야기:
중반구와 글로벌 르네상스
―――――――――――――――――――――――――――――――――

2018년 11월 25일 초판 발행

지은이 | 김중순
편 집 | 곽승훈
펴낸이 | 최도욱
펴낸곳 | 소통
주 소 | 서울 금천구 시흥대로 73길 11, 상가동 207호
전 화 | 070-8843-1172
팩 스 | 0505-828-1177
이메일 | sotongpub@gmail.com
블로그 | http://blog.daum.net/dwchoi

ISBN 979-11-86453-65-0 93900
값 16,000원
잘못 만들어진 책은 구입하신 서점에서 교환해 드립니다.

ⓒ 2018 김중순, 소통
Printed in Korea

이 도서의 국립중앙도서관 출판시도서목록은 e-CIP홈페이지(http://www.nl.go.kr/ecip)와
국가자료공동목록시스템(http://www.nl.go.kr/kolisnet)에서 이용하실 수 있습니다.
(CIP제어번호: CIP2018033285)

"이 도서는 한국출판문화산업진흥원 2018년 우수출판콘텐츠 제작 지원 사업 선정작입니다."

횡으로 읽는 문명 이야기:
중반구와 글로벌 르네상스

김중순

소통

차례

여는 글 : 기울어진 운동장 평평하게 만들기　　007
일러두기　　018

I부　이탈리아 르네상스에서 글로벌 르네상스로

1장. 르네상스, 누구의 역사인가?　　021
2장. 서반구 중심주의 르네상스　　031
3장. 불편한 진실　　043
4장. 글로벌 르네상스, 어떻게 가능한가?　　055

II부　르네상스를 향한 글로벌 맵핑

1장. 중반구에서 르네상스로　　065
　1. 칭기즈 칸과 팍스 몽골리카　　066
　2. 티무르조와 중앙아시아　　074
　3. 알 안달루스　　085
　4. 오스만 튀르크　　092

2장. 동반구에서 르네상스로　　101
　1. 당송 시대 동반구에서 시작된 세계화　　102
　2. 조선이 그린 세계 지도　　111
　3. 조선의 르네상스　　126
　4. 정화가 연 바닷길　　136

3장. 이슬람에서 르네상스로　　145
　1. 십자군 전쟁과 서반구의 곁눈질　　146
　2. 이슬람의 등장　　155
　3. 지혜와 학문의 인프라　　164
　4. 르네상스를 향한 천재들의 등장　　175

III부 중반구의 기억을 찾아서

1장. 오리엔트에서 피어난 문명 헬레니즘 — 189
1. 오리엔트의 배경 — 190
2. 오리엔트를 탐한 사나이 — 200
3. 헬레니즘의 하부 구조 — 210

2장. 중반구의 주인들 — 219
1. 사산조 페르시아 제국 — 220
2. 튀르크와 돌궐 — 230
3. 소그드 — 240

3장. 경계를 넘은 사람들 — 249
1. 장건과 반초 — 250
2. 혜초와 고선지 — 258
3. 마르코 폴로와 이븐 바투타, 그리고 개척자들 — 267

IV부 교류사로 읽는 글로벌 르네상스

1장. 비단 문명의 길 — 281
2장. 종교 문명의 길 — 293
3장. 기술 문명의 길 — 307
4장. 도자기 문명의 길 — 327

자료 목록 — 342

참고 문헌 — 346

찾아보기 — 352

여는 글
기울어진 운동장 평평하게 만들기

지구는 둥글다. 언제부터인가 이 둥근 지구를 인류는 반 토막으로 만들고 말았다. 동양東洋과 서양西洋의 구분 탓이다. 동양은 동방, 아시아, the Orient, the East 등을 대신하고, 서양은 서방, 유럽, the Occident, the West 등을 대신한다. 이는 역사학과 지리학, 정치학 일반에서 사용하는 복합 개념이기는 하지만, 동양인들과 서양인들은 서로 다른 입장과 서로 다른 기준으로 그 개념을 제시하고 사용하였다.

동양東洋 혹은 서양西洋이라는 말에 바다 '양'洋이라는 글자가 붙은 것으로 봐서 이는 뱃길을 지리적으로 구분하기 위한 용어였을 것으로 짐작된다. 정수일의 설명에 따르면,[1] 중국 광저우로부터 인도네시아 수마트라 동쪽의 바다를 동남해로, 그 서쪽을 서남해로 나눈 것은 이미 송대960~1279말이었다. 우리로 치면 고려 시대로, 남해를 비롯한 인도양에 대한 지식이 제법 깊어졌을 때였다. 원대1271~1368, 즉 고려 말에서 조선 초기에 이르러서는 그것이 더욱 세분화되었다. 오늘날 보르네오 섬의 동쪽을 동양, 그 서쪽을 서양이라고 했으니, 동서양이 등장한 것은 이때가 처음인 셈이다.

조선 중기에 해당하는 명대1368~1661 초에는 정화鄭和라는 사람이 등장하면서 바다에 대한 인식이 완전히 달라졌다. 그는 7차례에 걸쳐 '하서양'下西洋, 즉 해로를 통해 서양 원정을 했던 사람이다. 도대체 이 사

---

[1] 이하 해양의 동서 구분과 관련해서는 정수일 편저, 2013. '동東과 서西', 『실크로드 사전』. 117-118쪽을 참고하라.

람이 왜 이런 엄청난 '물놀이'를 했는지에 대해서는 아직 역사학자들 사이에서도 수수께끼로 남아 있다. 아무튼 그의 물놀이로 말미암아 동서양에 관한 범위가 확대되었고 그 중간은 '남양'南洋이라 불리게 되었다.

중국에서 이쯤 밥상을 차려놓고 나니 명대 이후 중국을 찾아 온 서방 선교사들이 여기에 숟가락을 얹었다. 그들은 북부 태평양의 서쪽을 대동양大東洋, 동쪽을 소동양小東洋이라 하고, 인도양의 서쪽을 소서양小西洋, 유럽의 서쪽을 대서양大西洋이라 명명하면서 스스로를 '대서양인'이라고 했다. 그들에게는 어렴풋하게나마 '동'이나 '동쪽 지방'이라는 지리적·역사적 개념이 있었다. 그것은 흑해 지방에서 바빌로니아에 이르는 일대를 가리키는 'assu'인데, 아시리아어로 '일출'日出을 뜻했다. 오늘날 우리가 사용하는 '아시아'Asia도 여기서 파생되었다고 한다.

그러나 이런 단어들이 지금의 동서양의 개념과 일치하는 것은 아니다. 유럽인들은 대체로 터키 동쪽에 위치한 아시아 지역, 즉 우랄산맥·흑해·지중해·홍해의 남북 연결선을 기준으로 그 동쪽을 '동'으로, 그 서쪽을 '서'로 대별하였다. 또한 유럽, 특히 영국을 기점으로 원근에 따라 동을 다시 '근동'近東 the Near East, '중동'中東 the Middle East, '원(극)동'遠(極)東 the Far East 등으로 세분화하고 있다. 이처럼 그들의 동서 구분 기준은 중국인들과 달랐다. 바다나 산맥 등 어떤 자연 환경을 기준으로 한 것이 아니라 전적으로 자기 중심적이었다. 문제는,

정치·외교적 고려에 따라 인위적으로 동서를 나누고, 온갖 측면에서 동·서간의 대립 관계를 설정해 왔다는 데 있다.

물론 그 전에도 동쪽과 서쪽의 다툼이 없었던 것은 아니지만, '동양'과 '서양'의 이분법적 논리가 적대적으로 등장한 것은 11세기 말에서 13세기 말까지 2백 년 동안 계속된 십자군의 침략 전쟁 이후라고 해야 할 것이다. 따라서 처음부터 동양과 서양이 대등하게 등장할 수가 없었다. 그것은 어디까지나 이슬람 세력에 대한 유럽의 일방적인 적대화로 말미암아 생겨난 대립 구도였던 것이다.

세계를 이처럼 동양과 서양으로 구분하면서, 유럽은 자신의 문명적 정체성을 알렉산더가 이룩한 헬레니즘으로 삼고 있다. 소위 헬레니즘이 하나의 독립된 문명으로 등장하게 된 것은 알렉산더가 동방으로 진출하면서부터였다. 그 동방은 오늘날의 동양과는 사뭇 다르게 페르시아 제국, 혹은 중앙아시아의 일부를 포함하는 오리엔트 정도로 한정되어 있었다.

사실 헬레니즘의 주체 세력이 그리스라는 사실에 대해서는 이론이 없지만, 그것은 오리엔트 문명이라는 거대한 하부 구조가 있었기 때문에 가능한 일이었다.[2] 따라서 오리엔트를 일방적으로 서양 문명의 전통 속으로 함몰시키는 문명 이해를 우리로서는 쉽게 동의할 수가 없다. 그들은 오리엔트 지역, 즉 비옥한 초생달 지역과 이집트에 살

---

[2] 오리엔트 문명과 관련해서는 이희수 교수의 전개방식을 따랐다. 『이슬람학교1』, 청아출판사. 2015. 42쪽 이하.

던 사람들이 이루어 낸 수메르 문명, 바빌로니아 문명, 파라오 문명, 페니키아 문명, 가나안 문명 등 5가지의 찬란한 고대 문명을 어느새 서양 문명의 전통 속으로 밀어 넣어버렸다.

뿐만 아니라 유대교, 기독교, 이슬람 등 세계의 주요 3대 종교도 모두 같은 공간에서 발생하였지만, 그들은 이 위대한 문명 발상지가 서양이 아닌 동양이라는 사실을 인정하는데 매우 인색하다. 그들이 말하는 동양이 지금은 유럽인들에게 '악의 축'이라는 대명사로 사용되고 있으니 아이러니가 아닐 수 없다. 근동과 중동 지역은 그나마 그런 이름이라도 얻었으니 다행이다. 오늘날의 중앙아시아에 대해서는 아예 이름이 없었다. 17세기부터 20세기 초에 이르기까지 이 땅은 러시아의 지배하에 있으면서 유럽인들의 기억 속에서 사라졌기 때문이다. 결국 그들에게 동양이란, 20세기 초반에 이르기까지 그들이 아는 만큼의 근동을 넘지 못했다. 오해와 편견과 왜곡이 있을 수밖에 없었다.

더구나 19세기 이후 불붙은 유럽의 제국주의는 그런 동양이 정복의 대상이었다. 동양을 열등하고 뭔가 괴기스러움이 남아있는 곳으로 취급하려는 '오리엔탈리즘'Orientalism이 시작된 것이다.[3] 이는 단순히 동양학을 의미했으나, 오히려 동양에 대한 서구의 전형화Stereotype의 의미로 사용되고 있다. 실제로 서구 제국주의는 자신들의 필요에 의해 동양을 신비화한 다음, 동양을 탐험하고 지배하며 착취해왔다.

---

[3] '오리엔탈리즘'은 에드워드 사이드Edward W. Said의 『오리엔탈리즘』Orientalism(1978)에서 사용된 용어로, 하나의 이론과 지식체계로 굳어진 '동양에 대한 서구의 왜곡과 편견'을 의미한다.

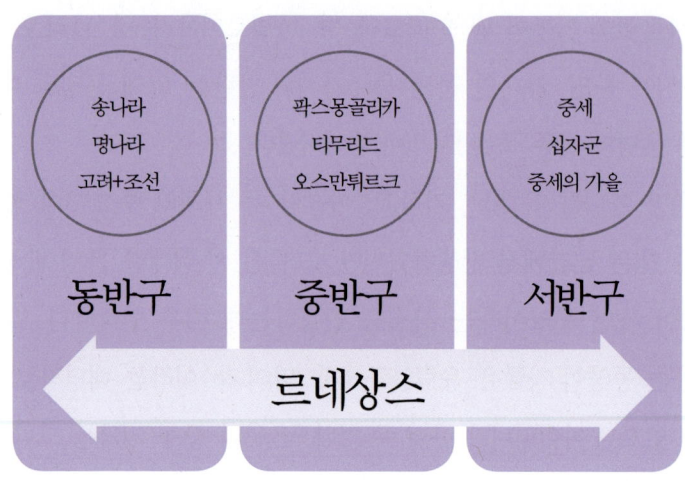

[표1] 같은 시대에 글로벌한 현상으로 나타나는 르네상스

오늘날 우리가 알고 있는 지구 문명에 대한 이해는 이처럼 '기울어진 운동장'Unleveled Playing Field에 세워져 있다. 이 책은 기울어진 운동장을 바르게 하려는 시도이다. 동서양의 구분은 운동장을 기울게 한 가장 큰 원인이다. 따라서 동·서양의 이분법 대신, 동반구東半球 East Hemisphere, 서반구西半球 West Hemisphere, 그리고 중반구中半球 Middle Hemisphere로 나누고자 한다. 물론 반구[4]半球 Hemisphere가 갖는 어원적 의미는 원구의 1/2이라는 뜻이지만, 여기서는 문명의 구도를 밝히는 새로운 인문 지리도로 사용될 것이다.

이렇게 되면, 오늘날 우리가 동남아시아를 포함하여 한국과 중국

---

[4] 중반구Middle Hemisphere는 2015년 계명대학교에서 열린 "실크로드 인문학 국제학술회의" 기조연설에서 신일희 총장이 제시한 용어다. (『2015 실크로드 인문학 국제학술회의』 제1권. 52-76.)

중심의 문명권을 동반구로 묶을 수 있다. 그리고 무엇보다도 유럽으로부터 왜곡 당했던 근동은 물론, 마치 존재하면서도 존재하지 않는 그림자 취급을 당했던 서아시아를 포함한 중동과 중앙아시아 지역을 중반구로 묶을 수 있다. 그리고 서반구는 지금의 일반적인 서양으로 남겨 둬도 될 것이다.

이는 동양과 서양의 이분법적 상극相克의 구도를 동반구, 서반구, 중반구의 삼각 구도로 펼치게 한다. 그것은 어느 한쪽으로 쏠리지 않고 평형과 안정을 이루게 하는 세발솥의 정립鼎立인 셈이다. 더구나 이 거대한 세 개의 반구半球는 따로 존재하는 것이 아니라 실크로드라는 문명 벨트로 연결이 된다. 인류의 문명이 결코 별개로 생성되어 따로 존립해 온 것이 아니라 교류와 상생의 결과임을 알게 해 준다.

그렇다고 해서 모든 문명 공간이 '반구'라는 대체 개념으로 분류되는 것은 아니다. 그것은 단순히 공간 개념이 아니라 시간적 개념도 포함하는 인문 지리학적 용어이기 때문이다. 예를 들면, 이베리아 반도의 안달루시아는 공간적으로 엄연히 유럽이고 서반구에 해당하지만, 중세의 문명 구도에 따르면 서반구가 아니라 중반구가 된다. 따라서 필요할 경우에는 유럽, 중앙아시아, 중국 등 기존의 용어를 그대로 사용하기로 한다.

'반구' 역시 기존의 동서양과 마찬가지로 이미 익숙한 개념이 아니라면, 구태여 대체할 필요가 있는지 의문이 있을 수 있다. 그러나, 예를 들면, 인류 문명사에 있어서 가장 획기적인 사건이라 할 르네상스는 이 '반구'의 개념을 통해서만 이해가 가능하다. 특히 중반구는, 그야말로 르네상스가 지금까지 가지고 있었던 유럽 중심주의를 극복할 수 있는 '열쇠 말' Key Word이 되기 때문이다. 더 나아가 르네상스의 등장을 동반구까지 확장해서 이해할 수 있는 매개가 되기도 한다. 실제로 동반구와 서반구의 문명은 고대 문명의 계승자인 중반구를 통해 서로 교류하면서 글로벌 문명을 이룩해왔기 때문이다.

마침 이런 생각에 힘을 실어주는 뇌신경 의학 분야의 이론이 있다. 인간의 좌우 대뇌 사이에는 '뇌량' 腦梁 Corpus Callosum이란 부분이 있다. 좌우 대뇌가 뇌의 양반구 兩半球 Both Hemispheres라면 뇌량은 그 사이를 연결하는 대들보 역할을 한다. 이는 약 2억 가닥의 미세한 신경섬유로 구성되어 해부학적으로 반대쪽 뇌의 같은 위치에 있는 신경을 서로 연결한다. 시각적, 청각적, 체감각의 정보 전달은 뒤쪽 영역에서, 고차원적인 인지기능은 앞쪽 영역에서 처리하도록 체계화되어 있다. 문명사에서는 중반구가 바로 이 뇌량의 역할을 한다고 할 수 있을 것이다.[5]

따라서 우리의 이야기는, 중반구를 새롭게 조명하는 데서부터 시작한다. 주로 동반구와 서반구가 중반구로부터 빚지고 베푼 바가 무엇인지를 다루게 될 것이다. 이렇게 중반구를 등장시키면 문명을 '교류사' Exchange History로 읽어낼 수 있는 여지가 생긴다. 1990년대부

---

[5] 이 소중한 정보를 제공해주신 우리건강의학센터 원장 최영희 박사님께 감사한다.

터 비교사를 토대로 본격적으로 등장한 교류사 연구6)는 특히 양 문화 간의 접촉의 사건을 하나의 역사로 간주한다는데 그 특징이 있다.

그것은 두 문화 사이에서 서로가 서로에게 영향을 주는 과정과 타문화에 대한 수용과 자문화화 등에 초점을 맞추는 '횡단 역사'7) Histoire Croisée의 개념이기도 하다. 교류사 연구는 전 지구적 시각을 기반으로 한다. 그것은 다양한 대상 간에 발생하는 상호 의존·문화 전파·상호간 인지·외형과 재현된 형상 등을 연구하는 분야로 자리잡았다. 그런 뜻에서 우리가 이미 선택한 문명 공간으로서의 동반구, 중반구, 서반구라는 포괄적 개념은 매우 적절하다고 할 수 있다.

이처럼 폭넓게, 그리고 여러 요인들의 관계를 모두 함께 고려하는 것이 '상호 관계론적인 고찰과 해석'이다. 역사의 발전과 진보는 '하나'의 요인만을 선택하거나 독점적으로 고려할 경우 심하게 왜곡될 수 있다. 이것은 특정한 문화 현상의 원인과 이들의 내적인 관계를 한 국가나 지역 또는 특정 문명에 국한해서는 안 된다는 말이다. 오히려 관련된 모든 대상을 동적이며 유기적으로 그리고 그 내부에서 '상호 교류하는 총체적인 특징들'로 폭넓게 고려해야 한다는 것이다. 개별 단위의 문화에 대한 집착에서 벗어나자는 것이다. 역사의 유동성과 상호 연계성을 전제하면서 공통적이고 보편적인 가치를 찾아야 한다는 뜻이다.

---

6) 이진일, 2007. 「비교사에서 교류사로?」 『士林』28: 39-42.

7) Michael Werner and Benedicte Zimermann, 2006. "Beyond Comparison: Histoire Croisée and the Challenge of Reflexivity", *History and Theory*, Vol. 45(1): 30-50.

그러나 이 책에 그런 욕심을 다 담지는 못했다. 우선은, 이미 주어진 역사적 정보를 어떤 시각으로 읽고 풀이해 낼 것인가에 초점을 맞추었다. 그리고 좀 더 쉽고 재미있게 이야기를 풀어가고자 했지만, 저자의 역량 부족은 어쩔 수 없는 한계이기도 하다. 연구가 부족한 부분은 다음을 겨냥할 수밖에 없다.

독자들은 인내가 필요할 것이다. 지금까지 역사가 시간의 흐름에 따라 과거부터 현재까지 종縱으로 읽혀왔다면, 여기서는 횡橫으로 읽는 모험을 벌이기 때문이다. 그렇게 되면 무엇보다도 생소한 인명과 지명들이 복잡하게 뒤섞이는 경험을 하게 될 것이다. 사람 이름이야 자꾸 들으면 익숙해질 수도 있다. 그러나 공간 개념을 파악하기 위해서는 세계 지도를 펼쳐놓고 장소를 직접 찾아가고 확인해야 한다. 장소와 시간을 연결시키고, 역사적으로 일어난 사건들의 원인과 결과를 큰 그림Big Picture으로 읽을 필요가 있다. 그래서 결국에는 그것이 '나의 이야기'가 되어 같이 공감하고, 흥분하고, 감동할 수 있게 되기를 바란다.

부족한 글이기는 하지만, 이 글을 완성할 수 있었던 것은 이희수 선생님 덕택이다. 그로부터 여러 학문적 조언을 얻을 수 있었고, 만날 때마다 새로운 자극과 일깨움을 받은 것은 행운이 아닐 수 없다. 복잡한 글을 꼼꼼히 읽고 다듬어 준 나의 학문적 동지들인 윤애숙 박사와 이수민 박사께도 고마움을 표한다. 그리고 내가 평생을 배우고, 가르치고, 연구할 수 있도록 든든한 울타리가 되어준 계명대학교에 대한 고마움을 표하지 않을 수 없다.

계명대학교는 120년 전 미국의 선교사들이 기독교 정신을 바탕으로 세운 학교다. 그리고 '우리 안의 오리엔탈리즘'으로부터 '지잡대'(지방에 있는 잡다한 대학)라는 이름도 얻었다. 그러나 이 학교는 서양의 선물에 만족하여 안주하지 않았고, 우리 안의 오리엔탈리즘에 분개하는 대신 근대라는 시대를 형성하는데 커다란 공을 세웠다. 그리고 70년대 이후에는 '한국학'의 국제적 선도 역할을 하더니, 이제는 중반구학으로 학문의 탁월성을 지향하고 있다. 기독교를 통한 계몽, 한국학을 통한 자의식 확립, 그리고 이제는 자신의 눈으로 저너머의 세계를 탐구하게 된 이 세 단계의 학풍은 고스란히 내가 덕본 셈이다. 이런 곳에서 한 평생을 배우고 가르쳤으니 감사할 뿐이다.

2018년 가을
저자 김 중 순

일러두기

　기원전과 기원후의 연대기를 나타내는 데 있어서 BC와 AD라는 용어는 사용하지 않는다. 비록 일반화된 용어라고는 하지만, 기독교 이외의 다른 여러 문명을 다루는데 중립적이지 못하기 때문이다. 특히 이 책의 성격상, 특정 종교나 문명 중심주의를 피하기 위함이기도 하다.

　대신, 약간은 낯설지만, Before Christ(예수 이전)의 약자인 BC를 대신하여 '공통 시대 이전'을 뜻하는 BCE(Before Common Era)를, 그리고 Anno Domini(그리스도의 해)의 약자인 AD를 대신하여 '공통 시대'를 뜻하는 CE(Common Era)를 사용한다. 종교적 혹은 문명적 중립성을 확보하고자 함이다. 또한 연대기가 문장 속에 포함될 때는 '기원전' 혹은 '기원후'라고 표기하여 글의 흐름을 자연스럽게 했다. 다만, 역사 연대가 전후의 맥락 속에서 너무나 명백하여 오해의 여지가 없을 경우, 특히 그것이 기원후의 연대기일 경우에는 구태여 이런 표시를 하지 않았다. 연도 앞에 붙는 c.는 circa의 약자로 '약' 혹은 '경'을 뜻한다. 왕이나 지도자의 연도 앞에 붙는 r.은 the period of reign의 약자로 '재위 기간'을 뜻한다.

제I부
이탈리아 르네상스에서 글로벌 르네상스로

1장 르네상스, 누구의 역사인가?

2장 서반구 중심주의 르네상스

3장 불편한 진실

4장 글로벌 르네상스, 어떻게 가능한가?

제I부 1장

르네상스, 누구의 역사인가?

우리는 서양사의 틀을 넘어선 르네상스를 상상해 본 적이 없다. 르네상스는 그들의 문명이었고, 우리는 그들이 일궈 놓은 위대한 문명의 결과를 그저 향유해 왔을 뿐이었다. 그리고 그것을 이해하고 배우는 것은 선진 문명에 대한 후진 문명의 의무이자 예의이기도 했다. 우리의 이야기는, 참으로 당연하게 여겨졌던 그 르네상스의 역사가 과연 그들의 문명일 뿐, 우리의 문명과는 아무런 상관이 없는 것인가 하는 질문에서 시작한다.

르네상스라는 단어는 학문 또는 예술의 재생과 부활이라는 뜻이다. 프랑스어의 renaissance, 이탈리아어의 rinascènza를 어원으로 삼으며, 일반적으로 중세에서 근대로 넘어가는 14~16세기에 일어난 유럽의 문예 부흥 운동을 가리킨다. 이러한 움직임이 처음에는 14세기경 이탈리아를 중심으로 전개되다가 16세기 중반부터 알프스를 넘어 프랑스·영국·독일 등 북부 지역으로 전파되어 근대 유럽 문화의 바탕을 형성하였다는 것이 르네상스에 대한 '교과서적'인 설명이라고 할 수 있다.

그러나 르네상스의 한국어 번역 마저 '문예 부흥'이라고는 할 수 없다. 그것은 단순히 중세를 부정하고 고대 문화의 부흥이나 재생을 꾀하는 것이 아니기 때문이다. 새로운 시대 정신과 문화의 창조이며, 나아가 정치·경제·사회 전반의 새로운 변화를 위한 운동인 것이다.

르네상스를 이야기할 때 시대 구분은 중요한 쟁점 가운데 하나다. 사실 이것은 우리의 문명사와도 직결되어 있기 때문에 자세히 들여다 볼 필요가 있다. 시대 구분을 위해서는 예술 형식까지 다 파악해야 한다는 부담이 생기지만, 우선 큰 틀만 보자. 학자들 가운데는 15세기를 '인문주의 시대' The Periods of Humanism라 부르면서 르네상스는 16세기 초부터 시작하는 것으로 간주하는 사람도 있다. 그런가 하면, 르네상스가 16세기 초반에 이미 끝났다는 의견도 있다. 그때면 벌써 예술이 매너리즘과 바로크라는 새로운 경향을 띠고 있기 때문이라는 것이다.

뿐만 아니라, 르네상스가 한편으로는 고딕, 다른 한편으로는 매너리즘 및 바로크의 사이에 끼어 있는 과도기에 지나지 않는다는 의견도 있다. 이렇게 되면 르네상스라는 시대는 없어진다. 그렇다고 해서 르네상스처럼 분명한 현상을 시대 구분에서 제외할 수는 없는 일이다. 차라리 르네상스는 1500년을 중심으로 훨씬 오래 전에 시작하여 훨씬 후에 끝이 났다고 하는 것이 편할지도 모른다.

그러나 이런 복잡한 시대적 배경과 대상과 범주의 구분만큼이나 중요한 게 있다. 르네상스가 가지고 있는 나름대로의 분명한 색깔이 그것이다. 르네상스의 핵심이라고 할 수 있는 사상적 특징부터 살펴보자. '인간성의 재발견' 내지는 '인간성의 고양' 高揚, 혹은 '자아의 발견'이라는 측면을 부각시킨 인문주의 人文主義 Humanism가 키워드이다.

중세까지는 교회의 권위 아래서 모든 것이 신神 중심이던 것이, 르네상스에 이르러서는 인간과 인간의 자아, 개성, 그리고 능력을 새로운 시각으로 보기 시작한 것이다. 그것은 고대 그리스·로마 문화에 대한 새로운 관심과 열정에서 출발했다. 고전 작품이 중세의 인생관보다 더 자유롭고 더 넓고 합리적이며, 더 인간적이고 더 현실적인 인생관을 계시해 줄 것으로 믿었기 때문이다. 또한 인간의 정서 생활, 심미적 감각, 그리고 지적 활동을 구속하고 억압했던 쇠사슬을 끊고 해방시켜 줄 것이라고 생각했기 때문이다. 결국 인간을 억압하는 이러한 모든 권위에 도전장을 내민 것이 바로 르네상스의 주요 특징이라고 할 수 있다.

르네상스에 대해 가장 체계적으로 해석한 사람은 부르크하르트

Jacob Burckhardt, 1818~1897였다. [그림1] 그는 1860년에 『이탈리아 르네상스의 문화』Die Kultur der Renaissance in Italien라는 제목의 책을 출판하면서 르네상스는 14~16세기 이탈리아를 중심으로 생겨났다고 했다. 그것은 중세 암흑시대를 거치고 고대 그리스·로마 문화를 인간 중심의 새로운 문화로 부흥시켰다. 인간성의 해방과 개인의 발견, 합리적 사유와 생활 태도를 정립시킨, 이전의 중세 시대와 '단절' 된 새로운 시대였다. 이런 시대가 가능할 수 있었던 것은 12~13세기부터 이탈리아의 도시 국가들이 유럽의 무역을 장악하여 경제력을 확보한 덕택이었다. 이 때 문학을 비롯한 고급문화가 발전하게 된 것도 이러한 사회 경제적 배경에서 상인과 전제군주의 후원을 얻을 수 있었기 때문이라는 것이다.

참으로 명쾌한 설명이다. 이런 식의 역사 서술 방법은 이전의 정치사 위주의 역사 서술 방식과는 다르다. 문화·예술을 중심으로 역사를 서술한 문화사의 원조이자 백미라고 할 수 있다. 한 시대를 횡적으로 절단해 르네상스 시대의 이탈리아 문화 현상을 종합적으로 그려낸 걸작이다. 실제로 이탈리아의 경우에는 르네상스가 주로 귀족이나 부유한 상류층 계급에 의해 문예 분야를 중심으로 전개되었다. 이는 지적이고 비판적이며 민족주의적인 성격을 띠어 종교 개혁에까지 연결되었던 북유럽과는 달랐다.

역사적으로, 이탈리아는 고대 로마 이래 오랜 역사가 축적되어 온 곳이다. 지리적 입지 조건으로 이슬람 세계 및 비잔틴과의 지속적인 접촉을 통해 서유럽과의 연결 고리 노릇도 했다. 특히 11, 12세기에는 '상업의 부활'과 십자군 운동의 참여로 자치 도시들이 등장했다. 그들은 주위의 농촌 지대까지 지배하여 도시 국가의 형태를 이루었다. 또 기존 봉건 귀족층과 토지 소유자 계층들이 도시로 이주하여 경제 활동과 정치에 참여하게 되었다. 13세기 후반의 경제적 발전기에는 사회 계층의 변화도 심했다. 이탈리아 특유의 시민 문화의 기반은 바로 이들 상인들의 현실적 감각이 사회의 모든 면에 침투한 탓이다. 학문에서도 그들 나름의 독자적 전통을 보유하고 있었다. 정치에서도 그리스·로마의 고대 문화와 마찬가지로 도시 국가 형태가 지배적이었다.

[그림1] J. Burckhardt, 1818-1897

이처럼 부르크하르트는 르네상스가 이탈리아적인 것이라고 했다. 중세적인 것도 아니며, 그렇다고 단순히 근대의 시작이라고만 볼 수도 없는 하나의 구분된 시대, 즉 14세기부터 16세기에 걸쳐 일어났던 문화의 시기라는 것이다. 그는 주로 새로운 문명의 정신적인 특성에 관심을 가지고 있었지만, 동시에 새로이 배태된 정신과 이탈리아인의 사회·정치적인 경험을 밀접하게 관련시켜 보려고 하였다. 즉, 14세기의 시작과 함께 생성된 이탈리아의 정치적 경험은 새로운 정신의 발달을 가져온 조건이었다는 것이다.

실제로 이 시대는 매우 다이내믹하여 교황과 황제 간에 진행되었던 오랜 갈등이 막바지에 이르렀고, 장기간의 투쟁으로 말미암아 양편 모두 기진맥진하여 이탈리아는 새로운 상황에 놓이게 되었던 것도 사실이다. 그는 르네상스와 중세를 완전히 대립된 시대로 파악하여 근세의 시작은 중세가 아닌 고대로부터라고 했다. 특히 중세를 혹평하여 지극히 정체된 어두운 암흑의 시대라고 했다. 그 범위는 사상·문학·미술·건축 등 다방면에 걸친 것이었다.

모두 근거가 있고 맞는 말이지만, 그의 가장 큰 오류는 르네상스의 범위를 시간적으로 14~16세기라는 경계를 지은 것이라고 할 수 있다. 동시에 공간적으로도 이탈리아 이외 다른 문명권과의 교류 관계를 소홀히 했다는 사실이다. 그의 주장대로 하자면, 5세기 로마 제국의 몰락과 함께 중세가 시작되었다. 그때부터 르네상스에 이르기까지의 시기를 야만 시대, 암흑 시대, 혹은 인간성이 말살된 시대라고 할 수 있다. 르네상스는 이 야만 시대를 고대의 부흥을 통하여 극복하려는 것을 특징으로 한다. 이 운동은 곧 프랑스·독일·영국 등 북유럽 지역에 전파되어 각각 특색 있는 문화를 형성하였으며 근대 유럽 문화 태동의 기반이 되었던 것이다.

하지만 봉건주의가 중앙 집권적 군주국으로 바뀌어가고 있었던 것은 당시 이탈리아뿐만 아니라 유럽의 어느 곳에서나 겪었던 정치적 변화였다.

세계와 인간의 발견을 가능하게 한 것은 '개인주의'였지만, 이 역시 공화국이든 군주국이든 간에 이들 국가들의 공통된 특징이었다. 이러한 새로운 정신의 발현에 중대한 소임을 담당한 사람들이 인문주의자라고 할 수 있다. 따라서 르네상스는 이탈리아 중심적인 브루크하르트의 주장과는 달리 유럽의 다른 지역, 프랑스나 독일, 그리고 북유럽에서도 똑같이 있었던 일이라고 할 수 있다. 도시 사회와 자본주의 역시 고대에 기원을 둔 것이 아니라, 중세에 연원을 두고 있는 것이다.

뿐만 아니라 르네상스라는 용어는 문화 부흥 현상이 나타나는 다른 시대에 대해서도 사용되고 있음을 기억할 필요가 있다. 예를 들면, 카롤링거 왕조의 르네상스, 오토 왕조의 르네상스, 12세기의 르네상스, 상업의 르네상스, 로마법의 르네상스 등이 그것이다. 르네상스라는 개념은 이미 14세기 이전에 형성된 것이라는 말이다. 따라서 시대적으로나 공간적으로 그보다 훨씬 더 크게 확장될 필요가 있다는 것이 반론의 내용인 셈이다.

그렇게 따지자면, 서유럽의 결정적인 르네상스는 14세기가 아니라 이미 11세기 십자군의 출현과 함께 발아되었다고 할 수 있다. 12세기에 이탈리아에 새로운 사회가 등장했는데, 이때는 도시 중심, 상업 자본주의, 자치적인 도시 국가, 대중의 새로운 문화의 출현을 그 특징으로 삼을 수 있다. 그러니까 르네상스는 14세기가 아니라 12세기부터 16세기에 걸쳐 일어난 셈이다. 따라서 르네상스는 재생이나 시작의 국면으로 볼 것이 아니라, 중세의 말기적 현상으로 보아야 한다는 주장을 다시 한 번 되새겨 볼 필요가 있다. 이를 하위징아 Johan Huizinga, 1872~1945 는 '중세의 가을'[8]이라고 규정

---

[8] 요한 하위징아 저. 이종인 역. 2012. 『중세의 가을』. 연암서가.

했다.[그림2] 르네상스가 중세의 단절이 아니라 연장이라는 것이며 무엇보다 봉건제와 가톨릭 때문이라는 것이다. 이들은 13세기 말부터 진행된 화폐 경제의 발달, 도시의 발전, 상공업의 발흥, 세속 문화의 형성, 신·구교의 분열 등과 같은 '근대의 봄'에 밀리면서 점차 쇠퇴하고 있었으나 그 본질은 르네상스에서도 그대로 유지되었다고 보기 때문이다.

[그림2] J. Huizinga, 1872-1945

하위징아가 그려내는 중세란 시대는 그 나름의 소박한 삶의 양식이 있는 공간이었다. 그런가 하면 혼란한 현실 속에서 더 나은 세계를 향한 환상과 종교적 환희가 있는 공간이었다. 그리고 여기서 말미암은 화려한 인본주의의 싹을 지닌 시대였다. 봄에 뿌린 씨앗들이 가을에 열매를 맺듯, 자연스레 르네상스와 근대라는 수확을 거둘 수 있게 하였던 것이 바로 중세였다. 천 년간의 이러한 역동적인 이행단계가 없었다면, 르네상스도 근대도 없었다는 것이다.

하위징아는 서유럽의 14세기와 15세기를 중세의 단절이라고 했던 부르크하르트와는 입장이 달랐던 셈이다. 그에게 르네상스란 중세 정신의 마지막 만개이자 쇠퇴였고, 고대의 재생이 아니라 후기 고딕 문화의 전개였다. 중세를 역사의 암흑기로 보던 당시 통념과 달리, 하위징아는 거기서 저녁 노을의 아름다움을 보았다. 중세의 어둠을 걷어낸 르네상스도 실은 중세의 옷을 입고 있으며 그 씨앗은 중세 후기 문화에서 싹 텄다고 본 것이다.

이렇게 하여 우리는 르네상스를 이탈리아 혹은 유럽이라는 공간과 14~16세기라는 시간의 감옥으로부터 탈출시키는데 성공했다. 이제 남은 문제는, 르네상스가 과연 이탈리아의 독특한 현상이었는가 아니면 유럽 전체의 현상이었는가, 혹은 더 나아가서 동양과 서양 할 것 없이 인류 사회 전반에 걸쳐 상호 교류 속에서 탄생한 현상이었는가 하는 것이다. 르네상스가 결코 획일화할 수 있는 대상은 아니지만, 교류사를 중심으로 하는 우리의 접근은 그 본질을 보다 명료하게 해 줄 것이다. 글로벌 르네상스를 이야기할 수 있는 실마리를 찾은 셈이다.

제I부 2장
서반구 중심주의 르네상스

르네상스는 이탈리아를 중심으로 발현된 고대 그리스·로마 문명의 재탄생이라고 했다. 하지만 유럽 중심주의 역사 해석의 편견을 덜어낸 후에도 이러한 해석이 여전히 유효할지는 고민해 볼 필요가 있다. 지중해에서부터 이탈리아를 포함하는 서반구, 서아시아에서부터 중앙아시아를 포함하는 중반구, 중국에서부터 한반도를 포함하는 동반구에 이르기까지, 실크로드 문명권 전체가 순수 혈통의 문명이 아닌 다문화와 다문명의 역사로 점철되었다는 사실만으로도 그 대답은 쉽게 짐작할 수 있다.

역사 발전은 상대를 인정하지 않거나 지배하는 일방적인 구도에서가 아니라, 소통할 대상이 있을 때 비로소 가능한 것이다. 상호 관계론적인 역사 해석은 서반구 중심주의 사관에 대한 비판적 대안이다. 그렇게 되면 14~16세기 르네상스가 이탈리아인들이 예술과 인문의 영역에서 보여준 천부적인 창조성만으로는 설명될 수 없다. 고대와 중세에 걸쳐 문명의 여러 주체들이 함께 이룩한 혼종의 문화 현상이기 때문이다.

따라서 르네상스의 본질은 이베리아반도에서 지중해를 거쳐 중앙아시아와 극동아시아에까지 이르는 글로벌 다문화 문명 벨트에서 찾아야 한다. 이 문명벨트는 중반구를 연결 고리로 하여 동반구와 서반구로 이어져 있다.

7세기 이후 지중해의 남부 지역 대부분을 장악한 아랍·무슬림은 중세 지중해 문명의 다문화 혼종성을 출범시킨 주체 세력들 중 하나였다. 아랍·무슬림은 이미 8~9세기에 자신들이 정복한 지역의 문화들을 융합, 발전시키면서, 다른 한편에서는 오리엔트 세계와 서방의 문명을 중재하였다. 또한 15~16세기 메디치 가문에 앞서 예술 후원 정책도 선행하였다. 서반구 근대화의 진정한 바탕은 지중해 다문화 전통의 역사적 혼종성에 있으며 혼종의 오랜 여정을 주도한 세력은 아랍·무슬림이었다.

실제로 중반구에 빚지지 않은 세력은 없었다. 베네치아, 제노바, 피사와 같은 이탈리아의 해상 공화국들도, 북아프리카와 이베리아반도의 아랍·무슬림도, 유대인들도, 그리고 동지중해의 비잔틴도 결코 중반구와의 상호 관계에서 자유롭지 못하다. 이것은 지중해 문명의 모든 세력들이 이 바다와 그 주변지역들에서 전개된 지역 문명 간 교류와 접변의 주체들이었다는 것을 의미한다. 그것은 동쪽의 사정도 마찬가지다. 중국과 한국을 비롯한 동아시아 역시 그 주변 지역들에서 전개된 지역 문명 간 교류와 접변의 주체들이었다는 것을 의미한다. 따라서 14~16세기 이탈리아반도의 르네상스는 결코 유럽 중심의 역사 발전을 의미하지 않는다.

르네상스 당대인들은 르네상스를 하나의 신시대, 즉 중세 수세기 동안의 암흑 시대 이후에 전개된 재생의 시대로 보았다. 종교 개혁 시기 당대인들은 르네상스의 세속적 태도를 확고하게 거부했다. 또한 18세기 당대인들은 르네상스를 새로운 시각에 입각해 합리적 비판을 가하기도 했다. 하지만 19세기의 부르크하르트는 르네상스를 시대와 문화의 개념으로 확장시켜 사용함으로써 르네상스에 대한 새로운 해석을 가했다. 그렇지만 하위징아를 비롯한 20세기 전반기 중세 연구자들은 르네상스 정신 속에 중세적 특징들이 뿌리 깊게 박혀 있다고 했다. 따라서 르네상스를 중세 말기에 불과하다며 또 다시 비판을 가했다는 사실은 앞서 언급한 대로다.

이탈리아식 르네상스가 문화 접변을 통한 문화 통합적 관점에서 다양한 요소들이 어우러져 출현했다는 사실을 다시 한 번 살펴볼 필요가 있다. 14~16세기 이탈리아 르네상스에 대한 일반적인 인식은 고전 부활이라는 관점을 가지고 있기 때문에, 결국 문화, 예술 전반에 걸친 고대 그리스·로마 문명의 재인식과 재수용이라고 할 수 있다. 하지만 르네상스의 속살은 그것보다 훨씬 풍부하다. 중세의 8~9세기에 일어난 카롤링거 르네상스부터 12세기 아랍과 중세 서반구 르네상스의 영향력까지도 기억할 필요가 있다. 일반적으로 유럽 중심주의자들은 중세 유럽에서 근대로 넘어 오는 이행 시기에 비잔틴과 아랍 즉 이슬람 문명의 역할을 인정하면서도 그 구체적인 부분에 대해서는 아직 제대로 입을 열지 않고 있기 때문이다.

8세기말~9세기에 나타난 카롤링거 르네상스를 살펴보자. 카롤링거 르네상스는 프랑크의 국왕으로서 많은 정복 전쟁과 기독교 전파에 힘을 쓴 카롤루스가 일으킨 고전 문화 부흥 운동을 말한다.[9] 당시 옛 서로마의 권역은 게르만 족을 비롯한 수많은 이민족들이 지나가며 자행한 파괴와 약탈로 말미암아 철저히 야만 상태로 돌아가 있는 상태였다. 그 자신도 문맹이었다. 하지만 그는 우선 수도 엑스라샤펠Aix-la-Chapelle(오늘날 독일의 Aachen)에 학교를 만들고 문학과 문화를 크게 장려했다. 부분적으로 되살린 고전 라틴 문화와 기독교 문화를 조합한 것에 지나지 않았으나 당시로서는 대단한 발전이었고, 결국 그것이 서반구 문명의 근본이 되었다고 할 수 있다.

예술에 있어서는 로마네스크와 고딕 양식이 등장할 무대를 만들어 주었다. 그리고 로마 시대에 발달한 프레스코화는 카롤링거 르네상스를 거쳐 중세 말과 이탈리아 르네상스 기간 동안 활발하게 사용됨으로써 빛을 발했다. 하지만 그가 죽고 나서 제국이 금방 분열되었으니 실질적으로 지속된 기간은 그리 길지 않았다.

---

9) M. Innes, M. 1997. "The classical tradition in the Carolingian Renaissance: 9th C. encounters with Suetonius", *International Journal of the Classical Tradition*.

오토 왕조의 르네상스Ottonian Renaissance, 936-1002는 또 어떠했는가?[10] 오토 1세는 이탈리아로 진격해 로마는 물론 남부의 비잔틴 제국 영역까지 진출했다. 972년 자신의 아들 오토 2세와 비잔틴의 공주를 결혼시켰다. 이 시기 오토 왕조는 9세기 비잔틴 르네상스의 문화를 어느 정도 받아들였던 것으로 보인다. 또한 비잔틴 요소들 특히 에나멜과 상아Ivories를 수입하여 오토 왕조 예술품 중 금속 작품들에 활용했다. 이듬해 오토 1세는 세상을 떠났다. 오토 1세의 신성 로마 제국은 오늘날 독일 지역을 중심으로 한 유럽의 중동부 지역에 안정을 가져왔고 이후 유럽에서 하나의 유력한 세력으로 자리 잡게 되었다.

오토 1세와 그 후계자들이 이룩한 정치적 안정 속에서 문예 부흥의 기운도 일어났다. 수도원 학교를 중심으로 라틴어에 기반을 둔 기독교적 문화가 꽃을 피웠다. 라틴어 운율에 따른 우화나 기독교적 요소와 세속적 요소가 혼합된 라틴어 문학도 등장했다. 비잔틴 제국과의 교류에 영향받은 새로운 건축과 예술도 싹텄다. 이러한 전반적인 기풍은 12세기 르네상스를 거쳐 이탈리아 르네상스까지 이어진다.

그리고 서반구는 십자군과 더불어 도시의 중흥기를 맞아 초기 관료국가 시대를 열었다. 13세기에는 소르본느, 옥스퍼드 대학이 자리를 잡으면서 다방면으로 정신문화를 확장시켰고, 이탈리아 르네상스 시기까지 서서히 발전되어 갔다. 그리스어, 아랍어 및 히브리어 텍스트를 라틴어로 번역하는 작업도 이때 이루어졌다. 새롭게 전해진 아리스토텔레스의 저

---

10) Harlie Kay Gallatin. "Western Europe in the High Middle Ages: An Overview From c. 900 to c. 1300" https://web.archive.org/web/20120220054100/http://users.sbuniv.edu/~hgallatin/ht34632e12.html#ren

작들이 12~13세기에 서유럽의 전통과 통합되면서 특별한 영향력을 가지게 되었다.

중세 서반구에 끼친 비잔틴의 영향은 카롤링거 왕조와 오토 왕조 시대를 거쳐 십자군 시대에도 계속되었다. 12세기 시칠리아에서는 노르만, 아랍 그리고 비잔틴 문화가 융합·발전하였고, 또한 비잔틴 제국의 말기에는 학자들이 이탈리아로 건너가 학문을 전수했다. 13~14세기 초에 이탈리아 장인들은 비잔틴 양식을 모방했다. 대표적으로 베네치아의 산 마르코 성당 중앙돔의 서쪽 둥근 천장 위의 모자이크를 비롯하여 14세기 초에 이르기까지 다양한 그림들이 등장했다. [그림3] 서반구에 있어 비잔틴 미술의 영향은 14세기에 들어와서 급격하게 감소했지만 이탈리아로 이주해 온 비잔틴 학자들의 영향력은 지속되었다.

[그림3] 산 마르코 성당 중앙돔 서쪽 둥근 천장 위의 모자이크 (1200년경)

건축에 있어서 뾰족한 아치도 비잔틴과 사산조 페르시아로부터 기원한 것이다. 대부분은 초기 그리스도교 교회의 건축물에서 나타난다. 비잔틴의 우수성을 잘 드러내고 있는 이 뾰족한 아치는 무슬림 건축에 광범위하게 사용되었다. 무슬림들이 시칠리아를 통치했을 때 전해져서 주로 큰 건축물에 반원형의 로마네스크 아치에 적용되었다고 한다.

[그림4] Husband and Wife by Lorenzo Lotto's (1523)

또한 13세기 이후에는 이슬람 카펫도 등장하는데 이는 사치의 상징이었다. 벨리니Bellini, 크리벨리Crivelli, 멤링Memling, 로토Lotto 등의 그림에서 카펫을 볼 수 있다.[11] [그림4] 다양한 휴대용 장식품들도 대부분 베네치아를 거쳐 무슬림 세계로부터 수입되었다. 그때까지만 해도 서반구에서 만든 물건들은 이슬람 혹은 비잔틴 작품들과 질적인 면에서 상대가 될 수 없었다. 고급 옷감들이 수입되어 사치스러운 의상을 만들어냈고, 때로는 주요 인물들이 죽으면 수의壽衣로도 사용되었다. 특히 비잔틴 실크는 중국으로부터 건너온 사산조 페르시아 직물과 무슬림 실크의 영향을 받았다. 서반구에서는 11세기 이후 이탈리아 르네상스까지 이를 계속 모방하여 다양한 타페스트리들을 제작했다.

11세기 독일 쾰른의 성 게레온 바실리카의 성 게레온 천Cloth of St. Gereon은 서반구에서 가장 오래된 벽걸이 융단이다. 비잔틴 실크를 모방한 대표적인 예이지만,[12] 그 오리지널은 당연히 중국이다. 서반구의 천cloth은 점차 동쪽 수입품과 질을 따라 잡기는 했어도, 디자인은 비잔틴이나 무슬림적인 요소를 많이 채택했다. [그림5]

비잔틴 도자기는 엘리트 계층에서 은으로 된 도기를 사용하였기 때문에 일반적으로 질이 낮았다. 이에 반해 무슬림들은 동반구의 청화 백자에서 영향을 받아 고급 도자기들을 발전시켰다. 중반구로부터 많은 도자기들이 서반구로 수입되었는데, 특히 피사의 성 안드레아 포리스포르탐

---

11) Victor J. Katz, 2007. *The mathematics of Egypt, Mesopotamia, China, India, and Islam: a sourcebook*. New Jersey: Princeton University Press, 4; Peter Marshall, 1981. "Nicole Oresme on the Nature, Reflection, and Speed of Light", *Isis* 72(3). 357-374 Claude Lebedel, 2006. *Les Croisades, origines et consquence*. Editions Ouest-France. 113; 김차규, 2014. 「역사적 관점에서 본 이탈리아 르네상스」 『인문과학연구논총』 Vol.37.
12) Steven Anzovin, 2000. *Famous First Facts 2000*, item # 3084. H. W. Wilson Company. 175; Violetta Thurstan, 1934. *A short history of decorative textiles and tapestries*. Pepler & Sewell. 11.

[그림5] Cloth of St. Gereon

[그림6] Sant'Andrea Forisportam in Pisa

Sant'Andrea Forisportam 성당은 정면을 무슬림 도자기로 장식하였다.[그림6]

이슬람 문화의 영향과 관련해서 12세기 무슬림 세계와 이탈리아 북부의 제노바와 피사의 관계는 특별하다. 12세기에 제노바인들은 북아프리카의 아랍 왕조와 관계를 맺고 있었고 또한 안달루시아에 대해서도 항상 관심을 가지고 있었다. 그리고 피사 역시 12세기에 모로코·이집트 왕조와 교역 협정을 맺고 있었다. 이러한 교역을 통해 이슬람의 책, 의복, 카펫 등이 유럽으로 들어왔을 것으로 추측된다.

따라서 이탈리아 르네상스는 12세기 르네상스의 결과물도, 아류도 또한 서유럽에서 자생한 문화 현상도 아니다. 카롤링거와 오토 왕조의 르네상스, 12세기 르네상스, 비잔틴·아랍·노르만, 그리고 유대 문화로부터 영향을 받은 다문화적 결과물이었다.

르네상스가 몽골로 말미암아 동반구로부터 받은 영향은 우리가 새롭게 다루어야 할 부분이다. 14~16세기 르네상스가 첫째로 다민족의 만남으로 이루어졌고, 둘째로 보다 포괄적인 관점에서 다문화의 접변을 통해 글로벌적인 문화 통합을 이루었음을 알 수 있기 때문이다.

또한 다른 한쪽에는 중국의 중화주의가 있었다. 중국은 세상의 한가운데였다. 이들은 기원전부터 동쪽으로 진출하려는 오리엔트에 반응하면서 서쪽 진출을 모색했다. 그들이 만나게 된 공간은 중반구였으며, 7세기 이후에는 무슬림들이 그 기반을 다졌다. 메소포타미아와 인도 그리고 멀리 극동아시아에 이르기까지 대문명 로드를 확장하게 된 것은 몽골의 등장 이후이다. 실크로드 문명권의 형성이다.

따라서 르네상스는 문화 소통의 벽을 허문 결과라고 할 수 있다. 그렇기 때문에 이탈리아 르네상스는 고전의 부활을 모태로 하지만 과거로 돌아가자는 복고주의가 아니라 새로워지기 위한 운동이었다. 더 나아가, 그것을 바탕으로, 새로운 근대적 요소를 창출해 냈다. 르네상스의 위대함은 바로 여기에 있다. 다시 말해 과거적인 요소와 다문화의 접변을 통한 문화 통합을 기반으로 새로운 시대를 준비하는 근대적 요소를 창조해 냈다. 다음 장에서는 다문화의 접변과 문화 통합이 실제로 어떻게 이루어졌는지 살피게 될 것이다.

제1부 3장
불편한 진실

르네상스의 토양은 깊고 넓다. 따라서 르네상스를 특정 시기에 묶어 두거나 유럽이라는 특정 공간에 가두어 둘 수는 없음은 여러 차례 강조한 바 있다. 그들이 그리스·로마 고전을 토양으로 삼고자 했지만, 그 고전은 마치 땅 속에 묻힌 도자기 유물과 달리 수세기 동안 변치 않고 형태만 유지하고 있었던 것은 아니다. 나름대로 특수한 사회 구조와 당대의 교류 관계라는 문화 유산을 가지고 있었다. 또한 이탈리아가 르네상스의 진원지라는 주장에는 그들이 '비잔틴'과 '이슬람 문화권'과의 접촉을 유지할 수 있었기 때문임을 강조할 필요가 있다.

르네상스가 기반으로 삼았던 그리스·로마의 고전이라는 것은 그들의 논리대로 따르자면 사실은 중세 암흑 시대에 소멸되었어야 마땅하다. 그러나 소멸되지 않았다. 고전 시대가 남긴 경제와 과학과 철학의 흔적을 그들은 과연 어디에서 구할 수 있었을까? 단순히 '비잔틴'과 '이슬람 문화권'과의 접촉 정도로 얼버무릴 일은 아니다. 중반구를 넘어 동반구까지 그 뿌리가 깊고 넓게 얽혀 있다는 사실에 주목할 필요가 있다. 비잔틴과 이슬람 문화권, 중반구와 동반구가 르네상스의 맹아를 키워내는데 구체적인 기여를 했기 때문이다. 서반구의 중세 암흑 시대와는 상관없이 중반구에서는 번역과 교육과 실천이 있었고, 그 파장은 동반구에서도 함께 일어났던 것이다. 그러나 그 기억을 회복하는 데는 걸림돌이 적지 않다.

서반구 중심주의자들은 문명의 바람이 메소포타미아 평원에서 그리스로, 여기서 다시 지중해 북서 지역의 서반구를 향해 불었다고 주장하기 때문이다. 그렇게 수천 년에 걸쳐 서서히 서쪽과 북쪽으로 움직여갔다[13]는

---

13) Michael Mann, 1986. *Sources of Social Power: Vol.1. A History of Power from the Beginning to A.D. 1760*. Cambridge University Press.

것이다. 이렇게 문명의 축이 옮겨 간 이유는 메소포타미아와 이집트 문명이 동양적 전제주의라는 함정에 빠져있었기 때문이라는 것이다. 여기서 동양적이라고 하는 것은 엄격히 말해 오리엔트를 말하지만, 사실 그때만 해도 그들은 유럽 이외의 세상에 대해서는 인식조차 없었다. 그럼에도 불구하고, 그들은 오리엔트 사회의 전제주의적인 통치 시스템이 고대 그리스 문명에 비해 열등하다고 믿었던 것이다. 그리스 문명이야말로 인류 최초의 민주주의와 다국가 체제, 문자 사용, 이성의 신뢰, 자연 법칙의 인식 등을 이룩했기 때문이라고 했다.

하지만 이런 믿음이 허구에 지나지 않는다는 사실은 이미 드러난 바 있다. 선진적이라던 고대 그리스 사회에서 아직 방대한 노예제와 소수의 남성 집단 지배 체제가 아직 공존하고 있었을 때, 오리엔트 사회에서는 이미 문자가 사용되고, 이론 과학과 수학이 발달했으며, 철기가 사용되고 관개 시스템을 통한 농경이 이루어졌다. 오리엔트는 지리학적으로도 결코 서반구의 발전을 저해하거나 방해하는 세력이 아니었다. 이탈리아를 포함한 지중해 중동부 지역의 비잔틴이 오히려 오리엔트 사회로 말미암아 문화적 자양분을 받을 수 있었고, 동시에 상업과 인적 교류와 소통의 중심이 될 수 있었던 것이다.

이렇게 보면 르네상스는 지중해의 다문화 혼종 문명과, 우리가 지금까지 침묵하고 있었던 중반구 문명이 무엇보다 강력한 배경이 되었을 것이라는 점은 쉽게 짐작할 수 있다. 따라서 르네상스의 뿌리는 유럽을 벗어나 이슬람, 비잔틴 같은 중반구, 심지어 동반구에서 찾아야 한다. 특히 아랍·무슬림의 직접적인 기여에 주목할 필요가 있다. 르네상스의 근대성은 갑작스럽게 출현한 것이 아니다. 중반구 아랍·무슬림 문명, 유대 전통 그리고 고대 그리스 문명의 토대 위에 서반구 인문주의 문명이 덧입혀진 것으로 이해하지 않고는 그 역사적 가치를 제대로 평가할 수 없을 것이다.

7세기 초반 아랍·무슬림은 영토의 팽창뿐만 아니라 사상의 교류도 주도했다. 시리아, 이집트, 페르시아, 인도, 북아프리카를 중심으로 서쪽으로는 이베리아반도와 접촉했고, 동쪽으로는 중국과 한반도까지 접촉하면서 지중해 남부의 방대한 지역을 형성했다. 압바스 칼리프 Abbasiad Caliphate 시대가 등장하면서 수도를 다마스쿠스에서 바그다드로 옮긴 8세기 중엽에는 황금 시대를 맞았다. 그리고 그것은 1258년 몽골의 바그다드 정복 때까지 지속되었다.

이슬람 다문화 문명 사회는 이런 과정을 겪어 형성되었다. 그리고 아랍 세계는 과학, 철학, 의학과 교육에 있어 지적인 중심지가 되었다. 사실 5세기에 로마 제국이 무너진 이후 그리스 과학 유산은 서유럽에서 수세기 동안 사라진 것과는 달리 아랍 세계는 이 때 동서고금의 학문이 교통하는 문화의 중심지가 된 것이다. 이 때 가장 큰 역할을 담당한 것이 '번역 사업'이었다. 그것은 중반구와 서반구를 지식과 삶 모두의 영역에서 유기적으로 이어준 가장 결정적인 요인이었다.

번역 사업은 이슬람 세계를 문화의 중심지로 만들었는데, 12세기 서반구에서 이슬람 문화에 관심을 보인 곳은 스페인의 안달루시아와 이탈리아 남부 시칠리아의 노르만 왕국이었다. 안달루시아의 코르도바 Cordoba 는 10세기 압둘 라흐만 3세 Abd al-Rahman III, 912~961 때 전성기를 이루었다.[그림7] 당시 이곳은 상업 활동을 통해 무슬림 세계에서 가장 번성하였고 서유럽에서 가장 부유한 곳이었다. 그리고 활발한 번역 운동을 매개로 무슬림, 기독교인, 유대인 간에 철학, 과학, 의학 등이 교류되었던 문화 소통의 중심지이기도 했다.

역설적이기는 하지만, 서반구가 형성된 것은 지중해를 양분한 아랍·무슬림이라는 거대한 상대가 등장했기 때문이었다. 실제로 근대 이전에는 서반구를 중심으로 하는 기독교 세계보다 중반구의 이슬람 세계가 압도적으로 뛰어난 문화를 자랑하고 있었다. 고대 그리스·로마가 가졌던 이상理想으로 돌아가자는 '고대의 부흥'이 르네상스의 의미이자 목적이라면, 그런 지혜가 당시의 서반구에는 존재하지 않았다. 그것은 오히려 이집트의 알렉산드리아 도서관을 중심으로 보존되고 키워졌고, 이를 정리한 다양한 서적이 서반구 교회가 아닌 이슬람 문화권, 중반구 세계에 의해 계승되었기 때문이다.

[그림7] Abd al-Rahman III, Caliph of Córdoba, 10th C.

10세기 말, 나중에 로마 교황 실베스터 2세Sylvester II가 된 제르베르 도 릴락Gerbert d'Aurillac, 약 940~1003이 기여한 바가 좋은 예가 될 것이다. [그림8] 그는 아랍 과학의 영향을 받고 있었던 스페인 북동부 카탈로니아 지방에 위치한 비치Vich와 리폴Ripoll에서 수학, 기하학, 천문학 그리고 음악을 공부 하여 매우 유능한 학자가 되었다. 그리고 모로코의 알 카라우인al-Karaouine 에서 공부한 후 아랍어 문헌을 라틴어로 번역하였고, 아라비아 숫자를 처 음 유럽에 전하기도 했다.

[그림8] Silvester II (Gerbert d'Aurillac, c. 940-1003)

기독교인으로서, 아직 교회에서는 알려지지 않았던 수준 높은 수학, 물 리학, 화학, 기하학, 특히 아리스토텔레스의 논리학과 형이상학을 배워 불 멸의 영혼의 구원을 시도하는 데 주저하지 않았던 것이다. 이처럼 중반구의 학문은 서반구 지성에 새로운 기운을 불어넣어 줌으로써 더욱 발전되어 나갔다. 1085년 가톨릭 세력으로 넘어간 톨레도는 그곳의 귀중한 문화 유산과 도서관에 소장된 방대한 도서를 가톨릭 지도자들에게 넘겨주었다.

중세의 아랍·무슬림들은 농업 관개, 토지 측량 등의 실용적인 분야에서도 놀라운 발전을 이끌었다. 서반구는 수출보다는 아랍·무슬림을 통한 수입에 더 크게 의존하고 있었다. 외부 의존적인 경제 구조에서 탈피하지 못했던 것이다. 11세기 이후 서유럽은 농업 분야에 있어 괄목할 만한 성장을 이룩했지만 14세기 중반의 흑사병 확산으로 인해 심각한 타격을 입었다. 그것을 회복하는데 거의 3세기가 걸렸다.

이런 상황에서 지중해의 동쪽 중반구에서는 기존의 비잔틴 제국과 신흥 세력인 아랍·무슬림 간의 양자 구도가 형성되었다. 그리고 십자군은 서반구가 처음으로 중반구를 넘겨다 볼 수 있는 기회였다. 중세의 지중해는 치열한 전쟁터였지만, 그야말로 교류의 현장이었다. 고대와 마찬가지로, 향신료와 면직물과 같은 상품들 이외에도 과학과 기술의 통로 역할을 하였다. 십자군의 군사 원정 경로는 예루살렘과 그 주변 지역을 향하고 있었지만, 문물의 유입은 오히려 반대의 방향으로 진행되었다.

고대 그리스의 지혜가 십자군 원정을 계기로 아랍 문헌의 번역이라는 형태로 서반구에 역수입된 것이 바로 12세기였던 것이다. 아랍·무슬림이 정치·종교적으로는 이베리아반도와 북아프리카를 장악한 채 지중해 전역을 위협하는 강력한 적대 세력이었지만, 지식에 대한 그들의 열정은 잠들었던 중세 서반구를 깨웠다. 13세기 이후에는 이탈리아 해상 공화국들의 활동이 지중해와 유럽 중북부를 넘어 영국으로 확대되었다. 그것은 유럽 대륙을 종단하는 것이었고, 사실상 노르만의 북유럽에서 지중해의 남단에 이르는 성지 순례의 길Via Francigena과도 거의 일치하였다.14)

지브롤타, 이탈리아, 크레타, 흑해와 터키 그리고 인도를 거쳐 아시아까지 연결하는 횡단의 전통적인 글로벌 다문화 문명 루트에 대해 종단의 문명 루트가 형성된 것이다. 이들 두 문명의 루트는 지중해, 특히 이탈리아반도의 남부와 시칠리아에서 교차하였다. 당시 아랍·무슬림의 지배하에 있던 이베리아반도가 양대 문명 간의 보다 직접적인 접변을 위한 육로였다면 시칠리아와 이탈리아 남부는 동서양 다문화 문명의 형성을 위한 교차로였다. 그 교차로 역시 르네상스의 여러 맹아 가운데 하나를 키워내는데 크게 기여를 했다.

르네상스는 중세에 대한 부정에서 출발했으며 고대 그리스·로마를 새로운 도약의 원천으로 삼았다는 서반구 중심주의를 다시 한 번 살펴보자. 엄격히 말하자면, 르네상스를 잉태한 주체는 중세였으며 새로움의 요람 역시 중세의 지중해와 중반구였다. 중세를 부정하고, 고대 문명의 재발견을 르네상스에 대한 논리로 삼은 것은 아무래도 충분치 못하다. 페르시아의 오리엔트 세계를 하부 구조로 삼는 헬레니즘을 부정하고 마치 순수 그리스·로마가 고대 문명의 전형인 것처럼 여겼기 때문이다. 지중해와 중반구 자체가 혼종Hybridity의 바다요 혼종의 땅이었고, 르네상스 역시 이 혼종의 터전에서 꽃피운 다문화 접변의 결실임을 몰랐던 것이다.

같은 맥락에서, 고대 그리스·로마의 재발견이야말로 실재의 다양한 지역 문명들이 혼합적으로 중첩된 융합의 결과임을 몰랐던 것이다. 역사적

---

14) 김정하, 2014. 「이탈리아 르네상스에 대한 상호관계론적인 해석」, 『중동문제연구』, 제13권 2호. 129-156.

으로나 전통적으로 중반구와 지중해는 자급자족의 경제 체제가 불가능하였으며 교역과 무역을 통해서만 유지될 수 있는 수많은 지역 단위의 모자이크였다.

중세 서반구는 중반구의 과학 기술에서 실용성을 배우고, 중반구 학문에서 엄밀한 과학 정신을 얻고, 중반구 철학에서 르네상스의 씨앗인 이성을 찾았다. 그러나 그 후로 그들이 이슬람과 경쟁하는 와중에 중반구인들의 중대한 역할을 의도적으로 외면하기 시작했다. 서반구가 고대 그리스의 유산을 직접 승계했다는 허구를 사실로 믿고 싶었던 것이다.

오늘날에도 서반구에는 이런 사실이 담긴 내용을 '불편한 진실'로 여기고 방어적인 자세로 반론을 펼치는 분위기가 남아있다. 물론 어떤 부분에서는 지나치게 단순하고 과장되었다는 느낌이 들 수도 있다. 그러나 중반구는 기원전부터 인류의 지성을 지속적으로 보존 발전시켰으며, 최소한 중세 동안은 서반구보다 월등히 뛰어난 지식과 학문을 꽃피웠고, 중반구의 유산이 중세 서반구로 넘어가 르네상스와 근대 서반구의 귀중한 토대가 되었음은 부인할 수 없다. 결론적으로 15~16세기 이후 서반구가 이룩한 총체적인 발전의 이면에는 중반구를 정점으로 하는 지역 문명들 간의 교류가 있었다는 사실이다. 뿐만 아니라 동지중해와 그 너머 오리엔트 사회의 고대 문명들을 적극적으로 수용하고 발전시킨 후에 지중해에 소개한 아랍·무슬림의 문명 전달자로서의 역할도 매우 컸다는 사실이다.

하지만 근대 과학과 문명에 대한 중반구의 이러한 기여마저도 그리스 학문과 라틴 기독교의 그늘에 가려 폄하되고 말았다. 이후 중반구 세계의 공로가 인정되기 시작한 것은 고대 그리스의 자료가 먼저 아랍어로 번역이 이루어지고, 그것이 다시 라틴어로 이루어지고 나서였다. 유럽 중심의 사고 방식에 길들여져 있는 중세 학자들과 맞서서 중반구가 자신의 가치를 되찾는 일은 결코 쉬운 일이 아니었다.

르낭Ernest Renan 1823~1892을 비롯하여 19세기 오리엔탈리즘 담론을 창출했던 서구 학자들은 이슬람이 과학과 철학에 적대적이라며 내놓고 비판을 했다. 그리고 그 원인이 아랍 민족 자체에 있다며 "셈족은 그들 언어 자체에 내재된 원인에 의해서 인도·유럽인과는 달리 철학이나 과학을 보유하지 못했으며, 보유할 수도 없다"[15]며 노골적인 인종주의적 태도를 보였다.

중반구가 고대 문명을 보존했고, 그리고 그것을 서방 기독교도들에게 전달하여 부흥시킬 수 있도록 했다는 공로나마 인정된 것은 1993년 옥스퍼드에서 행한 "이슬람과 서반구"라는 찰스 왕자의 연설문에서이다. 서반구의 대표를 자처하는 영국 왕실 계승자가 자기네 본거지인 옥스퍼드에 모여든 기라성 같은 위대한 학자들, 특히 중반구에 대한 편견에 사로잡힌 오리엔탈리스트들에게 쏟아낸 말씀이었다.

만약 이슬람의 본성에 관해 서반구에서 큰 오해를 한 게 있다면, 그것은 우리 자신의 문화와 문명이 이슬람 세계에 얼마나 큰 빚을 지고 있는가 하는 사실을 무시하는 것입니다. 그것은 잘못된 일입니다. 그것은 우리가 전승하고 있는 역사 해석에서 삐쳐 나온 하나의 가지이며 고정 관념의 산물일 뿐입니다. 중반구에서부터 서반구에 이르기까지 뻗어 있었던 중세 이슬람 세계는 학자들과 지식인들을 양산해 낸 공간입니다. 그러나 이슬람을 다른 문화, 다른 사회, 다른 신앙체계를 가진 서반구의 적으로 여겼기

---

15) Muzaffar Iqbal, 2009. *The Making of Islamic Science*. Kuala Lumpur: Islamic Book Trust. 175.

때문에, 우리는 그들이 가진 위대한 가치를 우리의 역사 속에서 무시하고 지워버리고자 했던 것입니다.[16]

정확한 지적이 아닐 수 없다. 학생들은 기본적으로 비판적 사고를 할 수 있도록 훈련을 받는다고 하지만, 막상 서반구에서 있었던 1,000년이라는 암흑의 세월을 마주하게 되면 문제는 달라진다. 르네상스가 갑자기 기적처럼 다가온 것처럼 배우게 되는 것이다. 문명을 바꾸어 놓은 위대한 발견이나 위대한 발명, 그리고 발전이라는 것은 결코 우연히 일어난 사건이 아니었음에도 말이다.

---

16) HRH The Prince of Wales, 1993. *Islam and the West*, Oxford Centre for Islamic Studies, Oxford.

제I부 4장

글로벌 르네상스, 어떻게 가능한가?

문명 계승의 중심에는 중반구가 있었다. 일찍부터 아랍인들은 에티오피아에서 아라비아반도의 서부 지역을 횡단하여 시리아에까지 이르는 무역 대상로를 따라 지중해에서 메소포타미아의 페르시아 문명과 이집트의 오리엔트 문명까지 접촉하고 있었다. 그리고 인도와 멀리 한반도까지 동반구에 도달하는 여러 무역로를 통해서도 수많은 지역문명들과 접촉하고 있었다. 이러한 문명 간의 접촉을 더욱 분명히 확인할 수 있는 경우는 동반구와의 관계에서 찾아 볼 수 있을 것이다. 르네상스에 대한 중반구의 입장은 주로 유럽 중심주의에 대한 비판으로부터 시작되지만, 동반구의 입장은 그동안 르네상스와 워낙 상관없는 문명권으로 이해되어 왔기 때문이다. 차라리 문명의 지평 확대라고 하는 게 적절할지 모르겠다.

우리의 주목을 끄는 것은 한결같이 르네상스에 끼친 중국의 영향에 대해 이야기하고 있는 멘지스G. Menzies, 1937~와 주겸지朱謙之, 1899~1972이다.[17] 이들의 이야기는 유럽의 세계관을 태동시킨 것으로 이해되어 오던 르네상스와 계몽주의에 중국이 얼마나 큰 영향을 끼쳤는지를 강조한다. 이 야기는 1431년 정화鄭和, 1371~1434의 함대가 난징을 떠나 3년 후인 1434년에 피렌체에 도착한 것으로부터 시작된다. 그의 항해는 "오랑캐들에게 존경과 복종을 가르치도록 하라는 선덕제宣德帝, r.1425~1435의 명을 수행하기 위한 것"이었다. 이때 전해진 중국의 선진 문화가 르네상스를 낳았다는 것이다.

---

17) 게이븐 멘지즈, 박수철 역, 2010. 『1434 중국의 정화 대함대, 이탈리아 르네상스의 불을 지피다』. 21세기북스 주겸지 저, 전홍석 역, 2010. 『중국이 만든 유럽의 근대: 근대 유럽의 중국문화 열풍』. 청계

실제로 정화는 중국 최고의 백과사전 『영락대전』永樂大全[18]의 사본을 가지고 갔다. 이 책에는 경經·사史·자子·집集 등의 백가서百家書, 그리고 천문학적 지식에서부터 화약의 제조, 인쇄술 및 원근법, 그리고 측량 및 농경에 필요한 수학적 지식 등 당대 최고의 지식 정보가 담겨 있었다. 뿐만 아니라 그의 함대는 수많은 학자들과 무관, 그리고 다양한 국적과 종교를 가진 승무원을 대동하고 있었다. 그것은 '해상 대학교'나 다름없었다.[19]

콜럼버스의 항해를 가능하게 한 새로운 천문학적 지식이나 근대적 우주관도 사실은 정화가 전해 준 지식 덕분이었는지도 모른다. 유럽에서 이런 지식이 폭발적으로 출연한 것이 바로 정화의 함대가 피렌체에 도착했다는 1434년 이후이기 때문이다. 알베르티L. Alberti, 1404~1472나 다빈치L. da Vinci, 1452~1519가 제기했던 수학적 세계관과 물리·공학적 기계론이 등장한 것도 이때다. 이것은 결국 정화의 함대가 전해준 지식 덕분이었을 가능성이 있다. 피렌체의 지식인 토스카넬리P. Toscanelli, 1397~1482가 지구 구형설과 지동설을 알게 된 것도 그때였으니, 그 지식이 다시 콜럼버스에게 전달되어 지리상의 발견을 낳았으리라는 추론도 가능하다.[20]

뿐만 아니라 콜럼버스는 이미 중국에서 제작된 세계 지도를 입수하여 그것을 길잡이 삼아 아메리카로의 항해를 실행에 옮길 수 있었다는 것이다. 수차나 도르래, 헬리콥터 등 다빈치가 상상하고 제작했던 여러 기계

---

18) 영락제永樂帝, r.1402~1424가 명령하여 1408년에 완성된 중국 최대의 백과사전이다. 이 책의 본문은 2만 2877권에 달했고, 목록만 60권이었다고 한다. 하지만 대부분이 명조明朝가 멸망할 때 소실되었고, 특히 의화단義和團 사건 때 연합군이 약탈해 가 지금은 남은 것을 모두 합쳐도 겨우 797권에 불과하다.
19) 멘지즈, 위의 책. 36쪽.
20) 그는 적어도 1420년대에 이미 브루니를 비롯한 여러 휴머니스트들과 고전을 읽고 토론하면서 천문학이나 고대 과학에 대한 지식을 공부한 것으로 확인된다.

들은 『영락대전』에 수록된 중국의 선진 문물을 차용한 것에 지나지 않았다. 결국 우리가 르네상스의 천재라고 생각했던 인물들은 유럽적 정신을 대표하는 사람들이라기보다 중국을 비롯한 동반구 문명의 가장 큰 수

[그림9] *The Ambassadors* (1533)
by Hans Holbein

혜자였다고 할 수 있다. 그렇다면, 백보를 양보하더라도, '서반구의 르네상스'를 논의하기 위해서는 적어도 동반구와의 교류 역사를 살펴야 한다는 것이다. 우리는 이것을 제 II부와 제 III부에서 보다 자세히 다루게 될 것이다.

설사 르네상스가 유럽 정신문화의 새로운 탄생이라 치더라도, 결국 동반구와 서반구에서 수입된 중요한 발명품들을 그들 정신 문화의 물적 토대로 삼았다는 것은 엄연한 사실이다. 이런 주장은 1533년 한스 홀바인 Hans Holbein, c. 1497~1543이 그린 「대사들」이라는 제목의 그림이 함축적으로 대변해주고 있다.[그림9]

그림 속으로 들어가 보자. 그림 속의 두 사내는 영국과 교황청 간의 갈등을 해결 하고자 프랑스에서 보낸 대사들이다. 이들은 모피와 실크로 만든 의상으로 부와 위엄을 뽐내고 있다. 손에는 각각 망원경과 콤파스를 들고 당장이라도 탐구를 위해 떠나야 할 사람들처럼 보인다. 초록색 커튼이 방의 배경을 이루고 있으며, 그들이 기대고 있는 선반에는 페르시아에서 수입했을 법한 붉은 색 카펫이 펼쳐져 있고, 기하학적 무늬의 바닥 카펫 역시 예사롭지 않다. 마치 이슬람 국가의 어느 공간인양 착각을 하게 한다. 중요한 것은, 가운데 있는 2층짜리 선반에 놓인 다양한 오브제들이다. 먼저 위층에 있는 지구의, 사분의, 해시계 등은 천문학과 관련이 있다. 아래층에는 과학과 관련된 콤파스, 악기, 수학책, 음악책들이 펼쳐져 있다. 서반구의 르네상스가 고스란히 동반구의 상징들로 채워져 있는 것이다.

모두가 자연스러워 보이지만, 사실은 의도된 장치라고 할 수 있다. 실제로 당시의 서반구는 동반구와 중반구에 미쳐 있어서 끝없이 그것을 찾고 모방하려고 했다. 만약 그들이 없었다면 서반구의 르네상스도 없었다고 해야 할 정도였다. 순수한 유럽적 현상으로 간주되던 르네상스가 거대한 세계사적 문화 접촉의 결과로 그려져 있음을 알 수 있다.

중국, 특히 동반구의 문화가 르네상스의 태동에 물질적 기초를 놓았다면, 중국에서 전래된 제지술과 인쇄술이 르네상스 정신의 전파 및 교육 운동의 기초가 되었을 것이다. 중국에서 화약을 수입해 와서 군사 전략의 변화를 일으켰으며, 결과적으로 봉건 제도를 타파하는 군사 제도의 혁신을 이끌었을 것이다. 대해양 시대의 토대 역시 나침반의 수입을 통해 가능했을 것이다.

동반구의 서반구 진출에 대한 이야기가 르네상스 시대에 이루어졌다는 사실이 너무 갑작스럽다면, 사실은 그보다 2,000여 년 전에 이미 교류가 이루어졌음을 확인할 필요가 있다. 중국과 로마 간에 이루어진 최초의 인적 교류는 후한後漢의 서역도호西域都護였던 반초班超가 97년에 감영甘英을 대진大秦에 파견한 사건일 것이다. 당시 대진은 서쪽 끄트머리의 문명 대국 로마이다. 그런데 당시 두 지역 간의 육로 교역은 중간에 군림하고 있는 안식安息 파르티아 현 이란에 의해 차단되어 있었다. 따라서 반초가 감영을 파견한 것은 그런 상황을 파악하고 타개책을 강구하기 위함이었다.

감영이 도달한 지점은 시리아의 서쪽 경계, 즉 지중해의 동쪽 해안이다. 감영의 왕복 사행은 2년 넘게 걸렸다. 감영은 중국 역사상 최초로 지중해 동안까지 진출해 오아시스로의 서단西段에 관한 기록을 남겼으며, 서방에 대한 중국인들의 이해를 증진시켰다.[21] 신라의 혜초가 8세기 초 인도 여행을 마치고 『왕오천축국전』에서 불림국拂菻國 비잔틴을 비롯한 안식에 대한 언

---

21) 정수일, 2005. 『한국 속의 세계』 上, 창비. 212–236.

급을 남긴 것도 대표적인 예이다.

물론 아랍·무슬림들의 동반구 진출과 그 교류의 흔적은 여러 문헌을 통해 이미 알려진 바 있다. 특히 쿠르다드비가 845년에 쓴 『왕국과 도로 총람』의 기록은 9세기 이전부터 이슬람교도들의 활동 영역이 지중해에서 멀리 극동에까지 미치고 있었음을 강하게 암시하고 있다.[22] 하지만, 이런 시각으로 접근하게 되면 또 다른 중심주의를 획책할 가능성이 있다.

서반구와 동반구라는 이분법적 덫에 걸려 단순히 유럽 중심주의Eurocentrism의 자리에 중국 중심주의Sinocentrism를 대입하는 결과를 낳을 수 있기 때문이다. 이런 이분법의 구조는 결국 계몽주의 시대에 이르게 되면, 중국이 자신들보다 뒤처진 유럽에게 계몽의 빛을 제시하고 유럽의 발전에 기여했다는 식의 주장이 나온다. 그것은 사이드E. Said, 1935~2003가 비판했던 "오리엔탈리즘"의 역전된 변형이나 다름없다. 즉 중반구와 동반구가 문명과 문화의 전달자로 규정된 주체로서 자리를 잡게 되면, 서반구는 그 문명의 수혜자로서 타자가 된다. 그것은 또 다른 이항적 관계를 형성하여 주체와 타자 사이에 건널 수 없는 또 하나의 벽을 세우게 되는 것이다.

여기서 교류사 연구의 필요성이 다시 제기되지 않을 수 없다. 교류사 연구가 안고 있는 여러 가지 숙제가 있다. 교류의 다양한 측면과, 그로 말미암아 일어나는 변화의 구체적 양상을 보여주는 실증적 사례 연구이다. 특히 르네상스는 그동안 일방적으로 서반구의 시각만이 유효했고, 교류의 주요 통로가 되는 실크로드 연구 역시 아직은 학문적 여백이 많이 남아 있다. 게다가 우리의 일반적 역사 이해가 처해 있는 현실도 문제이다. '지역

---

22) 요시미즈 츠네오, 오근영(역), 2002, 『로마문화왕국, 신라』 씨앗을 뿌리는 사람, 54.

세계' 개념을 토대로 세계 각 지역 간 상호 교류에 대한 이해가 부족하다. 그 현황뿐만 아니라 그것이 끼친 사회·문화적 영향까지 다양하게 보여줄 수 있는 구체적인 사례 연구가 부족하다는 것이 한계다.

교류사 연구를 위해서는 기존 역사 서술에 비해 장기적인 시간과 광범위한 지역을 다루어야 한다. 교류의 대상에 드러나는 다양한 측면을 살펴야 하고, 실질적인 교류의 형태를 찾아내야 보다 구체적인 역사 서술이 가능하기 때문이다. 예를 들면, 동반구와 중반구와 서반구의 경제적·문화적 교류를 종합적으로 설명할 수 있는 대상들을 찾아 연구하는 방식이다. 평소 실생활에 많이 사용되지만 그 출처가 분명하지 않는 것들 가운데 그런 예가 많다. 전혀 다른 문화권에서 발견되지만 생소하지 않은 것들 가운데서도 그런 예를 찾아 볼 수 있다. 알고 보면 그들은 대부분 교류를 통해 문명의 저변에서 마치 무의식의 층을 형성하고 있는 것이나 마찬가지다. 실크로드를 통해 교류했던 다양한 종교와 사상, 기술과 도구, 그리고 도자기와 같은 심미적 생활문화에 이르기까지, 글로벌 르네상스가 자리하게 되는 근거이다.

제II부

르네상스를 향한 글로벌 맵핑

1장 중반구에서 르네상스로

2장 동반구에서 르네상스로

3장 이슬람에서 르네상스로

제II부 1장
중반구에서 르네상스로

1. 칭기즈 칸과 팍스 몽골리카

고대로부터 몽골 초원에는 흉노, 돌궐 등 여러 유력한 유목 민족들이 나타났다가 사라졌다. 10세기 초 거란의 등장과 12세기 초 여진의 성장으로 동반구를 중심으로 한 국제 관계의 판도는 크게 바뀌었다. 북송960~1127과 남송1127~1279이 번갈아 일어나고, 그 서북쪽에서는 서하1038~1227가 송의 지배를 벗어나 독립 국가를 세웠다. 또한 한반도에서는 고려가 세워지고, 오늘날 중국 동북 지방에서는 여진의 금나라가 등장했다. 그야말로 격동의 역사가 전개되는 이러한 과정에서 북방민의 중원 진출은 세계사의 틀을 뒤흔들어 놓았다.

한반도 역시 이 과정에서 그들의 직접적인 지배를 받거나 영향권 아래 들어가게 되었다. 따라서 고려는 대외정책에서 항상 북방과 중원의 눈치를 봐야 하는 신세가 되고 말았다. 그런데 이렇게 촉발된 다원적 국제 질서를 몽골이 등장하여 단숨에 정리해버렸다. 1206년 그들은 초원을 통일하고 역사상 영토가 가장 넓었던 대제국을 건설한 것이다.

몽골 초원에서 제국의 기틀을 닦은 이는 칭기즈 칸Chingiz Khan, 1162~1227이었다. 그는 남쪽으로는 여진족의 금나라와, 서쪽으로는 이슬람의 신흥 강국 호레즘과 경쟁 구도를 펼치면서도 교역 관계를 유지했다. 칭기즈 칸의 휘하에 들어온 유목민들은 남녀노소 합해서 모두 50만 명 정도밖에 되지 않았고, 사냥과 목축으로 겨우 살아가던 신세였다. 그러나 이때 중국의 인구는 북쪽의 금나라와 남쪽의 송나라를 모두 합해서 이미 1억 명을 넘고 있었으니, 몽골과는 수적으로 1대 200이었던 셈이다. 이들이 중반구와 서반구의 동부 지역까지 장악을 했으니 놀라운 일이 아닐 수 없다.

동반구에서 이런 난리가 났을 때, 서반구와 중반구는 레반트 지역을 중심으로 십자군 전쟁_{1095~1291}의 막바지를 맞고 있었다. 당시 서반구 사람들에게 몽골은 지옥의 사자였고, 악의 화신이었다. 혹은 신이 인간의 타락을 징벌하기 위해서 보낸 도구라고도 했고, 일찍이 훈족의 아틸라를 가리켜 부르던 '신의 채찍' Flagellum Dei이 다시 나타났다고도 했다. 그들이 갑자기 나타나 보여준 엄청난 파괴력과 잔인함은 오히려 신비의 대상이 되었고, 공포심을 더욱 크게 했다. 몽골의 또 다른 명칭이었던 '타타르' 達Tatar가 라틴어에서 '지옥'을 뜻하는 '타르타르' Tartar와 비슷한 발음이었다는 것도 우연이 아니었던 모양이다.

실제로 이들의 등장으로 말미암아 인류의 대대적인 이동이 촉진되었다.[23] 몽골 전사들은 원정지에서 새로운 삶을 시작하고, 정복지의 유능한 인재와 장인들은 몽골 땅으로 끌려 왔다. 원元 제국을 수립한 세조 쿠빌라이r. 1260~1294는 킵차크 초원 출신의 유목민들을 끌고 와 자신의 친위군을 조직했다. 중앙아시아의 무슬림과 위구르인들을 끌고 와 중국 남부 운남雲南지역의 개발에 참여시키기도 했다.

이런 강제적 집단 이주는 주변 지역에도 영향을 미쳤다. 튀르크계 유목민들이 아나톨리아 반도로 밀려나 이 지역은 11세기 이후 셀주크 왕조의 기반이 되었다. 또한 중앙아시아, 이란, 아프가니스탄 지역 거주민들은 북인도로 밀려나면서 이 지역 역시 이슬람화가 급속하게 진행되었다. 민

---

23) 아래의 설명은 이평래가 이미 자세히 분석한 바 있는 「몽골 제국과 동서 문명의 교류」에 의존한다.
https://www.censcakmu.org:44273/sub05/sub05_2.php?mode=view&idx=14&page=2

족과 문화의 혼합이 이루어지고, 무역이 활성화되고, 종교 역시 여러 지역을 오가는 기독교와 이슬람교 선교사들로 말미암아 활성화되었다. 이러한 교류는 13~14세기 유라시아의 각 문명권에 있던 사람들의 의식에 근본적 변화를 가져왔다. 독립적으로 존재하던 문명들이 서로 교류하기 시작한 것이다.

몽골 제국의 출현에 대해서는 여러 가지 가설이 있지만, 그것은 단순히 기마 군대의 힘 혹은 칭기즈 칸이라는 개인의 천재성만으로는 설명이 되지 않는다. 그들은 처음부터 가진 것이 별로 없었기에 다른 것과 충돌할 염려도 없었고, 그만큼 새로운 것에 대해 개방적이었다. 무조건 새로운 것을 받아들여 자신의 것으로 만들어 나가야 하는 운명이었다. 그들은 민족 우월주의나 배타적 선민의식은 갖고 있지 않았다. 몽골의 군주들은 자신들이 '영원한 텡그리'Tengri로부터 힘을 부여 받았다고 믿었지만, 그것이 곧 몽골 지상주의나 텡그리 지상주의로 발전하지는 않았다. 그들은 다양한 집단과 문화가 공존하는 다원주의적 질서를 바탕으로 소위 팍스 몽골리카Pax Mongolica를 구가하기 시작한 것이다. 그것은 정치적 통합을 통해 얻은 게 아니다. 13~14세기 몽골의 주도 하에 지역 간 교류가 활발하게 이루어진 탓이다.

여기서 결정적인 역할을 한 것이 역참제驛站制이다. 몽골인이 '잠'jam이라고 부르던 역참은 인적·물적 교류를 활성화시킨 글로벌 네트워크였다. 그것은 제국 전역을 연결하는 조밀한 교통망으로, 몽골 세계 제국이 유라시아 대륙을 지배하게 된 원동력 가운데 하나였다. 일정한 지역마다 역참을 설치해 여러 마리 말을 배치하고 정보를 역참으로 전하도록 한 유목민 전통의 통신 방법이다. 역참에는 늘 말과 사람이 배치되어 있었다. 당시 수도였던 카라코룸을 중심으로 유라시아 대륙 전역을 거미줄처럼 엮고 있는 역참제의 정보망은 오늘날의 인터넷 네트워크 역할을 했다. 동으로는 고려와 만주, 서로는 중앙아시아를 거쳐 이란과 러시아에 이르는 교통로에 역참을 두었다. 남쪽으로는 베트남과 미얀마까지 연결되었다.

역참으로 연결된 몽골 제국의 영토는 옛 실크로드와 일치하는 지역이었다. 당나라 이후 단절되다시피 했던 이 교역로를 통해 동반구와 중반구 물품이 직접 서반구에 실려가 판매되었고, 중반구나 서반구의 물품이 동반구로 들어왔다. 역참제는 한반도에도 이미 삼국 시대부터 존재했고,[24] 고대 페르시아에 있던 '왕의 길'과도 비교해 볼 만하다. 당시 중국에 있던 역참만 1,500군데였다고 하니 그 규모를 짐작할 수 있다.

몽골 제국의 출현으로 유라시아 대륙은 하나의 교역권 안에 들어가게 되었다. 동반구와 중반구와 서반구를 연결하는 육로와 해로의 통과 시간은 크게 단축되었고, 오가는 사람도 크게 늘었다. 쿠빌라이는 몽골 제국의 중심지를 몽골 본토로부터 원나라 수도인 대도(현재의 베이징 북부)로 옮겼다. 그리고 독립하려는 경향을 보이고 있던 서쪽의 칸국(汗國)들을 묶어 세계 제국 구축을 시도했다.

각 칸국(汗國)이 독립적인 길을 걸으면서 유라시아 대륙은 정치적으로는 다극화되었지만, 경제는 원 제국을 축으로 하나의 영역으로 통합되고, 문화는 유라시아 문명 벨트를 중심으로 다양화되어 갔다. 쿠빌라이는 역참들이 이어주는 육로만으로 만족하지 않았다. 남송을 정복한 뒤에는 남송의 해상 함대를 고스란히 인수했다. 거기에서 얻은 나침반, 조선술, 항

---

24) Kim, Tschung-Sun. 2016. "The Development of the Silk Road: The Postal Relay Route of Mongol and Goryeo." *Acta Via Serica*. Inaugural Issue: 105-117.

해술 등의 지식과 정보를 통해 동서를 이어주는 해상교통로, 즉 해상 실 크로드를 열었다.

그것은 동아시아에서 서아시아와 북아프리카로 이어지는 해상 연결망이었다. 위구르 상인과 무슬림 상인들이 대규모 상업 활동을 전개할 수 있게 된 것은 이러한 교통로 덕택이었다. 훌레구 울루스와 우호 관계를 유지하고 있던 제노바와 베네치아 등 이탈리아 상인, 그리고 비잔틴 상인들까지 여기에 참여하면서 몽골 제국을 축으로 하는 상업망은 지중해까지 확대되었다.

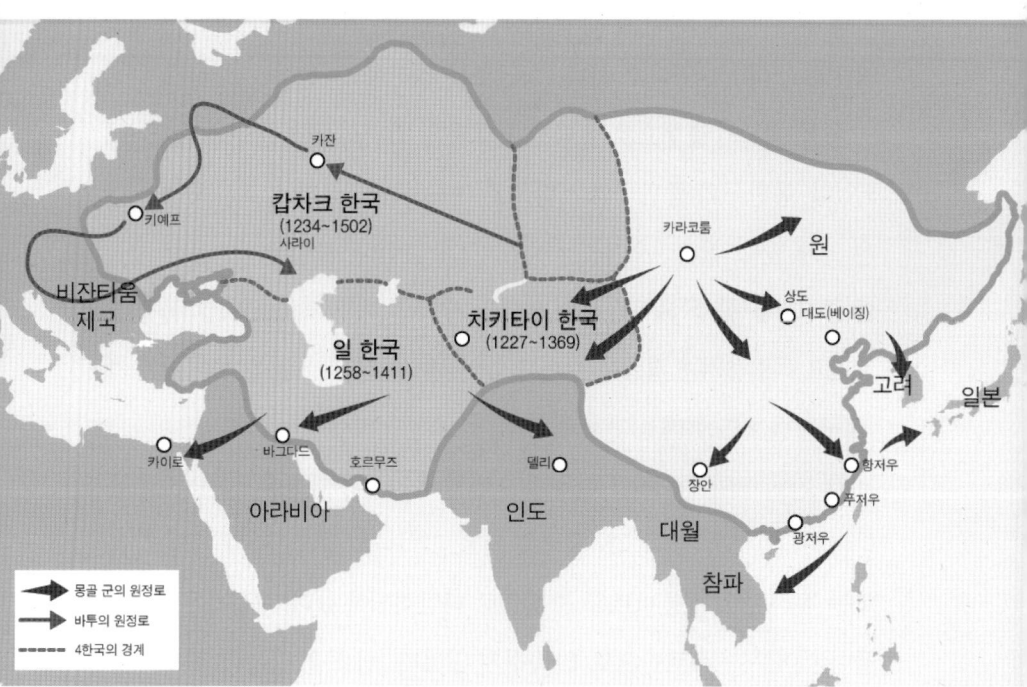

[지도1] 몽골 제국

결국 이탈리아의 르네상스가 14세기부터 본격화될 수 있었던 것은 몽골 제국이 이룩한 세계 규모의 경제 교류와 발전이 그 배경이 되었음은 말할 나위도 없다. 이 해상 교통로를 따라 도자기, 비단, 차茶 등이 동쪽의 광주를 떠나, 동남아시아의 팔렘방, 브루나이, 인도 남쪽의 여러 항구를 거쳐 페르시아만의 호르무즈에 도착했다. 그리고 이 물품들은 그 곳으로부터 다시 북쪽 흑해와 지중해의 베네치아, 제노바 등으로 운반되었다.

쿠빌라이는 몽골의 군사력에다 유라시아 최대의 중국 경제력을 합하고, 이슬람 상인들을 전면적으로 활용하는 세계 경제 체제를 이룩했다. 이것이 바로 팍스 몽골리카Pax Mongolica다. 쿠빌라이는 이슬람 상인들이 가지고 있던 오르톡ortoq 斡脫[25]이라는 기업 조직을 국가 경영에 끌어들였다. 튀르크어로 '동업자'라는 뜻을 가진 이 기업 조직은 몽골 권력층과 손잡고 국가에서 관리하는 역참 시설을 이용하면서 내륙과 해상을 통한 국제 무역을 수행했다.

이로 말미암아 원 제국의 경제 정책, 경영 전략이 오르톡과 하나가 되었다. 그 결과 그때까지 '문명'으로부터 소외된 외딴 시골과 산의 오지, 혹은 한촌寒村도 연결되기 시작했다. 오르톡의 상인들 중에는 '회회'回回라는 이름으로 불리우는 무슬림의 활동이 돋보였다.[26] 이들의 활동 범위가 한반도까지 미쳤음은 고려 가요에 '쌍화점'을 경영하는 '회회아비'의 존재가 말해주고 있다.

몽골인들이 역사의 전면에 나서기 이전 세계는 각각 별개로 움직여 왔다. 따지고 보면 그리스와 로마 제국, 한나라와 당 제국, 페르시아 제국,

---

25) 김호동. 2016. 『아틀라스 중앙유라시아』. 사계절. 157.
26) 오카다 히데히로 저, 이진복 역. 2002. 『세계사의 탄생』. 황금가지.

이 모두는 후대 역사가들이 붙여준 세계 제국이라는 명성과는 달리 각 지역의 맹주에 불과했다. 물론 유럽에서, 서아시아에서 그리고 동아시아에서 이들이 이룩한 업적은 결코 적지 않았다. 그러나 그들이 구축한 세계는 지역적으로 제한된, 그리고 자신을 중심으로 한 극히 편협한 세계였다. 몽골은 바로 이 경계를 무너뜨린 것이다.

지금까지 변방의 야만인 취급을 받던 몽골 제국에 대한 역사적 평가도 그리 긍정적인 편이 아니었다. 그들이 광대한 영역을 확보했다는 사실은 누구나 인정하지만, 그들의 시대는 전란과 정복의 시대로 규정되었다. 대외 원정 과정에서 많은 인명이 희생되고 문화재가 소실되고 약탈이 자행된 것은 역사적 사실이다. 그러나 한 가지 사실만은 분명하다. 몽골 제국의 출현으로 말미암아 유라시아 대륙이 하나로 통합되고, 그 안에 포함된 여러 민족의 역사도 이전과 전혀 다른 방향으로 전개되었다는 점이다. 말하자면 유라시아 세계는 몽골 제국이라는 거대한 용광로에 녹아들었다가 새로운 길을 모색했다고 할 수 있다. 이런 점에서 몽골 제국의 흥망과 성쇠는 세계사를 가르는 분기점이었으며, 제국의 출현은 진정한 세계사의 탄생을 알리는 서막이었다.

13세기의 세계는 동쪽으로는 한반도가 위치한 태평양 연안에서, 서쪽으로는 흑해까지 확대되면서 칭기즈 칸의 후계자들에 의해 유지되었다. 길과 강, 역참과 같은 뛰어난 중간 거점과 말을 이용한 운송 수단은 중국과 로마 사이에도 상호 호혜의 기회를 주었다. 그때까지만 해도 양쪽은 서로 다른 문화를 발전시키고 있었던 것이다. 서반구가 제국 중심에서 교회 중심으로 바뀌고 교리에 바탕을 둔 문화였다면, 동반구는 그들의 모든 역량을 물질적 풍요에 몰입시킬 수 있는 유리한 길을 걸어 나가고 있었다. 따라서 서반구와 동반구가 몽골을 매개로 서로 만났을 때, 그들은 서로 영향을 줄 수 있었다. 쿠빌라이 칸은 북경에 기독교 선교사를 받아들임으로써 그의 백성들이 서반구의 정신 세계를 배울 수 있도록 하였다. 마찬가지로 그의 백성들은 인쇄술, 나침반, 화총과 같은 선진 과학 기술을 서반구에 전달할 수 있었다. 특히 이들 인쇄술과 화총과 나침반은 서반구 중세 제도의 몰락을 가져왔고, 르네상스의 지렛대 노릇을 했다고 할 수 있다.

몽골은 제국의 경험과 정치, 문화, 정보의 능력, 그리고 인적 네트워크를 유라시아 전역에서 효과적으로 발휘했다. 명나라 1368~1644에 의해 몽골 고원으로 쫓겨날 때까지, 몽골의 중심이라 할 수 있는 원 제국은 동서양을 정치, 경제적으로 한데 어우르며 하나의 세계를 만들어 나갔다. 몽골 제국의 유산은 유·무형으로 오늘날까지도 세계 곳곳에 영향을 미치고 있으며, 이것이 중세 르네상스 문명 태동의 중요한 원동력이 되었던 것이다.

2. 티무르조와 중앙아시아

'칭기즈 칸'이라는 이름에 비해 '티무르'라는 이름은 우리에게 그리 익숙하지 않다. 하지만 티무르가 정복을 위해 보낸 시간과 다녔던 지역을 보면 오히려 칭기즈 칸과 비교가 되지 않을만큼 크고 넓다. 사실 칭기즈 칸은 생애의 대부분을 몽골 초원의 통일로 보냈고, 그가 참가했던 대외원정은 세 군데, 즉 서하, 금나라, 호레즘뿐이었다. 칭기즈 칸이 '세계 정복'의 문을 열기는 했지만, 실제로 그것을 완수한 것은 그의 후손들이었다.

1336년에 출생한 티무르는 1369년 중앙아시아의 유목 부족들을 통합하는데 성공한 뒤, 1405년에 중국을 치러 가다가 사망할 때까지 거의 40년을 유라시아 사방 각지를 원정하고 정복하는 데 몰두했던 인물이다. 뿐만 아니라 그의 세계 정복은 후손들에게까지 넘기지 않고 자신의 당대에서 완료했다. 그의 후손들은 가만히 앉아서 열매를 따먹었을 뿐이었다.

티무르는 튀르크화한 몽골 부족인 바를라스 부족 출신으로 1360년 칭기즈 칸의 정복 전쟁에 참여하였다가 중앙아시아에 정착했다. 그리고 차가타이 칸국의 왕녀와 혼인을 하면서 스스로 칭기즈 칸의 후예임을 자처했다. 티무르는 이 때 다리 한쪽을 다쳐 절름발이가 되었고, 이후 '절름발이 티무르'란 뜻의 티무르랑 Timur-i lang이라는 별칭을 얻게 되었다. 유럽에서 타멜랑 혹은 템머레인 Tamerlane이라는 이름은 티무르랑이 와전되면서 생겨난 것이다.[27] 이때까지만 해도 비록 티무르의 지위가 공식적으로

---

[27] 서반구에서 티무르의 명성을 한마디로 말해주는 것이 영국의 작가 말로 Christopher Marlowe가 쓴 「템벌레인 대왕」 Tamburlaine the Great, 1587 이라는 희곡이다. 줄거리는 주인공 템벌레인이 페르시아 제국과 터키와 아프리카를 정복하고, 마침내 자신이 신보다 더 위대하다고 외치며 『쿠란』을 불태우는데, 오히려 그것이 그의 저주가 되어 다음 해에 사망하고 만다는 것이다. 이 이야기는 인간의 무한한 가능성을 강조하던 당시 영국의 지적 분위기에 맞아 떨어졌고, 그런 의미에서 '세계정복자' 티무르는 아주 적합한 주인공이었던 셈이다.

는 장군 혹은 총독을 의미하는 아미르에 불과했다. 그러나 이미 트란스옥시아나의 모든 권력을 완전히 장악하였기 때문에 1370년을 티무르 제국이 성립한 해로 본다.

티무르는 칭기즈 칸 시절의 영광을 재현하겠다는 야심을 가지고 평생 동안 지속될 정복 전쟁을 시작했다. 서쪽의 일 칸국은 1385년을 전후해 장악하고, 타브리즈는 1386년에, 그리고 바그다드는 1393년에 함락시켰다. 이후 러시아에 진군하여 모스크바에까지 이르렀다. 1398년 사마르칸트로 돌아온 티무르는 이미 60세가 넘는 나이에도 불구하고 다시 원정을 계획하여 인도 방면으로 나섰다. 당시 인도는 튀르크계 무슬림의 유입이 늘어나면서 이슬람 술탄 왕조가 이어지고 있는 상태였다. 인더스 강을 건너 델리로 진군한 티무르가 이듬해 사마르칸트로 돌아올 때는 코끼리 90마리를 비롯하여 엄청난 재물을 가지고 왔다. 델리의 웅장한 모스크에 감명을 받고 착수한 사마르칸트 모스크 건설을 위한 운송 수단이었다.

티무르의 다음 상대는 오스만 제국이었다. 그들은 서쪽 아나톨리아 반도에서 신흥 이슬람 강국으로 떠올랐다. 당시 오스만 제국의 술탄 바예지드 1세는 발칸반도를 장악하고 동로마 제국의 수도인 콘스탄티노플의 정복을 눈앞에 두고 있었다. 티무르는 아나톨리아 반도로 진격하는 도중에 먼저 시리아의 알레포와 다마스쿠스를 함락하고, 1400년에는 바그다드를 초토화시켰다. 1402년 7월 20일, 티무르는 아나톨리아 반도의 앙카라 북방 초원에서 오스만 제국을 물리치고 바예지드 1세를 포로로 붙잡았다.[28] [그림10] 그리고 티무르는 오스만 제국의 수도인 부르사를 점령했다.

---

28) 이 이야기를 모티브로 삼아 헨델F. Hadel은 1724년 Tamerlano"Tamerlane", HWV 18라는 제목의 오페라를, 비발디Antonio Vivaldi는 1735년 Bajazet이라는 제목의 오페라를 각각 작곡한 바 있다.

[그림10] 티무르의 포로가 된 바예지드 1세.
by Stanisław Chlebowski, 1878.

티무르는 당시 로도스 기사단^똘 성 요한 기사단 또는 구호 기사단이 점령하고 있던 아나톨리아 반도의 서쪽 해안 도시인 스미르나마저 함락시켰다. 오늘날의 이즈미르이다. 서반구에서 티무르의 악명이 알려지게 된 것은 바로 이곳에서 벌어진 잔혹함 때문이었다. 이렇게 하여 티무르는 아나톨리아 반도의 오스만 제국, 이집트의 맘루크 왕조, 발칸 반도의 동로마 제국으로부터 모두 종주권을 인정받는 위업을 달성하게 된다. 한편 포로가 되었던 바예지드 1세는 이듬해인 1403년 3월에 옥사했다. 오스만 제국의 콘스탄티노플과 발칸 제국의 정복도 미루어질 수밖에 없었다. 서반구에서는 안도의 한숨을 쉴 수가 있었다.

1404년 사마르칸트로 돌아 온 티무르는 여전히 한 곳에 정주하지 않았다. 그의 평생 목표는 동쪽의 명나라를 쳐서 몽골족이 세운 원나라의 옛 영광을 찾는 일이었다. 원나라는 당시 명나라에 밀려 북쪽 초원으로 쫓겨나간 상태였기 때문이다. 따라서 그가 몽골 제국의 본부가 있었던 중국을 자신의 최종 목표로 삼은 것도 당연한 일이었다. 결국 1404년 말에 명나라 원정을 위해 총 20만 명의 대군을 이끌고 출병한 티무르는 진군 도중에 갑자기 병을 얻어 이듬해인 1405년 2월 오트랄에서 병사하고 말았다.

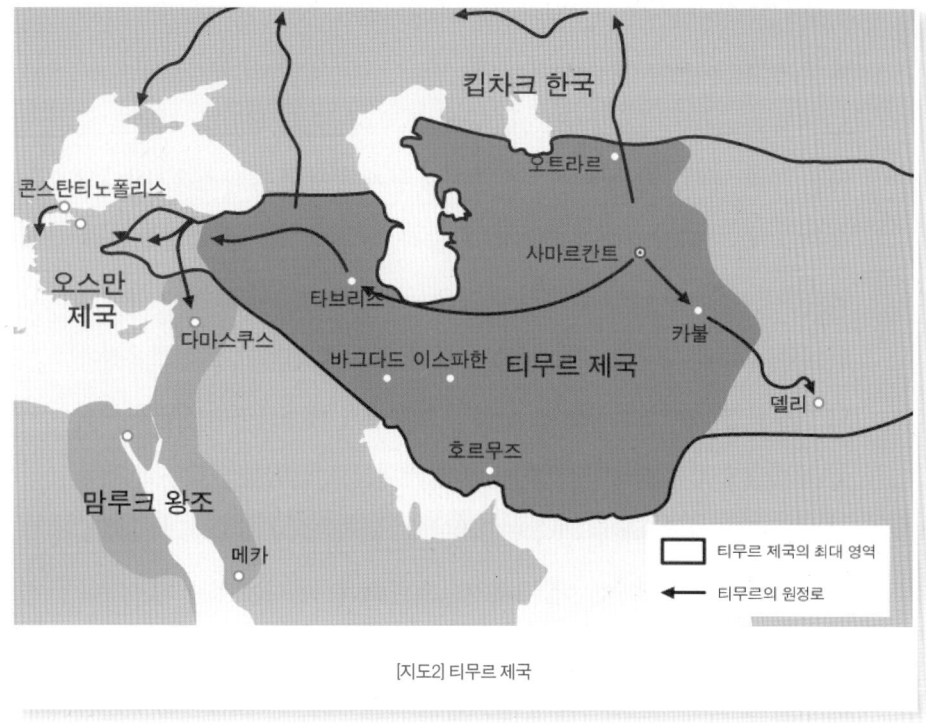

[지도2] 티무르 제국

　대제국의 건설은 완성했지만, 티무르는 이를 효과적으로 통치할 체제를 마련하지 않은 탓에 후손들 사이에는 피비린내 나는 투쟁이 벌어졌다. 1409년 티무르의 막내 아들 샤 루흐가 사마르칸트에 입성하여 새로운 통치자가 되었다. 이후 제국의 수도를 자신의 영지인 헤라트로 옮겨 바그다드와 이라크까지 모두 지배하게 되었다. 샤 루흐는 몽골 율법 대신 이슬람 율법을 통치 이념으로 내세웠다. 이를 위해 이란의 마슈하드와 수도인 헤라트에 이슬람 모스크와 신학교를 세웠다. 그리고 티무르와의 전쟁 때문에 악화되었던 동쪽의 명나라 및 서쪽의 오스만 제국과 외교 관계를 회복하였다. 예술을 후원하고 웅장한 공공건물을 많이 건축하면서 샤 루흐의 치세 38년간 티무르 제국은 잠시 문화적 황금기를 이루게 된다.

1447년 샤 루흐가 사망하자 사마르칸트의 총독을 지내던 그의 아들 울루그 벡Ulugh Beg 1394-1449이 티무르 제국의 새로운 통치자가 되었다. 그도 역시 아버지와 마찬가지로 이슬람을 통치 이념으로 삼았다. 티무르 제국은 주변 세력들에 의해 다시금 승계권 분쟁에 싸여 트란스옥시아나의 울루그 벡, 호라산의 바부르, 이란의 술탄 무함마드의 3대 세력으로 분열되었다. 이런 틈을 타 급부상한 것은 우즈벡족이었다. 그들은 사마르칸트와 부하라, 히사르, 발흐, 카불 등을 모두 점령하고 트란스옥시아나 대부분을 지배하게 되었다. 그리고 호라산과 헤라트까지 점령하게 되었다. 이렇게 하여 중앙아시아의 강력한 제국으로 군림하던 티무르 제국이 건국된 지 불과 140년 만에 멸망하였다.

티무르 제국이 멸망한 뒤인 1492년, 트란스옥시아나에 있는 페르가나에서는 바부르Zahīr-ud-Dīn Muhammad Bābur, 1483~1530가 새로운 통치자로 등장했지만, 그 역시 우즈벡족에 쫓겨 지금의 아프가니스탄 지역으로 도망쳤다. 그리고 1503년 카불을 점령하고, 북인도를 정복하여 1526년 델리를 차지하였다. 마침내 북인도 통일을 이룬 그는 장차 인도 전역을 지배하게 되는 무굴 제국의 초대 황제가 된다.

14~15세기 티무르 제국 시대의 중앙아시아는 여러 면에서 최전성기를 구가했다. 건축과 조경, 회화세밀화, 서예, 제본 기술, 문학 그리고 천문학 등의 분야에서 많은 걸작들을 남겼다. 사마르칸트우즈베키스탄와 헤라트아프가니스탄를 중심

으로 전개된 화려한 문화 활동을 살펴보면 그 대략을 알 수 있다.

티무르는 특이하게도 유목민의 천막생활을 고집하면서도 건설과 건축 활동에 집착했다. 이란의 아자르바이잔에서 바를라스 운하를 건설하는가 하면 아프가니스탄의 카불 근교에서 관개 시설을 구축하기도 했다. 그러나 무엇보다도 중요한 것은 사마르칸트와 케슈_{현재 Shahrisabz} 등지에서 실시한 대규모 건설 활동이다. 사마르칸트는 1220년 칭기즈 칸에 의해 폐허로 변한 곳이다. 그 폐허는 오늘날도 전설상의 고대 영웅의 이름을 따서 '아프라시압 언덕'으로 불리지만, 티무르는 사마르칸트의 재건에 힘을 쏟았다. 대규모의 구획 정리를 실시해 간선도로를 깔고 여기에 대 바자르를 연결시켜 도시를 교역과 생산 활동의 중심지로 만든 것이다.

도시에는 막대한 부가 유입되었고, 터키와 인도 등 정복지로부터 우수한 학자와 예술가, 장인들이 모여들었다. 번영을 되찾은 사마르칸트는 30, 40만 명의 인구를 갖는 거대한 대도시로 탈바꿈했다. 카이로나 다마스쿠스, 콘스탄티노플이나 장안과 견줄만한 세계적 대도시가 된 것이다. 사마르칸트의 남쪽에 있는 그의 고향 케슈에는 아버지와 일찍 죽은 첫째 아들 자한기르의 영묘를 건축했다. 성벽 건설을 완료하고 1381년 궁전_{악사라이}건축을 할 때는 헤라트의 거대한 성문을 아예 그대로 옮겨왔다. 티무르는 유목민 출신이기는 했지만 도시가 갖는 경제와 문화적 가치를 알고 있었다. 그는 이슬람의 제왕으로서 백성들의 종교 생활에 기반을 마련할 필요가 있어 모스크와 영묘, 교육 기관인 마드라사 등을 세웠다. 그것은 또한 나라 안팎에 자신의 힘을 과시할 수 있는 수단이기도 했다. 건축에 대한 티무르 제국의 열정은 그의 후예들에게서도 계속되었다. 헤라트 성 안에 마드라사를 세우고, 이란의 마슈하드에 있는 이맘 레자의 묘

안에는 푸른색 돔을 얹은 아름다운 모스크를 건립하기도 했다. 헤라트를 포함한 호라산 지방_{이란의 동부}에서 당시에 이루어진 건축물의 수는 엄청났다. 셀 수 있는 것만 해도 다리 14개, 공중목욕탕 9개, 대상 숙소 52개, 저수지 19개, 병원 1개, 이마라트_{수프 공급소} 5개, 마드라사_{고등 교육 시설} 4개, 모스크 20개, 낙타 우리 1개 등이었다.

헤라트에서는 건축 활동뿐만 아니라 다른 문화 활동도 활발하게 이루어졌다. 특히 명성이 높은 것은 필사본 제작 활동이었다. 당시의 이슬람 세계에는 아직 인쇄술이 없었다. 많은 서예가와 세밀화가, 채색화가, 제본 장인들을 한 군데에 모아 훌륭한 사본 작성에 종사시켰고, '헤라트 사본 공방'을 세워 그곳에서 매일 예술가나 장인들에게 아름다운 사본을 만들게 했던 것이다. 티무르의 손자 이스칸다르 술탄의 천궁도_{Horoscope} 역시 당시 이러한 예술 활동의 높은 수준을 보여준다. [그림11] 천궁도란 사람이

[그림11] Iskandar Horoscope
1384년 4월 25일 이스칸다르 탄생시점이다.
Wellcome Library reference: MS Persian 474.

태어날 때 하늘에 떠 있는 별의 배치도를 그린 그림12공도을 말한다. 아름다운 색감이 뛰어나 당시의 회화 수준을 여지없이 보여주고 있다. 별점이 성행하던 당시에는 이를 기초로 하여 점성술사가 그 사람의 미래를 예언했다.

티무르조 시대에 별점이 사람들에게 얼마나 중시되었느냐는 것은 천문학과 점성술의 발달 정도로 알 수 있다. 그중에서도 울루그 벡이 다스리던 사마르칸트의 교외에는 3층짜리 천문대가 건설되었다. 그곳에서는 최신 관측 기구를 사용하여 매일 주야로 천체 관측이 행해졌으며 이 관측 결과를 바탕으로 하여 「울루그 벡 천문표」나 「귀레겐 천문표」로 불리는 정확한 천문표가 작성되었다. 천문표라는 것은 별의 위치 등을 수치로 나타낸 표를 말한다. 이 천문표는 당시 세계에서 가장 정확한 천문표였기 때문

[그림12] 울르그 벡 천문대 (사마르칸트)

에 이슬람 세계에서 널리 이용되었을 뿐만 아니라 라틴어로도 번역되어 유럽에서도 사용되었다. 이 천문대의 유적 일부는 '울루그 벡의 천문대'라는 이름으로 오늘날에도 사마르칸트 교외에 남아 있다.[그림12]

티무르조의 왕자이자 후에 인도에서 무굴조를 연 바부르는 자신의 회상록인 『바부르 나마』에서 헤라트 마을이 술탄 후세인 시대에 "그 아름다움과 단아함에 열 배, 아니 스무 배가 더해졌다"고 평가했다. 확실히 이 시기의 헤라트에서는 건축과 세밀화, 서예, 문학, 음악 방면에서 많은 건축가들과 예술가들, 문인, 음악가들이 완벽의 경지를 목표로 경쟁하고 있었으며 이슬람 문화사상 찬란히 빛나는 걸작을 만들어 냈다.

티무르조 당시에 헤라트와 사마르칸트, 시라즈, 타블리즈 등을 중심으로 그려진 회화는 모두 세밀화Miniature이다. 그중에서도 헤라트에서는 이슬람 세계가 낳은 최고의 화가로 알려진 비흐자드Kamaleddin Behzad, c.1450~1535 등이 활약하면서 세련된 작품을 남겼다.[그림13] 비흐자드는 티무르조가 붕괴된 후에도 이란의 사파비조 궁정 공방의 책임자로 계속 활약했던 것으로 전해진다. 회화 못지않게 서예 역시 상당한 수준으로 발달했다. 티무르조 시대에는 훌륭한 서예가들이 배출되어 문헌의 필사뿐만 아니라 세밀화 안에 유려한 필적을 남기기도 했다.

문학은, 주로 이란의 전통 아래 있었지만, 나보이Alisher Navoi, 1441~1501는 튀르크어를 사용한 다섯 개의 시편 『함사』khamsa 등의 훌륭한 작품을 남기기도 했다. 이때부터 튀르크어는 이슬람 세계에서 아랍어와 페르시아어에 버금가는 3대 문화어로서 인식되어 널리 사용되었다. 나보이는 자기 집에 시인과 예술가, 학자들이 모이는 살롱Meclis을 마련하고 문예 비평까지 전개했다. 이 살롱은 명성이 높아서 당시의 문인들은 여기에 참가할 수 있

[그림13] 성채의 건축. 비흐자드 作

다는 사실만으로도 큰 영예로 생각했다고 전한다. 18세기 서반구의 살롱 문화 전통이 중반구에서는 이미 15세기에 시작되었던 것이다. 나보이와 동시대에 살았던 바부르는, 나보이만큼 예술가나 학자들에게 아낌없는 원조를 제공한 후원자는 어느 시대에도 존재하지 않았다고 극찬할 정도였다.

    티무르조의 이러한 문화적 탁월성은 티무르의 정복 활동으로 인해 중앙아시아에 모여든 막대한 부가 바탕이 되었을 수 있다. 또한 티무르를 비롯한 왕족과 유력자들의 문화에 대한 애착, 부를 문화 활동에 쏟아 붓는 적극적인 자세가 바탕이 되었을 것이다. 뿐만 아니라 그들이 가진 자유롭고 활달한 유목민적 기질이나 다양한 문화에 대한 유연성, 그리고 제국 내에 존재했던 고도의 이란 문화의 전통 등이 결합된 결과라고 할 수 있을 것이다. 이런 요소들이 하나의 영역에 동시에 존재한 것은 중앙아시아 사상 티무르조 시대뿐이었다. 결국 이 문화는 14~15세기 티무르 제국 시대에만 탄생할 수 있었던 독자적인 것이었던 셈이다. 그런 뜻에서 티무르 문화는 중앙아시아에 있어서 특별한 시대의 산물이기도 하지만, 동시에 서반구 르네상스의 원형이라고 할 수 있을 것이다.

3. 알 안달루스

알 안달루스란 오늘날 이베리아반도스페인과 포르투갈, 안도라를 차지하는 중세 무슬림 국가이자 영토를 말한다. 이슬람 문화가 처음에는 아랍에서 시작되었지만, 곧 안달루시아, 페르시아, 중앙아시아와 인도로 퍼져 나갔고, 마침내 아나톨리아와 무굴 인도 제국까지 퍼지게 되었다. 이베리아반도에는 711년부터 이슬람으로 개종한 베르베르족이 진출해 있던 상태였다. 다마스쿠스를 탈출한 알 라흐만 1세Abd al-Rahman I, 731~788가 도망쳐 온 이곳은 이미 우마이야 왕조가 진출하여 터를 닦아 놓은 곳이었기에 그의 이베리아반도 장악은 별다른 어려움이 따르지 않았다. 더욱이 당시 이슬람의 중심지 시리아에 근거지를 두었던 우마이야 왕조Umayyad dynasty, 661~750의 왕자라는 점에서 종교적, 역사적, 정치적 정당성을 확보한 상태였다. 세계의 세력 구도와 종교 지형은 이렇게 변하고 있었다.

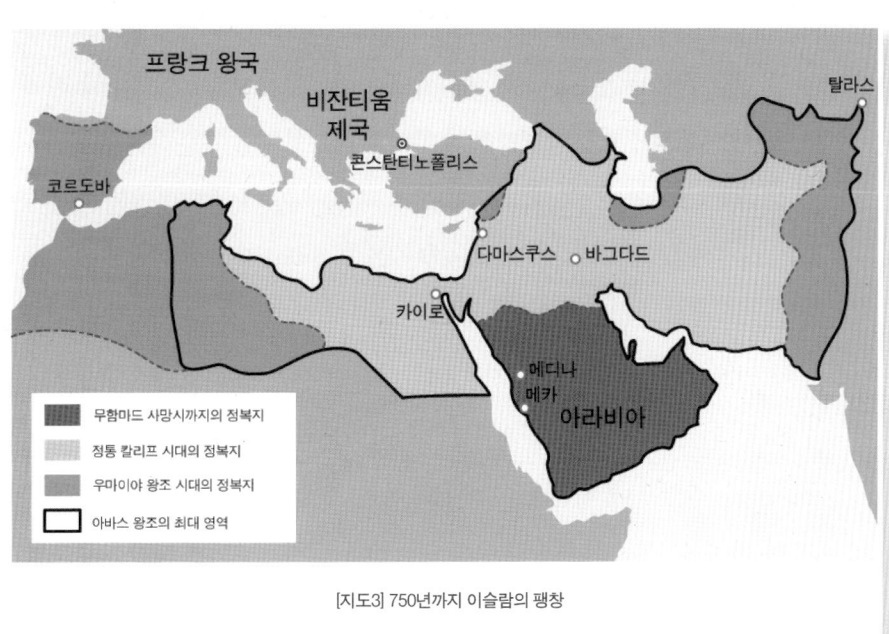

[지도3] 750년까지 이슬람의 팽창

이집트에서 서쪽으로 진출한 이슬람은 지중해 연안을 따라 리비아·튀니지·알제리 및 모로코로 뻗어 나갔다. 북아프리카를 석권한 뒤 이 대륙의 해안과 내륙 지방으로 나아가 동쪽 해안의 마다가스카르까지 이르고, 서쪽 해안으로는 나이지리아로 진출했다. 내륙으로는 수단·우간다에도 뿌리를 내렸다. 이렇게 진행된 것은 벌써 이슬람 초기였다. 그들은 북아프리카에서 지브롤터 해협을 건너 알 안달루스에 상륙했고, 8세기 초에 이슬람은 북아프리카를 전진 기지삼아 스페인과 포르투갈을 정복하고 프랑스까지 침략하였다. 이베리아반도를 정복한 이슬람은 800년 가까이 그곳에서 권세를 누렸다.

그러나 동쪽의 고향 땅 다마스쿠스를 지키고 있던 우마이야 왕조는 717년 비잔틴과의 전쟁에서 패하고 말았다. 콘스탄티노플 함락에 실패함으로써 지중해 동쪽 끝에서 유럽으로 가는 통로는 봉쇄되고 말았다. 남은 길은 북아프리카의 서쪽 끝에서 유럽대륙으로 들어가는 수밖에 없었다. 이런 상황에서 우마이야 왕조가 붕괴되고 압바스 왕조가 출현함으로써 알 안달루스의 정복은 전혀 예상치 못한 상황으로 전개되었다. 알 라흐만 1세는 압바스로부터 멸망한 우마이야 왕조의 뒤를 잇는다는 뜻에서 '후기 우마이야 왕조' Umayyads of Cordoba, 757~1031를 세웠다. '후기'라는 형용사는 나중에 붙은 말이지만, 다마스쿠스의 우마이야 왕조와 구별하기 위해 코드도바의 우마이야라고도 한다.

약 일천 명의 기병과 함께 지브롤터 해협을 건넌 알 라흐만 1세는 유수프 알 안달루스 총독을 패퇴시키고 코르도바의 과달키비르 강 연안에 자리를 잡았으나 시민들을 하나로 묶는 게 급선무였다. 따라서 이들은 태생적으로 부족적 연합일 수밖에 없었다. 군사 중 노예 출신들을 면천시켜 신분상승의 기회를 제공했다. 법과 공공의 관행을 확립했고, 아랍인 무슬림에 비해서 상대적인 홀대를 받던 마왈리mawali[29]도 공평하게 대했다. 특히 유대인에게는 랍비 및 랍비 관련 법률을 별도로 적용할 수 있도록 했다. 따라서 유대인들도 이에 부응하여 다른 유대인 공동체들과 긴밀한 관계를 유지하면서 알 라흐만 1세의 통치 기반 구축에 상당 부분 기여를 하였다.

종교에 따라 상인 길드, 수공업 길드 등으로 편성된 이슬람교도, 기독교도, 유대교도들은 교역을 통해서 부를 쌓았으며 이에 따라 알 안달루스의 경제는 그 당시로서는 경이로운 성장을 하게 되었다. 그동안 서반구에서 찾아보기 어려웠던 종족 간 상호 협력이 알 안달루스에서는 이루어지고 있었고, 서반구에서는 아직 물물교환 경제가 행해지고 있을 때, 알 안달루스에서는 초기 시장 경제[30]가 이미 시작되고 있었다. 무역과 상업의 경제, 특히 지속적인 국제 무역이 바탕이 되었던 것이다.

중세 스페인을 손에 넣은 무슬림들이 800년 가까이 그곳을 통치하면서 찬란한 문명을 꽃피울 수 있었던 또 다른 원인은 그들이 현지 기독교인들과 유대인들을 포용했기 때문이었다. 피레네 산맥 동쪽의 서반구가 중세의 어두운 시기에 침잠하여 있을 때, 중세 무슬림 스페인에서는 당시의 첨단 학문과 문학, 예술 등 제 문명이 꽃을 피웠다. 서반구보다 무려 200년이나 앞선 일이었다. 종교적 관용과 종족 간 상호 협력 덕분에 후기 우마이야 왕조의 코르도바는 점차 확대되고 풍요로워졌다. 그들은 다른 종

---

29) mawla의 복수형이 마왈리이다. 마왈리는 비아랍인 무슬림을 가리킨다.
30) 물론 후기 우마이야 왕조의 경제는 국가가 결정한 가격 통제에 따라 구동되었다. 다만 상호 협력의 기풍에 의하여 상대적으로 자유로운 경제 질서가 싹트고 있었고, 이것을 시장 경제의 초기 형태로 인식할 수 있다는 의미이다.

교를 가진 주민들을 억압하기보다 관용으로 통치했다. 자신들이 소수 세력이란 현실적 이유도 있었지만, 공존의 철학, '콘비벤시아'Convivencia가 밑바탕에 깔려있었던 것이다. 콘비벤시아의 결과는 놀라웠다. 당시 코르도바는 인구가 수십만에 달하는 거대 도시였으며, 농업·상업·수공업이 발달해 그야말로 유럽에서, 혹은 서반구에서 가장 강성한 도시였다.

'공존의 문명'을 꽃피우면서 수도 코르도바는 기존 이슬람권의 중심 도시 바그다드나 다마스쿠스와 맞먹을 정도로 번성했다. 수 km의 포장 도로와 가로등이 설치된 코르도바는 세계의 보석과 같은 곳이었다. 전성기였던 10세기에는 27개의 학교, 50개의 병원, 900개의 공중목욕탕, 6만 300채의 고급 주택, 그리고 8만 455개의 상점이 있었다고 한다. 인구는 50만 명을 넘었다. 당시 유럽에서 가장 큰 도시인 콘스탄티노플의 인구가 50만이었을 때였다. 코르도바는 서반구에 이슬람 학문을 전파하는 중심지이기도 했다. 서반구 각지에서 온 학자들과 유학생들로 언제나 북적였다. 유럽 각지에서 학자와 학생들은 찬란한 이슬람의 문화를 배우기 위해 몰려들었다. 9세기 경 유럽에서 가장 큰 도서관은 스위스 북쪽의 성 갈렌St. Gallen St. Gall 수도원으로, 겨우 500여권의 장서가 전부였다. 같은 시대, 코르도바의 도서관에는 무려 50만권 이상의 장서가 소장되어 있었으니, 중세 동안 중반구와 서반구의 학문적 격차를 단적으로 보여주는 예라고 할 수 있다.

10~11세기 코르도바에는 아불카시스Abulcasis. 936~1013라는 이름으로 알려진 의학자가 있었다. 그는 약 200여 개의 의료 기구를 개발하여 당대의 치과, 제약, 외과 분야에 혁명을 일으켰다. 그 중 메스와 칼, 톱과 긁개, 드릴과 집게 등의 수술 기구는 천년이 지난 지금도 사용되고 있을 정도이다.

그가 쓴 20권짜리 전서 『의료 방법』을 크레모나의 제라드Gerard of Cremona, 1114~1187가 라틴어로 번역하면서 아불카시스의 혁신과 관찰 기록은 유럽으로 퍼져 나가 르네상스 시대의 의술에 지대한 영향을 미쳤다. 이슬람 문명권의 다른 의학 저술과 함께 이 책은 수세기 동안 의과 대학에서 수술 지침서로 사용되었다.

아베로스Averroes, 1126~1198 혹은 이븐 루쉬드Ibn Rushd라는 이름으로 알려진 학자도 코르도바 출신이다. 그는 철학부터 신학, 의학, 천문학, 물리학, 법학, 그리고 언어학에 이르기까지 많은 연구를 했다. 특히 아리스토텔레스에 대한 주석서가 라틴어로 번역되면서 역시 서반구의 르네상스 철학에 엄청난 영향을 끼쳤음은 말할 나위도 없다.

알 라흐만 1세가 바그다드의 이슬람 사원에 뒤지지 않는 규모의 사원을 세울 목적으로 785년에 건설하기 시작한 곳이 코르도바의 메스키트이다.[그림14] 2만 5,000여 명의 신자를 한꺼번에 수용할 수 있는 규모다. 사원의 규모는 남북 180m, 동서 130m로 거대하다. 사원 내부에는 850개에 이르는 둥근 기둥이 아치를 이루며 서 있어 미궁 속을 연상하게 한다. 적과 백으로 보이는 아치는 흰색 돌과 붉은 벽돌을 교대로 조합한 것이며, 천장의 정교한 모자이크는 비잔틴 제국에서 가져왔다. 코르도바가 13세기에 다시 가톨릭 세력에 넘어간 후, 16세기 초 신성로마 제국의 황제와 스페인 왕을 겸했던 카를로스 5세 시절, 그들은 메스키트 한 복판에다가 르네상스 양식의 성당을 만들었다. 이 공사가 끝난 뒤 시찰 나온 카를로스 황제는 평범한 성당을 짓기 위해서 세상에서 하나밖에 없는 명물을 파괴했다며 크게 개탄했다. 이곳은 그 후로 가톨릭의 성전으로도 사용되고 있다.

[그림14] 코르도바의 메스키트

문화적으로 번영을 누리며 오랜 세월 이베리아반도를 지배한 이슬람은 시간이 지나면서 점차 가톨릭의 공격을 받아 쇠락했다. 코르도바가 가톨릭의 손에 넘어간 것도 그런 이유 때문이다. 북쪽 변방으로 밀려났던 스페인 제후들이 힘을 합쳐 이베리아반도에서 이슬람 국가를 몰아내고 다시 가톨릭 국가를 세우겠다는 재정복 운동, 즉 레콩키스타Reconquista가 승기를 잡은 것이다.

1240년쯤엔 나스르 왕조의 그라나다만이 이베리아반도 최남단에 남아 버티고 있었다. 나스르 왕조Nasrid dynasty, 1232~1492는 재정복 운동을 주도하던 카스티야 왕국의 페르디난드 3세에게 복속할 것을 약속하고 속국으로 살아남았다. 카스티야로서도 그라나다를 멸망시키는 것보다는 이슬람 국가들과의 연결 통로로 삼아 무역을 하는 것이 더 큰 이득이 된다고 생각한 것이다. 하지만 15세기에 포르투갈이 바다를 통해 서아프리카와의 교역로를 개척하면서 그라나다의 중요성이 떨어졌다. 화려하기로 이름난 그라나다의 알함브라 궁전마저 1492년 카스티야와 아라곤의 연합군에 의해 함락되었다. 공존의 가치를 남긴 대신, 800년 동안 이베리아반도에서 찬란하게 꽃을 피웠던 이슬람 문명은 그렇게 멈추어 서고 말았다.

4. 오스만 튀르크

서반구의 발전에는 중반구의 영향이 컸다는 사실은 이 책이 하고 싶은 이야기이다. 이걸 좀 더 구체적으로 말하자면, 이탈리아 르네상스에는 결정적으로 오스만 제국의 영향이 컸다는 것이다. 그런데 이런 주장을 좀 비틀어 놓은 경우도 있다. 포르투갈을 중심으로 한 서반구가 새로운 무역 항로를 찾으려고 나선 것은 오스만 제국이 동로마 제국을 정복한 다음에 중반구의 문물을 서반구에 공급하지 않았기 때문이라는 것이다. 오스만의 방해가 있었기에 르네상스는 유럽이 독자적으로 완성할 수 있었다는 뜻이다. 르네상스라는 대 과업을 유럽이 성취했는데, 오스만은 도움은커녕 오히려 방해만 되었다는 것이다. 대항해 시대는 훗날 제국주의로 발전하게 되었고, 오스만 제국은 바로 제국주의 국가들에게 당하게 된다. 과연 유럽의 세계 진출에 오스만은 걸림돌이었을까? 아니면 그것이 오스만 덕택이었을까?

오스만 왕조는 처음부터 강한 나라는 아니었다. 그들의 출발점이었던 아나톨리아 반도 중심의 소아시아는 동양과 서양을 이어 주는 경계 지점이라고 한다. 엄밀히 말하면 중반구와 서반구의 경계라고 할 수 있다. 동지중해와 흑해를 끼고 있어서 이곳은 민족의 이동이 잦았다. 경쟁하는 세력들 사이에 충돌도 끊이지 않았다. 11세기 이후 이곳의 주도세력은 셀주크 튀르크 족이었지만, 십자군의 잦은 침략으로 말미암아 그들은 곧장 내리막길로 접어들었다. 그러나 그들의 몰락을 재촉한 것은 오히려 내분과 몽골의 침략이었다. 1239년에 대규모 반란이 일어났고, 그 상처가 아물기도 전인 1242년에는 아제르바이잔 쪽에서 침공해 온 몽골과의 싸움에서 대패했다. 그리고 1256년에 몽골에 예속되어 셀주크 튀르크는 역사의 무대에서 사라졌다. 튀르크족의 작은 부족들이 도토리 키 재기를 하고 있는 동안 새롭게 무대에 등장하여 주도권을 장악한 것은 오스만 1세r.1299~1326였다.

14세기 중엽, 오스만 튀르크는 갈리폴리 점령 이후 보스포루스 해협을 건너 발칸반도로 진출했다. 발칸반도는 큰 혼란에 빠져 있었다. 남단의 그리스는 베네치아 령이 되거나 기타 소국들의 집합체로 전락했고, 세르비아나 불가리아도 나라가 분열된 상태였다. 당시 비잔틴 제국의 지배 아래에 있던 지역들은 사회적, 경제적, 종교적 불안과 겹쳐진 정치적 분열로 혼란스러웠다. 오스만 튀르크는 이를 국력 신장의 기회로 삼아 결국에는 강력한 중앙 집권의 제국으로 발전시켜 나갔다. 불가리아와 세르비아를 속국으로 삼은 바야지드 1세r.1389~1403는 그리스를 향해 남쪽으로 방향을 돌려 비잔틴 제국의 수도 비잔티움을 봉쇄했다. 그리고 1396년 헝가리가 서유럽의 도움을 받아 일으킨 십자군마저 물리쳤다. 오스만 제국은 전체 이슬람 세계에서 그야말로 새롭게 떠오르는 태양이었다.

그러나 15세기 초반에는 사마르칸트에 근거지를 둔 티무르 제국과의 전쟁에서 크게 패하기도 했다. 티무르 제국은 티무르가 칭기즈 칸의 후손임을 자처하면서 1369년에 세운 나라다. 그리고 거침없이 서아시아로 진출했다. 1401년에는 이슬람 세계의 중심인 바그다드를 함락했다. 이미 인도의 델리에서부터 서아시아에 이르는 광활한 영토를 차지한 티무르 제국은 서아시아에서 승승장구하던 오스만 제국과의 대결이 피할 수 없는 일이었다. 둘은 1402년 오늘날 터키의 앙카라에서 맞붙었다. 오스만 제국은 여기서 술탄 바예지드 1세가 생포 당함으로써 치욕적인 패배를 당한 것이다.

다행스럽게도 티무르 제국은 티무르가 죽자 아나톨리아 반도에서 사라졌다. 오스만 제국은 곧바로 힘을 회복해 서반구로 시선을 돌렸다. 이 때 오스만 제국은 이미 발칸반도의 일부 나라들을 정복한 상태였다. 오스만 제국은 야금야금 동로마 제국의 영토를 빼앗았다. 서반구의 여러 나라들이 연합군을 만들어 맞섰지만 오스만 군대를 이길 수는 없었다. 1438년에는 신성로마 제국의 군대도 물리쳤다. 1차 코소보 전투를 통해 발칸반도에 거점을 마련했던 오스만 제국은 1448년 2차 코소보 전투를 벌였다. 헝가리가 중심이 된 서반구 연합군대가 맞섰지만, 이번에도 오스만 군대가 승리했다. 발칸반도를 완전히 점령한 것이다. 이탈리아에서 르네상스가 시작되고 있던 시점이었다.

1453년, 오스만 제국은 마침내 콘스탄티노플을 함락시켜 동로마 제국의 숨통을 끊었다. 1000년 동로마 제국이 역사 속으로 사라지고 말았다. 주인공은 메흐메드 2세r.1444~1446, 1451~1481였다. 그는 콘스탄티노플의 이름을 이스탄불로 바꾸고 제국의 수도로 삼았다. 콘스탄티노플의 함락은 세계사적으로도 중요한 사건이었다. 서반구는 오스만 제국이라는 동방 문화권과 직접 접촉함으로써 동방의 새로운 기운과 문명을 급속도로 받아들이게 되었다. 서반구 르네상스에 결정적인 계기가 된 것이다.

뿐만 아니라, '지리상의 대발견'이라 불리는 유럽인의 대항해 시대가 열렸다. 유럽에 대한 오스만 제국의 관심과 정복 활동도 대거 증가했다. 메흐메드 2세는 콘스탄티노플을 이스탄불로 개칭하여 법령을 제정하는 등 오스만을 제국으로 성장시키기 위한 기반을 구축하고자 애썼다. 특히, 세계 교역의 중심지로서의 콘스탄티노플의 기능을 극대화하여 산업과 무역업을 활성화시켰다. 또한 유럽 지역 뿐 아니라 아나톨리아 주변 세력에 대한 평정에도 착수하여 흑해 연안의 도시들을 제국에 복속시켰다. 그의 후계자들도 이란, 아라비아 지역에 대한 통제권 확보에 적극 나섰다.

이때까지만 해도 서반구의 문명은 오스만 제국에 비해 크게 뒤쳐져 있었다. 오스만 제국은 우수한 국가 조직, 경제력, 군사력, 사회 체제, 행정 체계를 갖추고 있었다. 주력부대인 '예니체리'는 무슬림들이 아니라 발칸 반도에 살던 비#튀르크·비#무슬림 기독교 소년들로 구성되었다. 예니체리들은 여러 가지 언어를 구사하고 학문과 지식을 익혔고, 서반구와 중반구의 문화를 흡수한 코스모폴리탄적 시야를 가지고 있었다. 술탄은 기독교도들에게 관용을 베풀었고 사회적 통합을 잘 유지하였다. 이들에게 개종을 강요하지는 않아 서반구의 국가들에 비하여 제국 내에서의 종교적 갈등이나 인종적 갈등이 적은 편이었다. 오히려 다종교 다인종의 조건을 대륙간 문화 교류의 도구로 삼았다.

다양한 문화의 혼합을 기반으로 하고 있어서 서반구보다 소비 수준도 높았고 다양한 여가와 예술 활동이 활발하게 이루어지고 있었다. 문화 교류의 대표적인 예가 아마도 젠탈레 벨리니Gentile Bellini, 1429~1507의 경우일 것이다. 그는 베네치아 공화국의 전속 화가였는데, 이스탄불의 궁정 화가로 뽑혀 그곳에서 활동하며 메흐메드 2세의 초상화를 그리기도 했다. [그림15] 르네상

[그림15] Bellini 作, 메흐메드2세의 초상화, 1480

스 미술에 최초로 세밀화 화법을 도입한 사람이기도하다. 그런가하면, 메흐메드 2세의 장남이자 후계자인 바예지드 2세r. 1481~1512는 골든혼에 갈라타 다리를 건설하기 위해 르네상스 최고의 예술가인 다빈치와 미켈란젤로를 이스탄불로 초대한 바도 있다.[그림16] 비록 성사가 되지는 못했지만, 당시 르네상스의 본고장이라고 알려진 이탈리아와 오스만 제국이 문화적으로 얼마나 가까운 관계였으며, 서로 얼마나 큰 영향을 주고 받았는지 짐작케 하는 장면이다.

이슬람 학자들이 대거 이스탄불로 몰려온 것은 오스만 제국이 북아프리카 등을 점령했을 때도 마찬가지였다. 이스탄불은 광대한 제국에서 모인 학자들로 뛰어난 학문 수준과 개방성을 보여주었다. 외국인들도 적극 받아들였다. 1492년 스페인에서 추방된 유대인들도 적극 유치하였다. 당대 최고의 무슬림 학자, 과학자, 예술가들이 이스탄불로 몰려들었다. 특정 인종이나 종교와 관련 없이 다양한 인재들을 다 한 영역에서 활용하였다. 오스만 제국은 무슬림과 비무슬림 엘리트에 의해 공동으로 지배되었던 것이다. 이슬람의 우수한 과학과 기술, 문화가 서반구에 전파되고 상인들이 모이면서 이스탄불은 제국 경제의 거대한 중심지가 되었다. 비잔티움 정복 당시에는 만 명 정도였던 인구가 1500년대 말에는 70만 명에 이르렀다. (이 당시 유럽의 최대 도시인 파리는 약 30만 밀라노나 베니스나 런던 등은 10만 명대였다.)

오스만 제국에 편입된 다양한 이질적 민족들 종교 문화적 자치성과 고유성을 보장해 주면서, 술탄을 정점으로 결집시켰던 제도가 밀레트이다. 그것은 갈등이나 분쟁 없이 안정된 제국을 유지하고 통합하는 원동력이었다. 오스만 제국의 가장 중요한 네 개의 밀레트는 무슬림, 그리스 정교도,

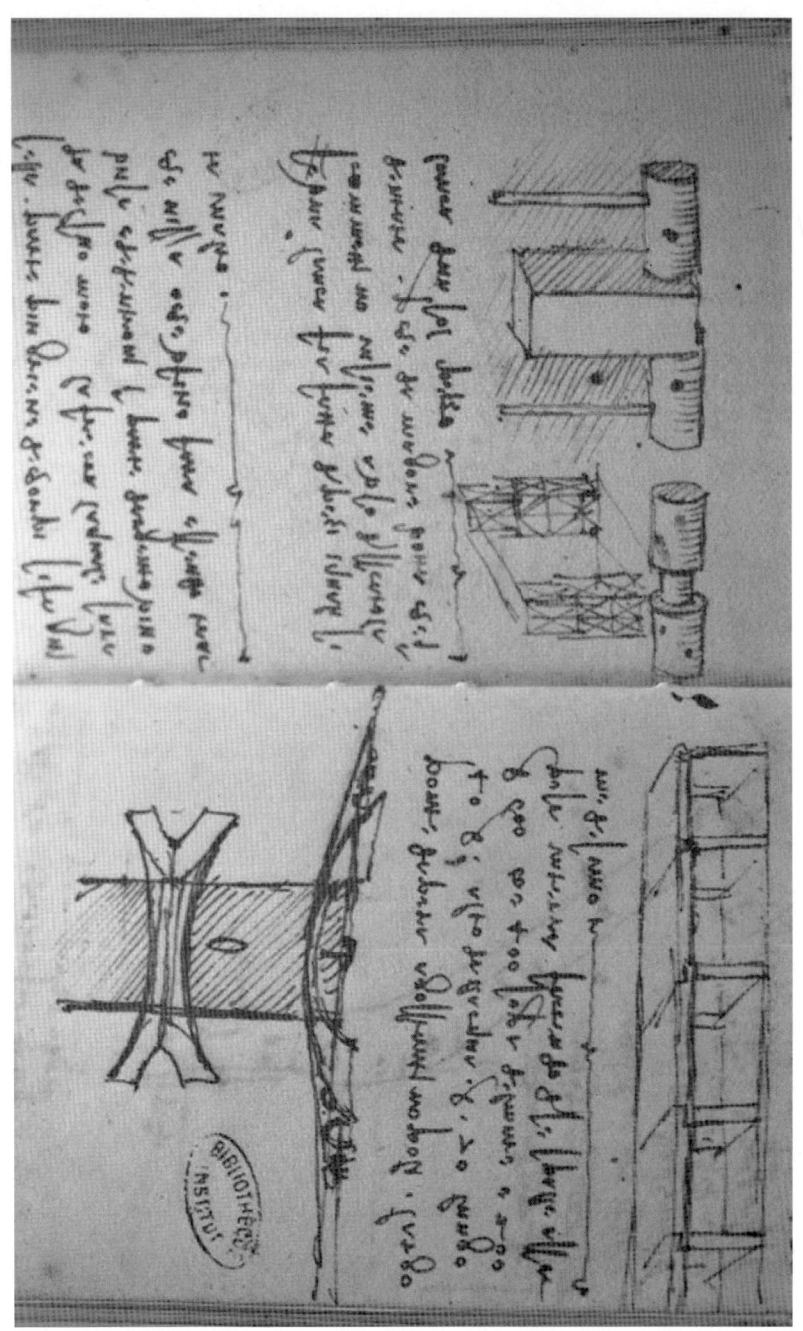

[그림16] Da Vinci 作, 갈라타 다리 설계도, 1502-1503.

아르메니아 크리스트교도, 그리고 유대교도들이었다. 길드Guilds, 즉 장인 동업자 조합은 밀레트와 달리 종교나 민족적 요소보다는 공통의 경제적 가치와 사회적 신뢰에 바탕을 두었기 때문에 민족 간의 화합에 기여하고, 민족들을 공동 목표 아래 결합시켰다. 즉 길드는 밀레트 간의 조화와 협력을 통해 제국의 균형 있는 발전에 크게 이바지한 것이다.

오스만 제국은 발칸반도에서 영역을 확장하는 데 만족하지 않고 동쪽으로도 영토를 넓혔다. 동지중해와 북아프리카에서 강력한 세력을 구축하는 데 성공했다. 오스만 제국의 함대는 1499~1503년에 벌어진 베네치아와의 전투에서 승리했다. 1522년에는 로도스를 점령하여 '기독교도 해적' 역할을 해 온 성 존 기사단을 제압함으로써 동지중해의 지배권을 확실히 할 수 있었다. 페르디난드와 이사벨라 이후 스페인이 탐내고 있던 북아프리카도 장악했다. 오스만 제국의 제해권은 그로부터 1571년의 레판토 해전 때까지 계속되었다. 서반구 르네상스의 관문 역할을 한 베네치아와 오스만 제국은 지중해를 사이에 두고 이처럼 끊임없는 전투를 벌였다. 이것을 다른 말로 하면, 오스만 제국과 베네치아는 당시 국제 문명 교류의 중심으로 번영했다는 것이다.

오스만 제국은 궁정과 군대의 일을 기록으로 남겨 보관하는 시스템을 가지고 있었다. 왕조 실록을 편찬하고 세계사를 편찬하였다. 이야기와 문학이 널리 발달되어 많은 걸작과 우화 그리고 여행기 등도 출판되었다. 미술 특히 페르시아식의 사본 미술이 크게 발전하였다. 각종 출판이 활발하여 사서, 사본 채색, 삽화, 사본 미술 등이 발달하였다. 모스크와 대학이 활성화되어 각종 건축물이 세워졌고 또한 지적 활동도 광범위하게 전개되었다. 1331년 이즈닉에 최초의 대학을 설립한 이후 술탄이나 관료나 종교

학자들이 전국에 대학을 설립하였다. 대학은 언어, 논리학, 신학, 천문학, 기하학, 법률 등을 가르쳤다. 역사, 정치학, 의학, 과학, 철학, 수학, 종교 등의 책들이 읽혔다. 대학은 뛰어난 학자의 출세를 등용문이었던 것이다.

진정한 의미에서의 전통적 오스만 국가와 사회를 구축하고 동서 정벌을 통해 오스만 최대의 영토를 이룩한 이는 술탄 슐레이만 1세r. 1520~1566였다. 1566년 헝가리의 요새를 포위 공격하던 중에 타계했지만 제국은 그의 긴 치세 동안 최고의 번영을 누렸다. 그는 영토를 크게 확장했을 뿐만 아니라 내치에서도 훌륭한 업적을 남겼다. 뿐만 아니라 비잔틴 제국의 콘스탄티노플을 오스만 제국의 이스탄불로 꾸미는 데도 노력을 아끼지 않았다. 그의 시대는 튀르크족의 문화가 왕성한 창조력을 자랑한 시대로 오스만 제국 최대의 건축가인 미마르 시난Mimar Sinan, 오늘날에도 아제르바이잔 문학의 최고봉이라고 평가받는 푸즐리Fuzûlî, '시인들의 술탄'이라는 별명을 가진 바키Bâkî 등이 모두 슐레이만의 후원을 받으며 활약했다. 또한, 슐레이만 본인도 무히비Muhibbi, '연인'이라는 뜻라는 필명으로 시를 남겼을 정도였다.

오스만 제국은 교육에 많이 투자하여 다양한 분야에서 문화적 번영을 누릴 수 있었다. 오스만 전 시대에 걸쳐 가장 중요한 교육 기관은, 오늘날 대학에 해당되는 마드라사였다. 그것은 1331년 최초로 설립된 이후, 16세기 이후 오스만 전역에 확산되어 최고의 학교가 되었다. 일반적으로 모스크가 공동체의 중심을 상징하고, 그 주위에 마드라사, 목욕탕, 여관, 병원, 도서관이 부속 건물로 들어섰다. 마드라사의 교육은 종교 교육과 일반 교육으로 분류되었고, 각각 당대의 뛰어난 학자들이 집중 교육을 담당했다.

오스만 시대에 들어 터키어 대신, 페르시아어와 아랍어의 대량 유입으로 인해 오스만어라는 합성어가 사용되었다. 따라서 문학과 예술도 중앙아시아적인 분위기에서 이슬람·튀르크적인 요소가 강조되는 경향을 보이고 있다. 16세기에 오스만·튀르크 문학은 고전 시대를 맞았다. 16세기에는 궁중 예술의 형태를 띤 세밀화Miniature가 발달하여, 당시 궁정과 이스탄불의 사회상을 사실적으로 표현하고 있다. 오스만의 예술은 개념과 실천 면에서 튀르크적인 셀주크와 맘루크의 분위기를 바탕에 깔면서도, 다문화 공존이라는 오스만의 기본 통치 정책의 영향으로, 크리스트교·유럽적인 요소와 이슬람적인 요소가 종합적으로 조화를 이루고 있다.

하지만 발칸반도에서의 형편은 그리 순탄하지 않았다. 1593년 오스만 제국은 도나우강 국경 지대를 따라 오스트리아를 끊임없이 공격했지만 성공하지 못했다. 특히 17세기의 개혁 운동에 힘입은 재상 카라 무스타파 파샤r. 1676~1683가 1683년의 비엔나 재침공마저 실패로 돌아가면서 서서히 사그라지기 시작했다. 그러나 오스만 제국이 없었더라면 서반구의 르네상스는 상상하기 어려웠을 것이다.

제II부 2장

동반구에서 르네상스로

1. 당송 시대 동반구에서 시작된 세계화

세계화 혹은 지구화의 주체 세력은 누구인가? 기원전 4세기에는 알렉산더Pax Hellenica가, 기원후 1세기와 2세기에는 로마 제국Pax Romana이, 19세기에는 영국Pax Britanica이, 그리고 지금은 미국Pax Americana이 주도하고 있는 중이라고 할 수 있다. 그렇다면 앞으로의 세계화도 그들, 즉 서반구가 주도해 나갈 것이라고 짐작할 수 있다. 지금까지 동반구와 중반구는 세계사의 중심에서 벗어나 있었고, 언제나 세계화의 바깥에서 고립된 채 머물러 있었다. 중국의 경우 1840년 아편전쟁을 경험하고 나서야 '다른 세상'에 대해 눈을 떴고, 일본의 경우, 1854년 페리 제독의 공격을 받은 후에야 '다른 세상'을 알게 되었다. 조선도 다르지 않다. 1875년 일본의 운양호 함포 위협을 받은 후에야 '다른 세상'과 교류를 시작했다. 이처럼 동반구와 중반구는 서반구가 세계화를 개시하기 전까지는 그저 기다렸을 뿐이다. 닫힌 문을 누군가가 열어 주기 전까지는 한 번도 자발적으로 세계화를 추진한 적이 없었다는 것이다. 과연 그럴까?

근대를 맞이하기 전, 르네상스가 인류의 정신 문화를 혁명적으로 뒤바꿔 놓은 것이라는 데 대해 우리는 별 이견이 없다. 그러나 그것 역시 유럽 중심으로 일어난 사건이며, 서반구에서 맺은 열매들이 중반구와 동반구로 흘러들어갔다는 것이 일반적인 생각이다. 하지만 여기에는 왜곡과 침묵이 있었다. 르네상스의 배후에서는 동반구와 중반구가 주도적인 역할을 해 왔다는 사실이 제대로 다루어지고 있지 않다는 것이다. 특히 7~10세기 중반구의 역할은 아무리 강조해도 부족할 정도이다. 이슬람 제국을 중심으로 이곳에서는 문명 교류가 매우 활발하게 일어났기 때문이다. 그 결과가 서반구 쪽으로는 르네상스의 바탕이 되었고, 동반구 쪽으로는 당·송을 거쳐 원나라에 이르기까지 커다란 개혁으로 나타났다고 할 수 있다.

사실 동반구 문명은 그 초기부터 타문명과 부단히 교류하면서 자신의 모습을 다듬어왔다. 근대 이전 유라시아에는 세계를 관통하는 두 개의 고속도로가 있었다. 하나는 유라시아 대륙을 가로지르는 초원·사막 길이다. 다른 하나는 한반도, 일본, 남중국, 동남아, 인도를 거쳐 북으로는 페르시아만, 남으로는 홍해를 통해 중동과 이집트에 이르는 뱃길이다. 흔히 육상 실크로드와 해양 실크로드라고도 한다. 이 두 길이 동반구 문명의 북과 남을 에워싸면서 중반구 문명과 지속적인 교류를 이루어왔다.

618년에 시작되어 907년에 끝이 난 당唐시대부터 살펴보자. 신라승 혜초는 723년에 당의 광주廣州를 출발해서 인도에 들어갔다가 727년 서부 인도와 서역 루트를 따라 다시 당의 안서도호부 쿠차로 귀환했다. 그 시대에 이런 장거리 순례가 가능했다는 것은 이미 8세기 이전에 주요 문명권을 연결하는 세계 교역망이 동반구를 중심으로 형성되어 있었다는 말이다. 소위 세계화가 이루어졌다고 할 만하다. 이 교역망은 광대한 이슬람권을 연결시켰고, 동남아가 번영하면서 바닷길 무역로 역시 자리를 잡았기 때문이다. 당 제국은 세계화를 위한 인프라를 확실히 갖추고 있었던 것이다. 그들은 5호 16국의 분열을 최종 정리하면서 교역을 확장했다. 서역과 해로를 통해 인도 및 아랍·페르시아와의 교류도 활성화시켰다. 불교가 번성했을 뿐 아니라, 이슬람, 기독교 네스토리우스파, 조로아스터교 등도 중국에서 활발하게 세력을 펼쳐나갔다.

이때 당의 수도였던 장안은 인구 백만에 이르렀고, 상주 외국인은 10여만 명이었고, 5품 이상 고위직 외국인만 100여 명에 이르렀다. 장안은 동반구와 중반구와 서반구의 모든 종교와 모든 국가의 대표자들이 모여드는 곳이었다. 장안은 완벽한 도시 계획에 따라 세워져 동서 9.7킬로미터, 남북 8.6킬로미터에 달하고, 남북 중심축에 뻗어 있는 큰길 주작로朱雀路는 폭이 155미터에 이르렀다. 도시는 마치 바둑판처럼 모두 108개의 '방' 坊 이라는 공간으로 구획되어 있었다. 각 방은 2미터 높이의 담장으로 둘러싸여 있었다. 부와 신분에 따라 거주하는 방이 달랐다.

장안성의 동쪽이 권세가들의 공간이라면, 서쪽은 상인들의 공간이었다. 중앙아시아·서아시아를 비롯해 신라·일본 등지에서 온 상인들이 서시西市근처에 거주했다. 주작대로를 사이에 두고 건너편에는 동시東市가 자리하고 있었다. 동시가 주로 고관들을 상대로 삼았다면, 서시는 실크로드를 통한 국제 무역의 중심지였다. 서시는 물건을 사고파는 사람들뿐 아니라 서역의 이국 문화를 즐기고자 하는 이들로 성황을 이루었다. 특히 중앙아시아에서 온 페르시아 계통의 호희胡姬가 있는 술집은 장안 사내들의 혼을 빼놓았다. 서역의 상품과 패션과 오락과 음악과 음식, 소위 호풍胡風이 장안을 휩쓸었다. 장안의 문화는 혼융적이었다고 할 수 있다.[31]

당을 중심으로 한 동반구의 이러한 세계화에 비해, 서반구에 의한 세계화는 이보다 무려 1천년이 지난 18세기 후반에서 19세기에 와서야 이루어진 일이다. 그러나 세계화의 열매가 달콤한 것만은 아니었다. 오늘날의 세계화가 그렇듯, 그것은 격변과 충격을 야기하여 주변국들을 혼란에 빠트렸다. 문명 간의 교역이 커지고 그 이익이 커짐에 따라 여러 세력들 간의 갈등과 긴장 역시 높아만 갔다. 번영의 열매도 골고루 주어지지 않았

---

31) [중국 도읍지 이야기 4] http://yonseisinology.org/archives/1405

다. 크게 활성화된 문명 간의 소통은 당 제국과 우마이야·압바스 제국의 몫이었다. 유라시아 초원의 도전적 유목 세력 역시 이 과정에서 크게 강화되었지만, 결국 중반구와 동반구는 세계화에 대한 주도권을 놓고 경쟁을 벌이게 되었다.

그러나 한때 돌궐을 제압했던 당 제국이 새로이 등장한 유목 민족에 의해 무너졌다. 중국은 분열되고, 서북 유목 민족들이 다시 중원 북부의 지배자로 나서 송宋, 960~1279이 건국되었다. 이 격동기에 동반구에는 일련의 질적 변화가 생겼다. 정치, 사회, 경제, 문화 등 모든 부문에서 동시적으로 '혁명'이 진행된 것이다.

세계 최초의 지폐로 알려진 북송 때의 '교자'交子와 남송 때의 '회자' 會子,또는 관자關子가 유통되면서 시장 거래가 급증했고 조세 제도가 정비되었다. [그림17] 제지, 인쇄, 출판 분야가 고도로 발전되었고, 강철 제조법이 발달하여 11세기에 숯 대신 코크스를 사용할 정도였고, 생산량도 크게 늘었다.[32] 중국의 군사 혁명이라 부를 만한 화약, 총, 대포 등의 발명이 이루어진 것도 대략 850~1290년 사이다.[33] 항해 기술이 발달하여 운송이 확대되고, 수력을 이용한 방적 기술이 크게 진전을 이루었다. 동남아의 쌀농사 기술에 힘입어 남중국에서는 쌀농사가 정착되면서 저수지와 인공 수로도 크게 개발되었다. 도시 규모가 커지면서 항저우의 인구도 500만까지 이르게 되었다.

---

32) Hartwell, Robert. 1966. "Markets, Technology, and the Structure of Enterprise in the Development of the Eleventh Century Chinese Iron and Steel Industry", *Journal of Economic History* 26: 29-58.

33) Hobson, John. 2004. *The Eastern Origins of Western Civilization*. Cambridge: Cambridge University Press.

[그림17] 송나라 때 지폐인 '회자'의 원판

송은 그야말로 가장 잘 조직되고 효율적인 정치체polity였다. 문명 교류에도 적극적이고 열린 태도를 가지고 있었다. 하드웨어와 소프트웨어를 모두 갖추고 세계 최고의 문명적, 문화적 자양분들이 네트워크를 따라 그 국제적 핵심 허브인 송대의 중국으로 모여들 수 있었다. 명실공히 세계화의 기반이 되었던 것이다. 정치와 사회의 혁명적 변화도 한몫을 했다. 전통적 귀족 세력이 힘을 잃고, 신분 사회가 무너지기 시작한 것이다. 그것은 장원제의 해체 때문이었다. 이제 농민들은 더 이상 귀족농장의 예속이 아니라 일정한 소유권·경작권을 보유한 소농·소작농으로 바뀌기 시작했다.

그리고 소멸된 귀족의 자리에는 새로운 사대부 층이 들어섰다.

그들은 적극적인 문화 능력을 갖추어 새로운 문화와 윤리 체계를 수립해 갔다. 지적 교양을 갖춘 새로운 엘리트층으로, 세습적 전승과는 다른 맥락이었다. 이는 고려 후기부터 조선 중기까지 진행된 향촌의 지배 세력 교체 과정과도 닮았다. 그리고 절대적 왕권이 자리 잡으면서 관료 체제가 형태를 드러낸다. 유럽보다 7~8세기나 앞선 일이었다. 이런 신분상황의 변화가 유럽에서는 겨우 15~16세기에야 겨우 일어났기 때문이다.

물론 이런 변화에는 여러 가지 사회·경제·정치적 변화까지 포함한다. 그러한 크고 중대한 변화들의 와중에서 세계관이 바뀌어 갔던 것이다. 이는 다름 아닌 하늘天과 우주에 대한 새로운 이해 때문에 가능한 일이었다. 하늘에 대한 생각이 변했다는 것은 우주와 인간에 대한 이해가 변했다는 뜻이기도 하다. 그들은 초월적이거나 혹은 알 수 없는 힘의 지배로부터 인간을 해방시켰고, 자신의 이성으로 세계를 인식하기 시작한 것이다. '세계관의 근본적인 변화'라고 하지 않을 수 없다. 그 이전에는 하늘이 곧 도天卽道였다. 하늘은 만물의 밖에 있는 초월적 실체였다. 따라서 인간은 각각 초월적인 그 도에 운명을 맡길 수밖에 없었다. 이는 신중심의 서반구 암흑 시대의 원형이나 다름없다고 할 수 있다.

기존의 질서가 뿌리에서부터 크게 흔들리는 상황에서 이 새로운 우주 자연관을 바탕으로 일종의 세속화secularization가 이루어지기 시작한다. 마치 서반구에서는 르네상스와 종교 개혁의 시대가 그러했듯이 동반구의 경우에는 유라시아의 세계화 상황이 그러한 것이었다. 당연한 것으로 믿어 왔던 신성한 질서 체계가 흔들리고, 거침없이 무너져 내리면서 무정부주의와 쾌락주의, 허무주의가 만연했다. 천은 다만 물질적 세계, 그저 있는 그대로의 자연일 뿐이라는 사상도 확산되었다.

주자학이 정초되기 시작한 것은 이러한 상황 인식에서였다. 이는 세계의 합리화, 현상의 물질 세계, 신의 세계와 절연된 인간 세계의 합리화를 말하는 것이다. 송대 여러 분야에서 전개되었던 사회 경제적 혁명이란 이러한 의미의 합리화와 무관하지 않았다. 이것이야말로 송대를 동반구의 르네상스, 더 나아가서 글로벌 르네상스의 디딤돌로 보게 되는 근거이다.[34]

그러나 그 디딤돌이 한 번에 쌓아지는 것은 아닌 모양이었다. 이런 모든 혁신과 진보의 최종 열매는 또 다시 서북 유목 세력에 의해 짓밟히고 만다. 바로 몽골이 세운 사상 최대의 세계 제국인 원元이 출현한 것이다. 유목 민족인 거란遼과 여진金은 북쪽에서부터 차례로 세력을 넓혀왔다. 이를 견디지 못한 채 중국의 전통적 귀족 체제는 점차 무너져 갔다.

하지만 몽골이 중국을 접수하고 세계 제국을 세울 수 있었던 것은 단순히 야만적 전투 능력 때문만은 아니다. 그들이 바그다드를 함락하고 당시 강성하고 광대한 이슬람 제국을 정복하고 유럽마저 쉽게 공략할 수 있었던 것은 그만한 이유가 있었다. 당시의 주변 문명들, 그중에서도 특히 중원이 도달한 문명 수준을 빠르게 흡수할 수 있었기 때문이다. 먼저 같은 지류의 종족이었던 요금과 투쟁하면서 그들이 흡수한 중화 문명의 수준을 그대로 자기 것으로 삼았다. 조직력, 과학·전쟁 기술, 병참술, 행정 능력, 교통망·상업 신용망, 도시 건설 역량을 자신들이 가진 고유한 기동력과 전쟁 능력에 접목시켰다. 그리고 당시로는 불가사의할 정도로 막강한 세계 정복자의 면모를 갖추어 갔던 것이다.

---

34) 김상준, 2007. 「잊혀진 세계화: 송원연간의 세계 변화와 '사건' 으로서의 정주학」 『한국사회학회 사회학대회 논문집』 12: 943-958

이제는 원 제국을 더 이상 정복자의 프레임에 가두어 둘 수는 없게 되었다. 그들의 전투력과 조직력은 강하지만, 문화적으로는 열등한 야만 민족이라는 통념도 적절해 보이지 않는다. 역사상의 유목 민족들은 중국 문명뿐 아니라 주변의 페르시아, 이슬람, 기독교 문명을 상시적으로 흡수하고 있었다. 유목 문명 자체가 정주 문명과 달리 갇혀 있지 아니하고 늘 흐르는 물처럼 새로움을 향해 변화를 추구하기 때문일 것이다. 제국으로 팽창하기 이전 단계에서도 이들 문명은 늘 주변 문명을 향해 열려 있어 혼종의 새로운 가치를 이루어갔던 것이다. 원의 궁정에서 불교, 이슬람, 유교, 도교, 기독교가 참여하는 종교 회의가 수차례에 걸쳐 열릴 수 있었던 것도 이런 맥락이다. 원의 조정은 이들 여러 종교와 문화가 평화롭게 공존할 수 있게 하는 후원자 역할을 했다.

또한 주자학의 핵심 텍스트를 정리하고 이를 과거의 필수 과목으로 채택한 것이 다름 아닌 원 제국이었음에도 주목할 필요가 있다. 원나라는 한화 정책을 추진하면서 1313년에 과거 제도를 실시하였다. 원의 과거에는 중국 한족과 몽골 색목인 뿐만 아니라 고려인도 응시할 수 있었다. 당과 송에 이어 원나라도 천하의식을 견지하면서 주변 이민족을 포용하는 정책을 취했던 것이다. 고려는 과거가 처음 실시된 이래로 꾸준히 응시했고, 많은 합격자들을 배출했다.[35]

원 제국은 문화적 종교적 정치적 보편성에 관심이 컸다. 또한 이를 뒷받침할 역량도 충분했다. 원이 세계 제국을 건설할 수 있었던 것

---

35) 도현철, 2013, 「원 제과1333년의 고려인·중국인 대책문對策文 비교 연구」, 『역사와 현실』 89.

은 이러한 성과를 흡수하여 주자학을 공식 교의로 채택했기 때문이다. 주자학은 더 이상 국수주의적이고 배타적인 한족만의 학문이 아니었다. 그것은 근대성 일반의 보편성을 담고 있었고, 오히려 최초의 세계화를 탄생시킨 주체였음을 입증해 주고 있는 것이다. 이제 르네상스에 대한 유럽 중심적 사고에 일대 전환이 필요하다. 동반구와 중반구는 오직 서반구 르네상스의 주변일 뿐이라는 생각에 더 이상 끌려 다닐 수가 없게 되었다. 르네상스는 유럽 문명이 아니라 인류 문명의 성취인 것이다.

2. 조선이 그린 세계 지도

우리가 처음으로 서반구와 아프리카 대륙의 존재를 알게 된 것은 1602년 마테오 리치Matteo Ricci가 제작한 세계 지도 「곤여만국전도」坤與萬國全圖를 통해서라고 믿고 있다. 그런데 이보다 무려 200년 전인 1402년에 제작된 「혼일강리역대국도지도」混一疆理歷代國都之圖라는 이름의 세계 지도가 등장했다. '地圖'가 아니라 '之圖'이다. 당시에는 아직 地圖라는 개념이 없었기 때문이다. '혼일강리'란 '하나로 어우러진 세계의 모습'이라는 뜻으로 '혼연일체의 강역'을 뜻한다. 의심할 나위 없이 중화와 비중화 지역의 혼합이다. '역대국도'란 '역대 왕조의 도읍'이라는 뜻으로 원나라에 이르기까지의 중국 왕조의 수도가 기록되어 있어서 그렇게 붙인 것이다. 중화지역에 자세히 기재된 지명들은 모두 원나라 때에 통용된 '로, 부, 주, 현' 등의 행정 지명과 일치한다. 그러니까 '역대왕조도읍을 표시한 세계 지도'쯤으로 이해할 수 있을 것이다. 여기서는 이 길고도 난해한 이름 대신 「강리도」로 부르기로 한다.

이 지도 중앙에는 중국이 자리 잡고 있고 그 동쪽으로 한반도가 매우 크게 그려져 있다. 일본은 남쪽과 북쪽의 방향이 거꾸로 그려지고, 조선 반도의 동쪽에 있어야 할 일본 열도가 남쪽에 위치하고 있는 작은 나라로 그려져 상당히 왜곡된 모습이다. 그것은 전적으로 중국과 조선 본위의 관점에 의한 것이기 때문에 아주 자연스러운 일이다.

특정 지역에 대한 묘사에서 사실성이 떨어지거나 경우에 따라서는 왜곡된 것도 사실이지만, 여기에 담긴 지역 범위는 중화와 조선을 아득히 초월하고 있다. 유럽과 아프리카 대륙 전체가 세계 지도에서 등장하는 것은 처음이다. 북으로는 몽골고원 및 만주로부터 남으로는 동남아와 인도양, 서로는 중앙아시아를 거쳐 중동에 이를 뿐 아니라 더 나아가 유럽 대륙의 끝까지 펼쳐져 있다.

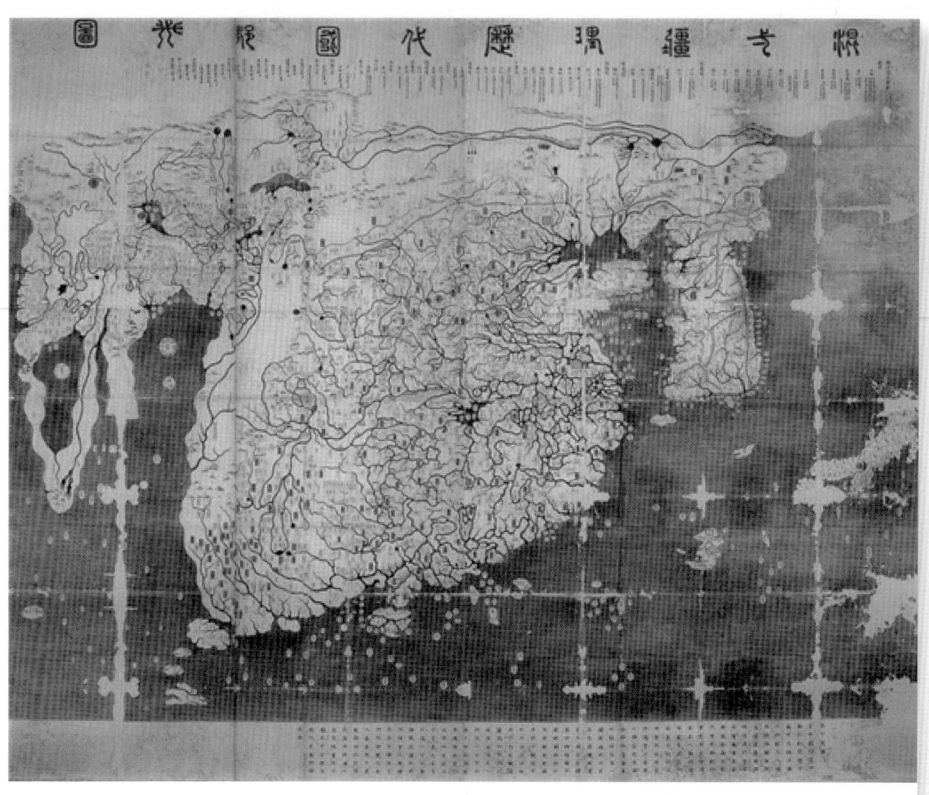

[지도4] 혼일강리역대국도지도(混一疆理歷代國都之圖), 1402
일본 류코쿠 대학 소장

지리상의 발견 시대라고 일컫는 16세기 이전에 제작되었다는 것도 주목할 만하지만, 이 엄청난 지도가 그려진 곳이 다른 나라가 아닌 조선이라는 사실은 더욱 놀랍다. 물론 한국인들은 삼국 시대 이후에 이미 중국의 서쪽에 여러 나라가 있다는 정도의 지식은 가지고 있었다. 서역 제국이란 표현이 어디까지인지는 확실치 않으나 인도보다 서쪽에 있는 아랍 여러 나라들 중 하나였다. 신라의 혜초가 인도를 지나 서아시아에까지 다녀왔다는 증거가 있지만 그곳이 얼마나 넓고 어떻게 생긴 땅인지는 제대로 알지 못했다.

강리도가 최초로 세계 무대에 등장한 것은 1991년 말~1992년 초 콜럼버스 항해 500주년 기념행사의 일환으로 워싱턴의 국립미술관에서 열린 특별전에서였다. 그리고 곧바로 미국에서 발간된 지도 역사의 대전인 *History of Cartography* 시리즈 중 아시아편의 표지로 사용되기도 했다. 강리도의 원본1402은 사라지고 없지만 모사본이 현재 일본 교토의 류코쿠龍谷대학 서장고에 보존되어 있다. 세로 171㎝, 가로 164㎝의 대형지도다. 비단 바탕에 채색으로 그려져 있는 이 고색창연한 보물은 수백 년이 지난 지금도 색상이 살아 있고 은은한 빛을 발하고 있다. 류코쿠본 이외에도 모사 시기가 각기 다른 세 개의 판본이 일본 각처에 보존돼 있다. 조선에서 15~16세기에 제작된 4개의 판본 모두가 지금은 일본에 있는 셈이다. 여기에다 1910년 교토대에서 류코쿠본을 모사해 만든 것이 또 있다.

「강리도」는 지금까지의 세계 지도와는 아주 다르다. 하지만 부정할 수는 없는 사실은 저 동, 남, 서 세 방향의 바다로 둘러싸인 땅의 모습이 바로 유라시아 대륙과 아프리카라는 점이다.

중국의 서쪽에 큰 대륙이 그려져 있고, 거기에는 1백여 개의 유럽 지명과 35개의 아프리카 지명이 표기되어 있다. 인도는 제대로 그려져 있지 않지만 아라비아가 커다란 반도로 튀어나와 있다. 아프리카 대륙의 한가운데는 사하라 사막과 고비 사막이 검은 색으로 커다랗게 표시되어 있다. 이집트의 알렉산드리아는 유명한 등대가 있는 항구로 그려져 있다. 지중해와 이베리아반도는 잘 그려졌으나 바다를 나타내는 검은 색의 파도 무늬 선으로 표현하지 않아 대수롭지 않게 여긴 것 같다. 우리는 이 어마어마한 세계관의 변화에 놀라지 않을 수 없다. 그때까지 한국인이 생각하고 알고 있었던 세계는 중국 대륙과 거기 붙은 인도와 서역뿐이었기 때문이다. 이는 분명 조선학자들의 세계관이 변화하고 있었다는 징조임에 틀림없다.

이 지도가 제작되기 1년 전인 1401년에 박돈지가 일본에서 일본 지도를 가지고 왔다는 기록이 남아있다. 따라서 당시의 조선학자가 일본의 지형을 제대로 알지 못해 거꾸로 그렸다고는 생각할 수 없다. 인도의 경우도 마찬가지다. 인도를 순례하고 돌아온 신라의 고승들이 있어서 그 땅이 엄청나게 넓은 곳이라는 사실을 조선 초기의 지리학자들이 몰랐을 리가 없다. 그런데도 지도에는 그렇게 표현하지 않았다.

서유럽의 존재를 분명히 한 것은 조선 지리학자들의 과감한 시도라고 할 수 있지만, 왜곡도 없지 않았다. 이 지도는 중국에서 제작됐던 그때까지의 세계 지도, 즉 중화적中華的 세계관에 입각한 중국 중심의 세계 지도에서 한걸음 더 나아간 것이었다. 조선 초의 학자들은 시야를 넓혀 세계 지도를 제작하려고 노력했다. 그러나 한계가 있었다. 중화적 세계관에서 벗어날 수 있을 만큼 서반구에 대해 아는 것이 없었기 때문이다. 게다가 15세기 초 서반구의 지적 수준 역시 조선학자들이 주목할 만한 수준에 이르지 못해 서반구는 문명사에서 아직도 어두운 시기였다. 그러나 조선 초기 지리학자들은 전통적인 세계 지도 제작의 틀에서 벗어나 진취적인 자세를 견지하고 있었다.

「강리도」의 아래쪽에는 이 지도가 만들어진 과정, 그리고 이 지도가 담고 있는 내용이 자세히 적혀 있다. 권근의 발문이 그것인데, 좌정승 김사형과 우정승 이무 등이 중국에서 만든 「성교광피도」聲教廣被圖와 「혼일강리도混一疆理圖를 저본으로 하고, 여기에 조선과 일본의 지도를 덧붙여 만들었다고 한다. 「성교광피도」는 14세기 초 아랍인들이 종합한 해도海圖가 중국에서 이택민에 의해 다듬어진 것이다. 조선의 강역 부분은 조선에서 새로 그린 것이고, 일본은 일본에서 구해 온 지도를 활용하여 재정리했다고 한다. 그 내용을 번역하면 아래와 같다.

천하는 지극히 넓다. 안으로 중국에서 밖으로 사해에 닿아 몇 천만 리나 되는지 알 수 없는 것을, 요약하여 두어 자 되는 폭에다 그리니 자세하게 기록하기가 어렵다. 그러므로 지도를 만든 것이 대체로 엉성하고 간략하다. 오직 오문吳門 이택민이 그린 「성교광피도」는 매우 자세하다. 역대 제왕의 국도 연혁은 천태승天台僧 청준淸濬의 「혼일강리도」에 잘 갖추어져 있다. 건문建文 명나라 惠帝의 연호 4년1402, 태종 2 여름에 좌정승 김사형金士衡과 우정승 이무李茂가 정사를 보살피는 여가에 이 지도를 참고하여 연구하고, 검상檢詳 이회李薈를 시켜 다시 더 상세히 교정하게 한 다음, 합하여 한 지도를 만들게 하였다. 요수遼水 동쪽과 우리나라 지역은 이택민의 「성교광피도」에도 많이 빠져 있었으므로, 이제 특별히 우리나라 지도를 더 넓히고 일본 지도까지 붙여 새 지도를 만드니, 조리가 있고 볼 만하여 참으로 문밖을 나가지 않고도 천하를 알 수 있다. 대저 지도를 보고 지역의 멀고 가까움을 아는 것은 또한 나라를 다스리는 데에 한 도움이 되는 것이니, 두 분이 이 지도에 정성을 다한 데에서도 그 규모와 국량의 방대함을 알 수 있다. 나는 변변치 못한 재주로 참찬이 되어 두 분의 뒤를 따라 이 지도가 완성됨을 보고 기뻐하였으며 매우 다행하게 여기는 바이다. 평일에 책에서 강구하여 보고자 하던 나의 뜻을 이미 이루었고, 또 내가 뒷날 은퇴하여 시골에 거처하게 되면, 누워서 천하를 유람하고자 했던 뜻을 이루게 됨을 기뻐하며 이 말을 지도 아래에 쓴다.36)

지도가 얼마나 훌륭했던지 권근은 '문밖을 나가지 않아도 천하를 알 수 있다' 不出戶知天下, 도덕경47장는 노자의 이야기를 빌려 쓰며 스스로 대견해하고 있다. 그러나 유감스럽게도 「강리도」의 원본은 없고, 대신 15세기에서 16세기 무렵에 필사한 것으로 추정되는 사본 몇개가 일본에 남아있다. 이 지도가 동·중·서반구의 교류의 산물이라는 증거는 한자로 된 지명표기에서도 나타난다. 여기에는 페르시아어와 몽골어 계통은 물론이고, 그리스어, 라틴어, 카탈로니아어 등 다양한 언어에서 유래한 내용들이 나오고 있기 때문이다.

카자흐스탄 출신의 학자 눌란 Nurlan Kenzheakhmet은 이슬람, 페르시아, 중국의 지리 역사 문헌을 추적해 총 171개의 서역 지명 해독(안)을 새로 제시했다.37) 예를 들면, 지중해 속 테두리 안에 등장하는 '撒哈里那' 사하리나라는 명칭은 Sicily를 일컫는 아랍어 Siqalia시칼리나/시할리나를 옮겼을 것이다. 중국의 옛 지리서『諸蕃志』제번지에서는 이 섬을 '斯加里野' 시지아리예라 지칭하고 있는데 아랍어 Siqalia에서 유래된 것으로 짐작한다. 하지만 이 지도에서 가장 독특하고 중요한 곳이 중반구를 비롯하여 아프리카와 서반구 지역이다. 서남아시아의 아라비아반도가 남쪽으로 길쭉하게 그려져 있고, 유럽도 지중해나 이베리아반도가 뚜렷하게 그려져 실제 지형과 거의 유사한 형태를 하고 있다. 중반구 지역이야 오래 전부터 '서역'으로 불

---

36) 규장각한국학연구원, 2011.『조선 사람의 세계여행』. 글항아리. 23-24.
37) Nurlan Kenzheakhmet, 2016. "The Place Names of Euro-Afric in the Kangnido" *The Silk Road* 14: 106-125.

리며 역사적으로 중국과의 교류가 있었던 곳이지만, 당시만 해도 서반구와 아프리카와는 교류의 흔적이 없어 거의 생소한 곳이었다. 그 중에서도 가장 놀라운 것은 아프리카 대륙의 형태다. 서쪽 기니만 부근의 해안선을 제외하고는, 동쪽 해안의 윤곽을 비롯하여 전체적으로 실제 지형과 거의 비슷하게 그려졌기 때문이다.

여기에는 분명히 서반구에 대해 가장 많은 것을 담고 있는 아랍 지도학의 영향도 있었을 것이다. 특히 중반구·서반구·아프리카의 해안선과 지명에 대한 지리학적 지식은 1267년 자말 알딘Jamal al-Din이 북경으로 가져온 지구의地球儀에서 얻은 것일 수 있다.

[지도5-1] Hereford Mappa Mundi, 1285

그렇다면 1300년에 서반구에서 제작된 헤리포드 지도Hereford Mappa Mundi에서는 아프리카를 어떻게 표현하고 있을까? 성서의 내용을 바탕으로 기독교적 세계관을 표현한 것임을 금세 눈치 챌 수 있다. 아시아는 위쪽이고, 유럽은 왼쪽 아래이며, 아프리카는 오른쪽 아래에 그려져 있다. 그러나 생김새가 길쭉한 배 모양인데다가 아예 아시아 대륙과 붙어 있어서 실제와는 많이 다르다. 예루살렘을 가운데 두려는 기독교의 세계관이 반영된 결과이긴 하지만, 이러한 왜곡은 15세기 이후에도 별로 달라지지 않았다.[38]

[지도5-2] Hereford Mappa Mundi, 1285, 오늘날의 모습. @2014 omniatlas.com

---

38) 제러미 블랙 저, 김요한 역, 2006, 『세계 지도의 역사』, 지식의숲. 25.

「강리도」가 그린 아프리카 대륙의 윤곽은 도대체 어떻게 가능했을까? 그 실마리는 몽골이다. 그들이 세운 원 제국 시대에 행해졌던 동·중·서반구 간의 교류에서 찾아야 할 것이다. 적어도 그때까지 동반구에서는 유럽과 아프리카를 그려낸 적이 없었기 때문에 이전에 존재했던 지도로부터 유럽과 아프리카의 정보를 얻는 것은 불가능하다. 남은 가능성은 중반구 밖에 없다. 성지 순례와 교역 등을 기반으로 하던 중세 중반구는 특별히 지리학에 대한 관심이 컸고 지도학에 대한 관심도 남달랐다. 프톨레마이오스의 저서들을 아랍어로 번역하면서 지도 제작에도 활기를 띠게 된 것은 그래서였다.

중반구의 지도는 기본적으로 지동설을 기반으로 하고 있다는 점에서 성경의 기독교적 세계관을 표현한 중세 서반구의 지도들과는 본질적으로 다르다. 서반구의 T-O 지도[39]는 세계를 평평한 원형으로 표현했지만 중반구의 세계 지도는 원형으로 표현한 것이다. 대표적인 것이 1154년에 제작된 알 이드리시al-Idrish, 1099~1166의 원형 세계 지도이다. 이드리시의 원형 세계 지도는 지구 구체설을 바탕으로 원반 모양의 육지를 바다가 둥글게 둘러싸고 있는 구도를 지니고 있다. 지도의 상단은 북쪽이 아닌 남쪽으로 배치되어 있다.[40] 이 지도가 우리에게 중요한 이유는 한국을 묘사한 세계 최초의 지도이기 때문이다.[41]

---

39) 중세 서반구에서 사용하던 지도로, 그들의 세계관이 담겨 있다. 그들은 세상이 둥글고, 그 주위에 바다가 있고 둥근 땅에 T형으로 바다가 있으며, 중앙에는 영원의 도시 예루살렘이 있다는 원리다.
40) 지도의 상단이 남쪽으로 배치된 것은 이슬람 문명의 중심 지역에서 볼 때 이슬람의 성지 메카가 남쪽에 있는 데에 기인하는 것으로 보인다.
41) 정수일, 2009, 『문명담론과 문명교류』, 살림. 157.

[지도6] al-Idrisi's world map. 왼쪽 원본에서는 아래가 북쪽, 위가 남쪽이다.
아래 위를 뒤집은 오른쪽 사본에서 메카(사우디아라비아)가 지도의 한 가운데 위치해 있음을 알 수 있다.

「강리도」가 중반구 지도학의 영향을 받았을 것이라는 것은 아프리카 대륙을 보면 보다 분명해진다. 나일강이 대륙의 내부에서 발원하여 북쪽으로 흘러가는 모습이나, 대륙의 내부를 커다란 소금 호수로 그린 것이나, 사하라 사막을 황사黃沙로 표시한 것 등이다. 중반구 지도학에서 영향을 받았다는 결정적 증거는 '달의 산' Mountain of the Moon을 의미하는 'jabal al-qamar'가 '저불노합마'這不魯哈麻라고 표기되어 있다는 것이다. 나일강 하류는 더 북쪽으로 가다가 합쳐져 나일강 본류백나일가 되고, 동쪽에서 흘러내려오는 아스타푸스강청나일과 하류에서 합류한다. 두 하천이 만나는 강 가운데에는 메로에 섬이 커다랗게 그려져 있는데, 지금의 하르툼이다. 거기서 다시 지류를 통해 북쪽으로 흐르다가 나일강 삼각주를 형성하는 일곱 개의 강으로 나뉘어 지중해로 흘러간다.[42]

---

42) 오지 도시아키 지음, 송태욱 옮김, 2010, 『세계 지도의 탄생』, 알마. 222-223.

「강리도」가 바로 알 이드리시의 세계 지도와 일치하는 부분이다. 하지만 차이도 많다. 결코 그것을 그대로 옮긴 게 아니라는 말이다. 대부분의 중반구 세계 지도에서는 남쪽을 위쪽에 배치했다. 그러나 「강리도」에서는 북쪽을 위쪽에 배치했다. 또한 아프리카 남단도 다르다. 15세기 중반까지만 해도 서반구와 중반구 지도에서는 아프리카 남단이 항상 동쪽을 향했다. 「강리도」에서는 이를 바로잡았다. 따라서 「강리도」는 중반구 지도를 그대로 배낀 것이 아니라 두 세 차례의 수정과 제작 과정을 거쳐 동반구에서 만들어 낸 세계 지도를 바탕으로 했다는 것이 옳다.

그런데 중반구와 서반구의 어떤 지도에서도 볼 수 없는 아프리카 대륙이 「강리도」에서는 완전하게 묘사되어 있다. 우리가 아는 바의 세계사의 상식은, 아프리카 대륙의 전모가 드러나기 시작한 것이 대항해 시대가 시작된 15세기 후반의 탐험의 결과인데 어찌된 셈인가? 명나라의 정화가 1405년부터 1433년까지 중국의 대선단을 거느리고 7회에 걸쳐 28년간 자바에서 동아프리카의 말린디 Malindi 까지 항해했다는 기록이 있긴 하다. 그러나 이 역시 「강리도」가 제작된 1402년 보다 나중에 있었던 일이다. 그렇다면 「강리도」의 아프리카 대륙은 정화의 항해 이전에 페르시아나 중국인의 해상 활동으로 획득된 지리 지식일 수밖에 없다.

15세기 세계 문명의 변방이었던 조선에서 이런 지도를 그렸다는 것은 시사하는 바가 크다. 세계 지도의 제작이 가능하려면 정보가 필요하고, 당대 최신의 자료를 바탕으로 하지 않았다면 불가능했을 일이다. 고대의 로마, 알렉산드리아, 중세 이후 서반구의 암스테르담, 동반구의 북경 등이 이러한 정보 네트워크의 중심으로 알고 있었지만, 이제 조선을 당대의 정보 네트워크의 중심에 포함시키지 않을 수 없게 되었다.

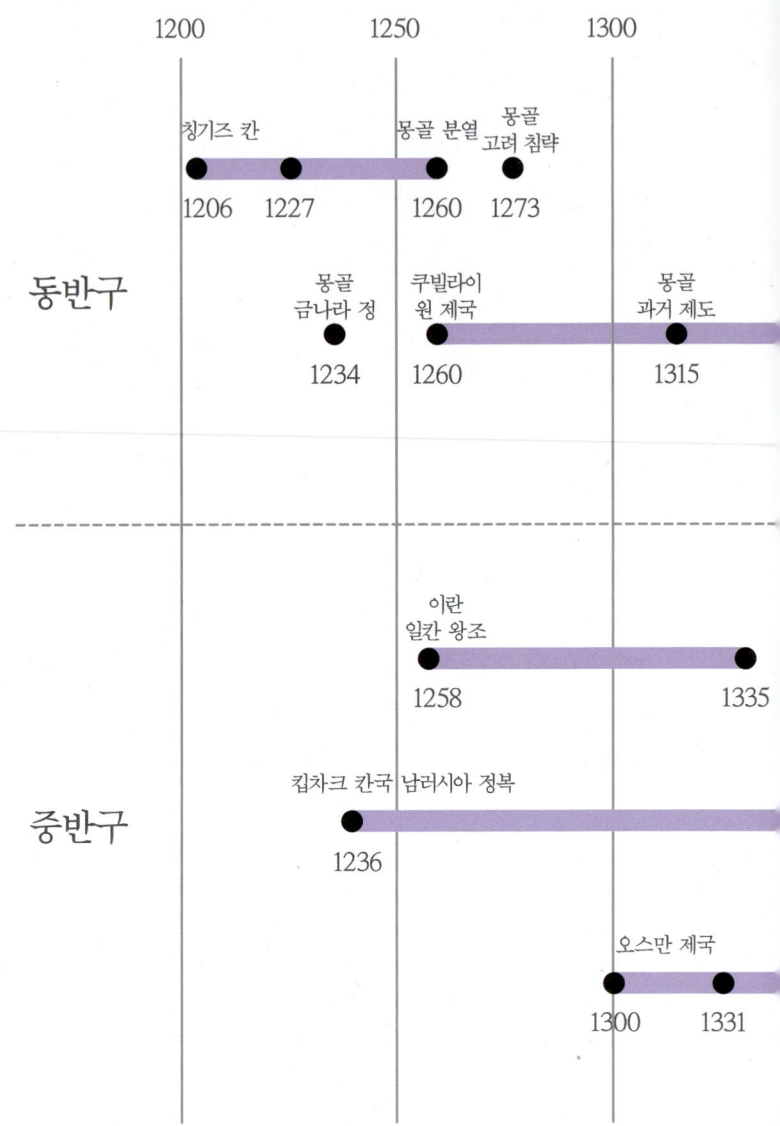

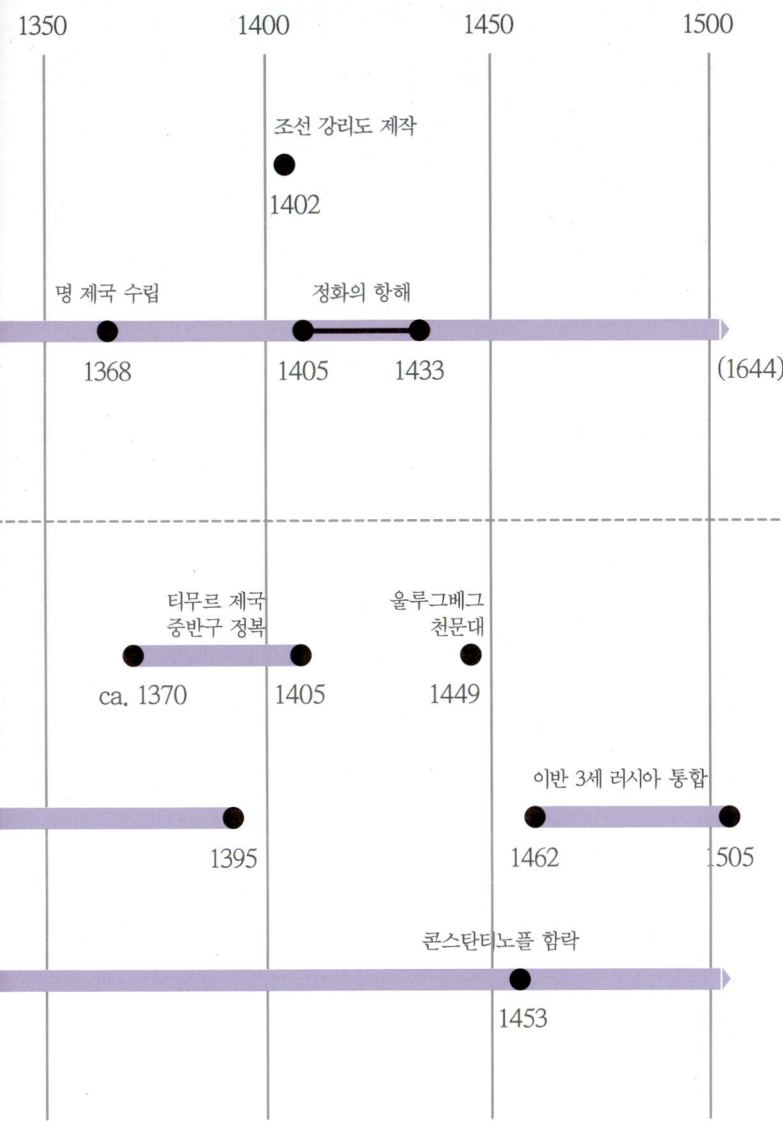

[표2] 13세기부터 16세기의 동반구와 중반구

서반구 중심의 세계사에서는 자신들에 의한 세계화globalization 이전에 동반구나 서반구에서 이루어진 역사에 대해서는 무관심했다. 그러나 강리도가 발견된 이후 근래 서반구에서 나온 역사 지리서에서 강리도를 통해 새롭게 역사를 조명하는 경우를 찾아보는 일은 어렵지 않다. 앞서 스가야마가 강리도에 대하여 "유럽 중심의 세계관을 간단히 뒤엎는다"라고 표현한 것은 과장이 아닐 수도 있다. 이런 경우는 또 있다. 세계사 관련 명저인 *Voyages in World History*의 세계사 연표[43])에는 14-15세기의 대표적 사건으로 세가지를 뚜렷이 부각시켜두고 있다. [표2] 위 도표에서 보듯이 1368년 명나라의 건국, 1402년 조선의 강리도 등장, 그리고 1405-1433년 정화의 항해가 그것이다. 뿐만 아니라 강리도의 세계사적 의의에 대해서도 설명하고 있다.

1400년대 제작된 첨단 지도. 1400년 경 한국의 지도 제작자가 세계 지도를 만들었다. 이 지도의 제작자는 몽골 통치하에서 이루어진 광범위한 문화 교류 덕분에 많은 자료를 활용할 수 있었다. (중략) 오늘날의 관점에서 보면 이 지도는 결함이 많다.
지나치게 한국은 크고, 아프리카는 작으며, 인도는 함몰되어 있다. 그렇다고 하더라도 이 지도는 유라시아 전체를 그린 최초 지도 중의 하나이다. 이슬람 세계와 유럽을 포괄하고 있는 이 지도는 몽골의 유라시아 통일이 지리 지식의 극적인 증가를 가져왔음을 생생히 보여주는 자료이다.

---

43) Valerie Hansen and Ken Curtis, 2013. *Voyages in World History*, Volume 1 To 1600. Cengage Learning.

그러나 오히려 국내에서는 아직 그 반응이 밋밋하다. "태종 때에는 세계 지도인 혼일강리역대국도지도를 만들었다. 이 지도의 필사본이 일본에 현존하고 있는데, 지금 남아 있는 세계 지도 중 동양에서는 가장 오래 된 것이다."라는 국사편찬위원회의 제 7차 교육 과정 정도가 전부이다. 강리도가 가진 세계사적 가치에 대한 언급은 찾아보기가 어렵다.

3. 조선의 르네상스

언제부터인가 우리는 영·정조(r. 1724~1800)시대를 조선의 르네상스기로 칭하는데 별로 거부감을 가지고 있지 않다.[44] 당시의 탁월한 학문적 안목과 문화적 성취를 생각하면, 르네상스라는 수식어는 결코 지나치다고 할 수 없다. 하지만, 이를 세계사적 안목으로 보면 적지 않게 불편하다. 르네상스는 그보다 4세기 전에 서반구에서 일어난 문명적 사건이라고 했을 때 우리의 18세기와는 아무런 상관없기 때문이다. 뿐만 아니라 우리는 서반구가 이룩해놓은 르네상스의 수혜자일 뿐이고, 여전히 서반구의 선진 문명을 한참이나 뒤쳐져서 추종하는 후진 문명의 주체라는 사실을 스스로 인정하는 꼴이 되고 말기 때문이다.

사태가 이렇게 된 데는 조선의 시대사 연구가 세계와 고립된 채로, 단일 국가의 관점에서만 이루어졌기 때문일 것이다. 서구에서 만든 준거의 틀을 벗어나지 못한 처음부터 불공정한 잣대였다. 유럽 중심주의가 세계사의 보편주의라는 것이 허구였다. 우리가 조선 왕조를 '근세' 사회로 평가하고자 노력했던 것이 그러한 예이다. 교과서에는 조선 전기를 근세로, 후기를 근대로 분류하기도 했다. 그러나 그것은 서반구가 말하고자 하는 근대와는 달랐다.

18세기에 조선이나 청은 국가의 통치 구조를 재편했다. 군주는 학문

---

44) '조선'과 '르네상스'라는 키워드를 조합해서 검색하면 『조선의 르네상스 중인』허경진, 2008, 『조선의 르네상스 영·정조 시대』나라교재, 2012, 『조선 르네상스: 미술이 밝히는 조선의 역사』하진욱, 2013 등의 도서가 있다. 이들은 한결같이 17~18세기를 조선의 르네상스로 규정하고 있다.

을 연마하여 사회의 변화를 주도했고 개혁을 성공시켜서 부강한 평화의 시대를 만들어내었다. 그러나 이런 평화의 시대는 내정이 안정되었기에 가능한 일이었다. 이때 조선은 굳이 혁명이 필요하지도 않았고, 그 평화기는 서반구가 흠모해 마지않았던 이상향이었다. 동반구의 유교적 정치문화는 서반구가 새롭게 발굴해낸 이상 사회였다. 하지만 서반구의 절대 왕정은 그렇지 못했다. 새로운 변화에 부응하지 못해 백성들의 반발을 초래했다. 급기야 구체제로 낙인을 찍어 혁명을 경험하고 나서야 얻어낸 것이 근대이다.

유럽 중심주의에 대응하여 등장한 중국 중심주의 역시 우리에게 허구인 것은 마찬가지였다. 중국에서 말하는 근세는 근대 지향의 표현이 아니라, 오히려 10세기의 당송 변혁기를 이르는 역사 용어이기 때문이다. 위진 남북조 시대를 통일한 수나라를 거치면서 당나라가 등장했다. 그들은 중국 대륙을 약 300년간 통일 정권으로 유지하는 과정에서 여러 가지 사회적 모순에 직면하게 되었다. 결국 5대 10국의 분열기를 거쳐 송에 의해 통일이 이루어진다. 이 시기는 가히 혁명적이었다.[45]

그러나 이 당송변혁기는 10세기의 일이다. 우리 역사에서는 신라 말기와 고려 초에 해당한다. 이때는 당과 송뿐만 아니라 동반구 전역이 엄청난 사회 변동을 겪고 있던 시기이다. 발해가 요(遼)로, 신라가 고려로 바뀌었다. 따라서 이 변혁기를 중세에서 근세로 넘어가는 시기로 규정하면서 이보다 500년이나 지난 고려말과 조선조 초기와 비교하는 것은 모순이 아닐 수 없다. 이렇게 되면 한국사는 중국보다 500여년 이상 늦어진 정체된

---

45) 김상준, 2007. 위의 글.

사회로 이해되는 것이다.[46]

뿐만 아니라, 이렇게 되면, 서반구의 르네상스 역시 당송변혁기보다 500년 후에 등장하게 된다. 이는 중국의 역사를 서반구에 비교하여 그 이상의 발전된 사회로 평가하려는 중국 중심주의 탓이라고 할 수 있다. 따라서 고려 말에서 조선 초기는 500년 이전의 당송 변혁기에 비교되어서도 안 되고, 400년 후의 유럽 근대와 비교되어서도 안 된다. 14~15세기에 명과 조선이 각기 향유했던 자국 중심주의 문화 운동은 동시대에 글로벌 문화 현상으로 등장한 르네상스의 한 축으로 이해되어야 마땅하다. 그 대신 18세기 조선에서 일어난 문물제도의 재정비는 동시대 서반구의 계몽주의 시대와 비교되어야 할 것이다. 18세기의 영·정조를 구태여 조선의 르네상스를 대표하는 인물로 내세우는 것은 세계사적인 보편성을 스스로 무너뜨리는 역사관의 모순이 아닐 수 없다.[47]

르네상스는 14세기 조선 왕조가 성립된 시점과 맞닿아 있다. 또한 서반구의 근대 국가 체제의 형성기는 조선 후기와 맞닿아 있다. 중반구의 대표격이라 할 수 있는 오스만 튀르크가 아나톨리아에 나타나 전성기를 이룬 것도 14세기가 열렸을 때다. 티무르 제국이 1370년에 등장하여 오스만 제국과 중반구의 주도권 다툼을 벌였을 때이고, 동반구로 눈을 돌려 1368년에 건국한 명나라까지 진출을 도모했던 때이기도 하다. 그리고 20여년 후인 1392년 조선이 건국되었다. 물론 여기에는 몽골족의 원나라 1271~1368가 문명적 배경이 되었음은 말할 나위도 없다. 14세기 말은 서반

---

46) James B. Palais, Martina Deuchler, John Duncan, Edward W. Wagner 등의 영미학계의 대표적인 한국학자들이 이런 입장이라고 할 수 있다. 연구가 기본적으로 이러한 시각에서 출발한다.
47) 김상준, 위의 글.

구가 그러했듯이 중반구와 동반구도 함께 겪었던 격동의 시기였다. 이 시기에 생성된 문명은 이처럼 서로 긴밀한 맥이 닿아 있어 14세기는 '글로벌 르네상스'라고 칭할 수 있다.

조선의 르네상스에 관한 논의가 이처럼 14세기로 당겨지면, 15~16세기에 전성기를 맞이한 바 있는 서반구의 르네상스는 대체로 조선의 건국과 세종 때부터 성종에 이르기까지 문물제도의 정비가 이루어지던 시기와 일치한다. 앞서 논한 지도제작을 비롯하여 세종 시대의 과학 문명의 발전은 세계 문명의 흐름 속에서 보다 적극적으로 파악될 수 있다. 오히려 서반구가 과학 혁명의 전환점으로 삼고 있는 코페르니쿠스의 저술 『천구회전에 관하여』 De revolutionibus orbium coelestium의 출판이 1543년이었으니, 세종 시대의 과학 문화보다 한 세기 이상 늦게 나타난 현상인 셈이다.

[그림18] 앙부일구

티무르 제국의 울루그 벡이 1428년에 천문대를 세웠다면, 세종은 1425년에 관상감을 설립한다. 바로 서운관書雲觀을 세워 20여 명의 과학자들을 연구 교육시키고, 이어 1433년에는 혼천의渾天儀와 물시계인 자격루를 제작하기에 이른다. 그 이듬해에는 간의대簡儀臺(지금의 각도기와 비슷한 천문을 관측하는 기구와 건물)를 준공한다. 또 1437년엔 앙부일구仰釜日晷·규표圭表 등 5종의 해시계를 만든다. 1438년에는 자동 물시계인 옥루玉漏를, 1442년에는 역서 칠정산七政算[48]을 펴내 천체의 움직임을 계산하는 방법을 알린다. 이러한 과학 기술이 세종 때 꽃을 피웠다는 사실은 더 이상 놀라운 일이 아니다.

　동반구와 중반구의 학술과 과학교류가 확대되었다는 사실은 대원의 수도 대도에 이란과 이슬람권 학자들이 상주하고, 훌레구 울루스의 수도 타브리즈에서는 다수의 중국학자들이 활동했다는 사실을 통해 확인할 수 있다. 예컨대 1271년 대도에 건설된 회회사천대回回司天臺에서는 이란 출신으로 당대 최고의 천문학자였던 자말 앗딘Jamal ad-Din 札馬兒丁[49]이 주도하여 천문을 관측하고 회회역법Huihui lifa 回回曆法를 편찬했다. 회회사천대의 관측 기기는 모두 이란에서 제작된 것이고, 도서관에는 페르시아어 서적이 갖추어져 있었다. 자말 앗딘 등 이란과 이슬람권 학자들이 소개한 중반구의 우수한 천문학은 그 후 동반구 천문학 발전에 지대한 영향을 미쳤다. 그 대표적 사례가 1276년 곽수경郭守敬 등이 중반구의 관측 기기와 천문학을 응용하여 새롭게 편찬한 역서 수시력授時曆이다.

　그런가 하면, 훌레구 울루스에서는 천문관측에 기초하여 작성된 '일칸

---

48) 칠정七政이란 태양 달 화성 수성 목성 금성 토성 등을 이른다.
49) Liu Yingsheng & Peter Jackson, "CHINESE-IRANIAN RELATIONS iii. Mongol Period." www.iranicaonline.org. *Encyclopedia Iranica*.

천문표' The Ilkhan Stars가 중국학자들이 참여한 가운데 만들어진 것이 1272년이었다. 훌레구가 바그다드를 일칸국Ilkhanate으로 복속시키면서 동반구와 중반구의 교류가 수월해진데다 나시르 앗딘 투시Nasir ad-Din Tusi, 1201~1274가 타브리즈 남쪽의 작은 마을 마라가Maraga에 천문대를 세운 덕택이었다. 이 천문대에서 연구 활동을 해 온 안달루시아 출신의 아부 슈크르Abu'd Shukr는 장기간 중국에 체류하면서 중국의 역법을 연구하기도 했다.[50] 이처럼 페르시아와 이슬람 문명은 일 칸국을 통해서 원元으로 대거 유입되었고, 원의 역법·산술·제도·의학·미술 등은 일칸국 사람들을 비롯한 아랍·무슬림들을 통해 서반구에 전파되었다. 그리고 이슬람의 천문학은 다시 원나라에서 곽수경郭守敬, 1231~1316 등에 의해 보완되고 발전했다.

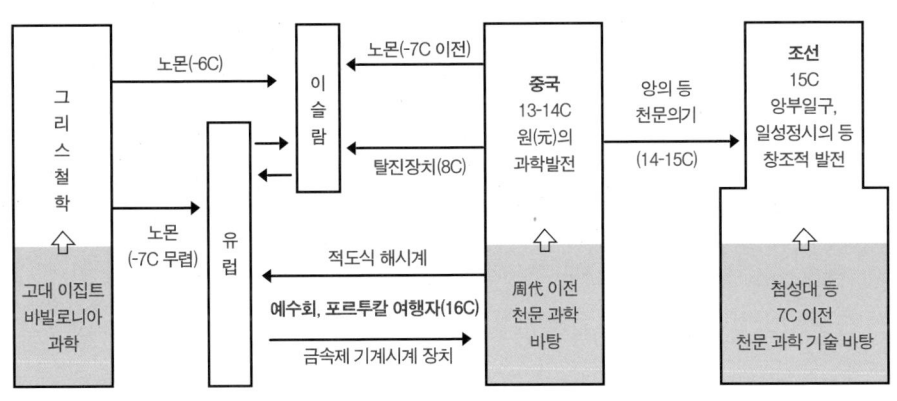

[표3] 동반구와 서반구의 시계장치를 중심으로 본 천문 과학의 방향성과 확장성

원의 해시계 지식은 이렇게 하여 동반구 각국은 물론이고 중반구를 통해 서반구로 전파되었다. '앙부일구'仰釜日晷는 원의 '앙의'仰儀를 만나 독특한 구조와 원리를 적용하여 전혀 새로운 형태로 만들어냈다. 위의[표

---

50) 정수일, 「일 칸국」, 『실크로드사전』. 2013. 658쪽.

3]은 해시계 등 시간 측정 장치가 동반구를 중심으로 한 글로벌 천문학에서 어떻게 발전해 왔는지, 또 동반구 내에서 천문학의 교류와 발전이 어떠했는지를 보여주고 있다.[51]

조선과 원 사이의 천문학 교류는 이 두 나라 사이뿐만 아니라 그들과 영향을 주고받은 서반구와의 문화 교류가 함께 제시되고 있다. 특히 중반구와 동반구의 천문과학은 외부 문명의 전래 이전에 고대로부터 각각 자체적으로 발생했음을 보여준다. 교역이든, 정복이든 간에 어떤 분명한 목적을 가진 이동을 통해 영향을 주고받았다는 것이다. 즉, 문명은 어떠한 방향성을 지니고 교류를 해오면서, 그것의 확대와 함께 형성되어 왔다는 것이다. 문명 교류의 방향성이란 외부로부터 일방적으로 전래된 것이 아니다. 오히려 실질적인 삶의 개선이라는 틀 속에서 상호 유용한 기술 문명을 주고받으며 주체적으로 형성·확장되어 온 것임에 틀림없다.

조선 정치사가 탕평 정치로 나아가는 과정도 전지구적 변화의 흐름 속에서 이루어진 일이라는 사실에 주목할 필요가 있다. 여기서 드러나는 백성관은 서반구에서 근대 정신이라고 불러왔던 내용과도 매우 닮아 있다. 따라서 르네상스 역시 동양과 서양으로 나뉜 이분법적인 시각에서 벗어나 동시대사라는 측면에서 접근해 보아야 한다. 그것은 조선 사회의 변화와 동시대의 동··중·서반구의 상황을 함께 검토하는 일이기도 하다.

서반구의 르네상스는 고대 그리스와 로마 문화가 부활하면서 인간 중심의 새로운 문화가 도래한 시기였다. 마찬가지로 조선 왕조에서는 '고조선'古朝鮮의 존재가 고려 후기부터 재인식되고 있었고, 성리학의 도입

---

51) 이화선·구사회, 2016. 「동아시아의 해시계와 문화교류 연구」, 『문화와 융합』 38권 4호 통권 42집. 137쪽에서 재인용.

으로 중국 고대 이상 사회인 요순堯舜과 주周나라의 이미지가 겹쳐지기도 했다. 조선의 국호는 우리 역사에서 고조선을 부활시켜낸 것이나 다름없었고, 그 구체적인 통치 모델은 유교의 이상 사회인 주周나라에서 찾고자 했다. 이는 고려를 무너뜨리고 조선이라는 새로운 왕조 창건을 주도한 신진사대부들의 정치적 이념을 단적으로 드러낸 표현이기도 했다.

새로이 개창된 조선 왕조는 이것으로 유교적 이상 사회를 실현시킬 수 있는 기틀을 마련했다. 그러나 일방적으로 중국 고대의 이상 사회를 꿈꾸며 흉내 내고자 했던 것은 아니다. 오히려 단군 조선과 기자 조선을 토대로 했다. 그리고 중국의 이상 사회인 요순 시대와 주나라의 이상향이 모두 같은 시대 고조선에서도 실현되었다는 사실을 전제로 했다. 따라서 조선 초기의 지식인들은 단군을 요임금과 동시대 인물로 여겼다. 그리고 우리나라 역사의 출발이 중국과 동일함을 강조했다. 그 근거로 기자箕子를 내세웠다.[52] 고조선은 주나라와 같은 도통을 이어받았다는 것이고, 기자의 통치를 직접 받은 문명국으로 발전했다는 것이다.[53]

이렇게 하여 조선 왕조의 개창은 우리의 역사 전통을 재정립했다고 할 수 있다. 그것은 주나라의 이상향을 조선에서 재현시켜보고자 하는 변혁 운동이었던 셈이다. 그리고 여러 대에 걸쳐 각종 문물제도가 집대성되었다. 바로 세종과 성종 연간이었다. 실제로 이 시기에 이루어진 화려한 문

---

[52] 은나라와 주나라의 교체기에 주나라 무왕武王이 어떻게 하면 나라를 슬기롭게 다스릴 수 있을지를 기자에게 물었다. 기자는 요순의 정치이념을 집대성해서 만들었다는 '홍범구주'洪範九疇의 사상으로 교시하고 고조선으로 이주를 했다고 한다. 홍범구주는 중국 하夏나라 우왕禹王이 요순의 정치이념을 집대성해서 만들었다는 정치 이념이다.
[53] 노태구, 2015. 「단군 조선의 정치사상: 홍범구주」洪範九疇 『한국정신과학학회지』 17권 1호: 1~25.

화적 산물은 서반구의 르네상스기와 비교하면 거의 동시대의 산물이라고 할 만큼 놀랍다.

그것은 서반구와 동반구 양쪽 모두 중반구를 통해 전해 받은 이슬람의 유산 때문일 것이다. 서반구가 십자군 원정을 통해서 중반구와 조우했다면 동반구는 십자군 대신 몽골이었다. 당시 세계는 몽골 제국과 오스만 튀르크로 대표되는 중반구가 동서를 양분하고 있었다. 두 거대 제국의 문화는 서로 교류하면서 주변부에 큰 영향을 미쳤다. 이슬람 제국의 유산이 서구의 르네상스를 일깨웠듯이, 몽골의 원 제국 아래에서 결집된 세계적인 학문적 토대들은 명과 조선에서 새로운 문화를 꽃피웠다. 동반구와 서반구는 두 거대 제국의 유산을 밑거름 삼아, 동시대에 르네상스를 구현해나가고 있었던 것이다. 재미있는 것은, 이념적으로 고대 그리스·로마의 고전으로 되돌아가고자 했던 서반구가 실제로는 그들이 이단시 했던 중반구의 이슬람에서 과학적 유산을 물려받았다는 사실이다. 동반구의 명과 조선 역시 이념적으로 자국 중심의 중화 회복을 주창했지만 오히려 그들이 오랑캐로 멸시 하던 또 다른 중반구 몽골로부터 상당부분 유산을 물려받았다는 사실이다.

이제 우리는 몽골에서 원과 명을 거쳐 조선에 이르기까지 동반구는 교류를 기반으로 한 하나의 문명 단위를 이루고 있었음을 알 수 있다. 예를 들어 원元제국 판도 하에서 집대성된 음운학이 명을 통해 조선의 훈민정음의 토대가 되었던 것도 같은 맥락이다.[54] 명은 이미 원나라로부터 축적된 지식을 통해 음운학이 최고의 수준에 있었다. 세종은 『홍무정운』洪武正韻

---

54) 정다함, 2009. 「麗末鮮初의 동아시아 질서와 朝鮮에서의 漢語, 漢吏文, 訓民正音」 『韓國史學報』 제36호, 269-305.

을 번역할 때 성삼문 등을 요동에서 귀양살이 하던 황찬이라는 학자에게 수차례 보낸 바 있다. 자운字韻을 정확히 알고 발음 기호법을 연구하기 위함이었다. 이것이 과연 훈민정음 창제에 어떤 영향을 끼쳤는지에 대해서는 여전히 논쟁의 여지가 남아 있기는 하지만, 이러한 사건들이 하나의 '문명 아젠다'로 다루어져야 한다는 사실은 분명하다.

농학과 의학 분야의 교류도 다방면에 걸쳐 이루어졌다. 훌레구 울루스에서 편찬된 『농서』農書는 의문이 들 정도로 중국의 농서 내용이 광범위하고 구체적으로 반영되어 있다. 특히 중국과 인도 작물의 특성과 번식에 관한 서술에 많은 지면을 할애했다. 훌레구 울루스에는 또한 많은 중국 의사들이 활동했다는 기록이 남아 있으며, 당시 이란에서는 중국 의술 중 특히 진맥診脈이 인기가 있었다. 대원에서도 1292년 대도와 상도에 회회약물원回回藥物院을 세워 이슬람의학을 관리하도록 했으며, 1273년에는 이븐 시나Ibn Sina,980~1037의 『의학전범』Al-Qanun fi al-Tibb이 『의경』醫經이라는 이름으로 번역되었다.

이렇게 되면, 동반구의 과학이 중반구나 서반구의 그것을 일방적으로 흡수, 발전시킨 것만은 아니라는 점은 분명해 보인다. 서반구의 과학 역시 동반구와 중반구로부터 영향을 크게 입었다. 르네상스가 글로벌한 현상이고 글로벌한 성취의 결과라고 해야 할 또 다른 이유인 것이다.

4. 정화가 연 바닷길

지도와 관련하여 우리는 아직 밝혀야 할 것이 너무나 많지만, 분명한 것은 14세기와 15세기에 동·중·서반구 사이에 우리가 상상하지 못할 만큼 엄청난 교류가 있었다는 사실이다. 르네상스라고 하는 문명이 이러한 교류를 통해 이루어졌음을 다시 한 번 확인하게 된다.

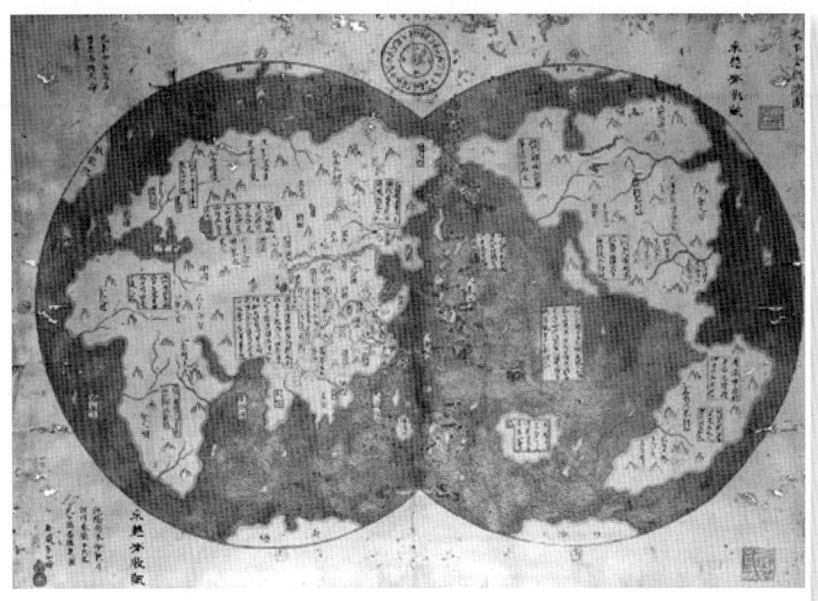

[지도7] 1763년 제작된 「천하전여총도(天下全與總圖)」. 1418년 영락제 16년에 「천하제번식공도(天下諸番識貢圖)」란 원본 지도를 베껴 그렸다는 설명이 붙어있다.

「천하전여총도」天下全與總圖 역시 그러한 맥락에서 살필 필요가 있다. 류강劉剛 Liu Gang 이라는 중국인 법률가가 2001년 상하이의 고서점에서 구입했다는 이 지도에는 오늘날 우리가 일상적으로 접하는 세계 지형의 윤곽이 거의 다 드러나 있다.[55] 그리고 지도의 제작 시기가 청나라 중기인 1763년이며, 1418년, 즉 영락제 16년에 「천하제번식공도」天下諸番識貢圖란 원본 지도를 필사한 것이라고 밝히고 있다.

이것이 사실이라면, 가히 세계사를 새로 써야 할 만큼 엄청난 내용이 아닐 수 없다. 그것은 콜럼버스에 의해 이루어진 아메리카 대륙에로의 항해보다 무려 74년 전에 제작되었다는 뜻이기 때문이다. 1763년에 제작된 이 지도에는 "1418년에 정사태감 마삼보가 서쪽 바다를 향해 출항했다"는 문구가 있다. 실제로 1418년은 정화鄭和가 5차 원정을 떠난 해이기도 하다. 아메리카 대륙과 남극 대륙이 그 때 이미 「천하제번식공도」에 나타났다는 말이고, 정화는 이 지도를 들고 아메리카 대륙까지 갔다는 말이된다. 아메리카 대륙은 1492년 콜럼버스에 의해, 남극 대륙은 1820년에야 러시아와 영국 해군에 의해 그 존재가 처음으로 세상에 알려졌다는 상식을 뒤집는 주장이다.

따라서 이런 주장을 받아들이기에는 미심쩍은 문제들이 한두 가지가 아니다. 그럼에도 불구하고 르네상스의 배경이 되었을 교류 관계를 구축하는 데 있어서 정화의 원정은 여전히 중요한 가능성 가운데 하나로 남아 있다.

명의 제3대 황제로 등극한 영락제r. 1402~1424는 북방 초원 지대, 서역, 베트남, 그리고 몽골의 경우는 다섯 차례나 직접 원정을 했다. 즉위 후 얼마 되지 않은 1405년에는 정화에게 함대를 이끌고 동남아시아와 인도, 중동, 아프리카까지 대원정을 지시하는 등 공격적인 군주였지만, 집권 초기의 상

---

55) 류강劉鋼, 이재훈 역, 2011, 『고지도의 비밀』, 글항아리.

황은 상당히 불안했다. 쿠데타를 일으켜 조카였던 건문제를 시해하고 즉위했기 때문에 그의 집권에 대해 내부의 불만이 가득한 상태였다. 마침 당대 중반구 최고의 제국을 이끌던 티무르가 죽었다. 그가 자신을 향해 진격해 오던 중이었으니, 자칫 세계 지도가 바뀔 뻔한 위기가 그렇게 넘어갔다.

그리고 명나라는 명실공히 동반구 최강국이 되었다. 정화를 앞세운 보물 선단의 성공은 끝을 모를 정도로 사기를 충천시키고 있었던 것이다. 그 어마어마한 자금성紫禁城을 세우기 시작했고 온 나라에는 곳곳에 건축 붐이 일어났을 정도였다. 정화가 또 다시 이끌고 가게 될 2,000여척의 선박 건축이 진행된 것도 이때였다. 실로 중국 사상 초유의 일이었다.

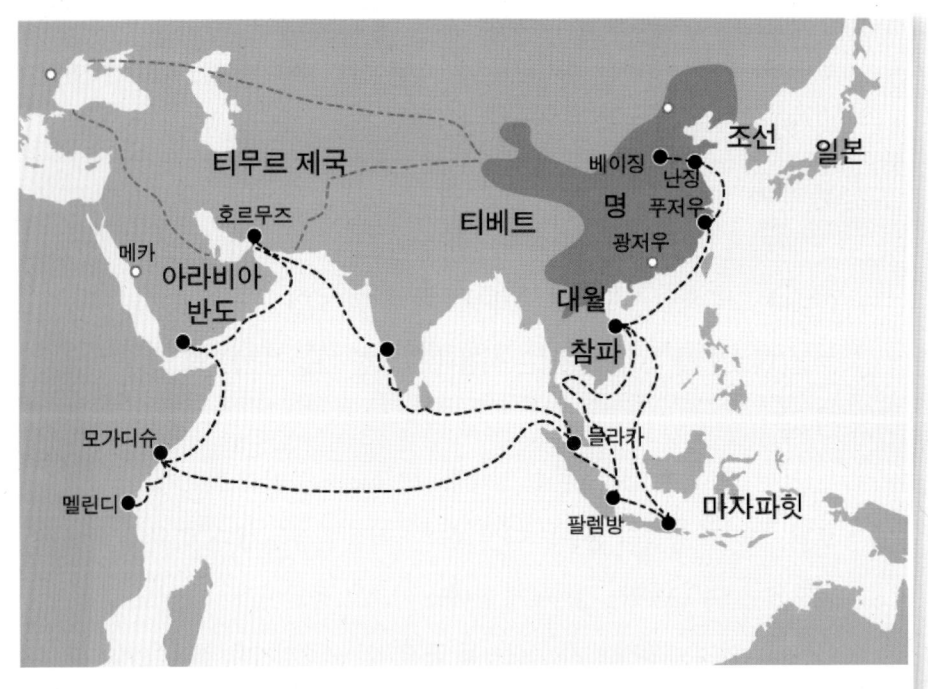

[지도8] 정화의 원정로

정화1371~1433의 항해는 1405년 7월 11일에 시작된 제1차 항해를 시작으로 1407년의 2차, 1409년의 3차, 1413년의 4차, 1416년의 5차, 1421년의 6차, 그리고 1430년에 시작해 1433년에 끝난 7차까지 모두 합쳐 28여 년에 걸쳐 이루어졌다. 항해 지역은 인도를 거쳐 중동 지역까지 무려 37개 국에 이르렀다. 동남아시아의 참파에서 말라카, 태국, 인도의 캘리컷, 스리랑카, 페르시아의 호르무즈, 아라비아의 아덴, 소말리아의 모가디슈, 케냐의 몸바사까지 명나라 깃발을 단 거대한 보물선이 오고 갔다. 일단 페르시아의 호르무즈 해협 인근에 정박한 후 선단을 나누어 페르시아만과 홍해 수역, 그리고 다른 선단은 아프리카 동해안을 따라 남쪽까지 진출하였던 것으로 보인다. 다만 아프리카 동쪽 해안의 어느 지점까지 갔었는지는 확실하지 않다. 약 30여 년간 지속된 이 원정 사업은 4년에 한 번씩 이루어진 셈이다. 정화의 나이 35세에 시작하여 60이 넘을 때까지 계속되었다.

모두 7차례 최대 3,500척의 선박에 3만 명의 인원이 동원된 대원정에 필요한 인력과 자재를 조달하고 기술력을 동원하는 일은 어떻게 가능했을지 궁금하지 않을 수 없다. 나폴레옹 시대 최강의 영국 함대조차 100척을 한꺼번에 만들어 낼 수가 없었다. 선단 하나가 대형선 62척으로 구성되어 있었으니 지금으로서도 이러한 대선단을 상상하기 어렵다. 승무원의 수를 선박 수로 나누어 보면 척당 450명 정도가 승선한 셈이다. 그리고 여기에 참여한 선박의 크기가 8천여 톤이나 되었으니 목조 범선으로는 어마어마한 크기였다.

중국인들이 가진 특유의 과장법 때문일 수도 있을 것이다. 서양의 기준으로는 그 당시의 기술 수준으로 목조 범선의 최대 크기를 100톤 전후로 보았기 때문에 그 수십 배가 되는 목조 범선을 인정하기 어려운 것도 무리가 아니다. 그러나 『명사』明史 「정화전」에 기록되어있는 내용을 현대식 미터법으로 환산하면 길이가 150미터 폭 62미터가 되었고, 축구 경기장 길이의 1.5배에 달하는 9개의 돛을 단 역사상 가장 큰 목재 선박이었다. 이 정도면 약 8천 톤이 된다. 이러한 대형선의 건조가 당시 기술로써 가능했던 것은 기술의 문제가 아니라 선박 구조의 차이다.[56]

그러나 나라의 살림은 황제의 이 거대한 야망을 뒷받침하기에는 역부족이었다. 자금성을 비롯하여 벌여 놓은 건축 사업을 감당하기 위해서 엄청난 벌목과 조공이 이루어지고 있었으니 나라꼴이 말이 아니었다. 환관들은 황제의 명령을 따라 베트남 정벌에 나섰지만 그것마저 크게 패하고 말았다. 명을 물리치고 레黎,1428-1788왕조를 세운 베트남 건국왕 레로이Leloii 黎利의 뛰어난 지략과 용기 때문이기도 했다.

결국 황제가 나라의 힘을 온통 자신의 야망을 위해 쏟아 붓고 있었으니 패배는 불 보듯 뻔한 것이었다. 게다가 무식하고 천박한 환관들이 대항해 사업을 맡고 있는 것이 관료들에게는 눈에 가시였다. 늘어나는 나라의 빚에 피폐해져 가는 백성들의 삶은 오로지 그들 환관들의 무모함 때문이라고 생각했던 것이다. 1421년, 엎친 데 덮친 격으로 막대한 공사비를 들였던 자금성이 불타버렸다.

이빨 빠진 호랑이 신세가 된 영락제는 대군을 이끌고 여러 차례 북쪽 초원 지대로 전쟁에 나섰지만 아무런 성과도 얻지 못하고, 마지막 원정의 귀환 길에서 죽고 말았다. 1424년의 일이었다. '무적함대'의 영광도 무너

---

[56] 최재수, 2005. 「실크로드 최후의 주자 정화의 하서양」 『해양한국』 153-157. 수밀격벽水密隔壁 watertight bulkhead의 구조다. 선체에 파공破孔이 났을 때 당해 선실에만 물이 침수되도록 막아주고, 선박의 횡강도를 크게 높여준다. 서양에서는 불과 100, 200년 전에야 활용한 조선술이다.

지고 말았다. 당장 타이창太倉에 정박 중이던 정화의 보물 선단을 다시 난징으로 불러들였다.[57] 그리고 외국 배가 중국의 항구를 드나드는 일을 엄격히 금지하는 해금海禁 정책을 취했다. 그러나 홍희제의 뒤를 이은 선덕제가 등장하여 6년 만에 원정을 재개토록 했고, 육순을 넘긴 정화도 다시 바다로 나갔다. 하지만 그것이 마지막이었다. 1433년, 정화는 호르무즈 근방에서 병을 얻어 세상을 떠났으며, 그의 시신을 싣고 돌아온 함대는 두 번 다시 출항하지 못했다.

자, 그렇다면 정화는 도대체 어떤 인물이었을까? 우리가 해상 실크로드라고 하는 인도양 항로는 주로 이슬람 상인들이 주역으로 활동하였다. 그런 과정에서 실제로 많은 무슬림들이 중국을 비롯한 지금의 동남아 일대로 와서 정착하여 무역에 종사하였다는 사실은 잘 알려져 있다. 정화의 선조들도 이들의 후예들이었던 것으로 보인다. 그는 색목인色目人이라 불리던 중반구 계통의 피를 받은 무슬림으로, 본래 이름은 마화馬和 혹은 마삼보馬三寶였다. 아니, 다른 이름이었을지 모른다. 그의 아버지는 메카 순례를 다녀온 적도 있었다. 그의 아버지의 이름은 마합지馬哈只였다고 하는데, '합지'란 메카 순례를 다녀온 이슬람교도에게 붙이는 존칭인 '하지'인 듯하고, '마馬'란 '마호메드' 같은 아랍어의 음차인 듯하다. 하지만 이 역시 분명치 않다. 정화의 조상이 원나라 때 함양왕에 봉해진 최고위급 색목인이라는 기록도 있지만, 정화는 어린 시절에 고향을 떠났고 자신의 아버지 이름을 겨우 기억할 정도라고 했기 때문이다.

정화가 고향인 운남성 곤명을 떠나야 했던 이유는 명나라 태조 홍무

---

57) *Cambridge History of China*, Cambridge University Press. 1978. 278, 302.

제주원장의 넷째 아들인 주체朱棣가 색목인을 비롯한 원나라의 세력이 남아 있던 곤명을 정벌했기 때문이다. 곤명성이 함락되자 주체는 남성 어른들을 모두 학살해 버리고, 어린 소년들은 거세시켰다. 병졸이나 환관으로 쓰기 위해서였는데, 열두 살이던 정화도 이 때 거세된다. 자신의 가족과 남성을 빼앗아간 주체에게 원한을 품을 만도 하련만, 정화는 오히려 그에게 충성했다. 주체가 조카인 건문제와의 권력 투쟁을 거쳐 영락제라는 이름으로 황제 자리에 오르는 과정에서 빼놓을 수 없는 공로를 세우기도 했다. 덕분에 환관 중에서도 높은 직위를 얻고 정鄭이라는 성도 하사 받게 되었다. 중국 역사에서 환관들은 종종 막강한 권력을 행사하는 집단이었다. 거세를 당해 위험 요소가 없다고 인식되었기 때문에 황실의 출입이 자유로웠던 탓이다.

영락제가 하서양下西洋이라는 이름으로 대항해 계획을 수립하면서 그 책임자로 정화를 지명했다. 정화는 세계적인 항해가로 발돋움하게 되었다. 정화는 이 일에 적임자였다. 그의 조상들이야말로 해상 실크로드의 주역인 무슬림들이기 때문이다. 따라서 정화는 환관이 되기 전에 이미 선박과 항해에 관한 많은 지식을 가지고 있었을 것이고, 중반구 세계에서 발달했던 천문학적 지식도 어느 정도 알고 있었을 것이기 때문이다.

정화 원정대의 항해 일지와 보고서 등은 해금 때 불태워지고, 지금은 선덕제 때 세운 비석 몇기와, 원정대에 따라갔던 역사가들이 쓴 개괄서 두어 권만 남아 있다. 이들 기록에 따르면 보물선들은 동남아에서 동부 아프리카까지 오간 것으로 되어 있다. 여기까지는 크게 놀랄 일도 아니다. 동남아-인도, 인도-중동, 중동—동아프리카 등의 항로는 오래 전부터 존재했기 때문이다. 다만 정화 원정대는 그 여러 항로를 하나로 꿰어서 오갔을 뿐이며, 콜럼버스나 마젤란처럼 미지의 바다를 누비며 새로운 항로를 개척한 것은 아니었던 것이다.

그런데 최근에 한 권의 책이 세계 역사학계를 놀라게 했다. 개빈 멘지스의 『1421-중국, 세계를 발견하다』였다. 멘지스는 항해가로서의 자기 경험과 뿔뿔이 흩어져 있는 여러 흔적들을 근거로 놀라운 주장을 내놓았다.[58] 정화의 함대, 특히 제6차 원정에서 정화와는 별도로 움직이다가 여러 해가 지나서야 귀국했던 부대장들의 소함대는 동아프리카에서 그치지 않고 계속 나아가 희망봉을 돌았으며, 서아프리카를 지나 남북 아메리카, 오스트레일리아, 남극과 북극까지 도달했다는 것이다.

다시 말해서 중국인들이 콜럼버스보다 수십 년 전에 아메리카를 발견하고, 마젤란보다 수십 년 전에 세계를 일주했다는 주장이다. 또한 그는 마젤란 해협의 발견 연도보다 앞선 해도에 이미 그 해협이 나와 있다면서 "정화 원정대가 남긴 해도를 바탕으로 서양 사람들이 세계 해도를 만들고, 그것을 가지고 콜럼버스나 마젤란이 항해에 성공했을 것이다"고도 주장했다.

멘지스의 주장이 맞다면 '지리상의 대발견'이란 정화가 차린 밥상에서 반구 사람들이 수저만 들이민 격이었다. 물론 이러한 주장은 아직 학문적으로 충분한 검증을 받은 것은 아니지만, 교류사에 초점을 맞춘 우리의 시각에 새로운 자극인 것만은 틀림없다.

정화의 원정은 '바다의 실크로드' 또는 '도자기의 길'이라 불리는 남해 항로를 개척했다. 그 후 영락제가 죽고 정화도 늙어서 기력이 쇠하자

---

58) Gavin Menzies 저, 조행복 역, 『1421-중국, 세계를 발견하다』 사계절. 2004.

명은 다시 해금 정책으로 되돌아갔다. 명은 뱃길만 막은 게 아니라 무너져 가던 만리장성을 다시 쌓아 세상과 등지기 시작했다. 중국에 몰락의 그림자가 드리우기 시작한 것이다.

정화의 행적을 돌아보며, 르네상스 문명 구축의 과정에서 중국, 혹은 동반구가 결코 구경꾼 노릇만 한 것이 아니라는 사실을 확인할 수 있다. 더 나아가 서반구의 기여 못지않게 동반구의 기여도 있었다는 견강부회가 아니라, 서반구와 동반구의 문명 발달이 분절적이 아니라 교류와 관계 속에서 진행되었음을 시사하는 것이다. 비교 중심에서 교류 중심의 역사 이해로 시각을 바꾸면, 그것은 어느 특정 문명이 다른 어떤 문명에 비해 우열을 말하는 것이 아니라 "인류의 보편적 문명"이 가지고 있는 가치를 확인할 수 있는 것이다.

제II부 3장
이슬람에서 르네상스로

1. 십자군 전쟁과 서반구의 곁눈질

서반구 이야기를 하려면 그리스·로마 시대부터 시작해야 한다. 아득한 기원전의 이야기이기는 하지만, 영원한 왕국은 없는 법! 그리스는 쇠퇴하고 파르티아인들이 새로운 세력으로 등장했다. 파르티아 왕국의 역사시대는 희한하게도 중국에서 진나라가 등장하여 최초의 통일을 이루었을 때부터 시작하여 그 후 한나라가 멸망할 때까지의 시간247 BCE~CE 226과 일치한다. 파르티아 왕국에 이어 등장한 것이 사산 왕조226~651이다. 로마 제국은 바로 이 사산조로 말미암아 울고 웃었고, 결국은 그들 때문에 내리막길을 치달아야 했다.

디오클레티아누스Diocletianus, r.284~305황제의 강압 정치에 대한 불만으로 일어난 내란을 수습하고 로마 제국을 다시 통일한 이가 콘스탄티누스Constantinus, 272~337 황제다. 그는 그리스도의 은혜를 입어 로마를 통일하였다며 313년 밀라노에서 기독교를 승인하였다. 330년 콘스탄티누스는 비잔티움으로 수도를 옮기고, 자신의 이름을 따서 콘스탄티노플이라고 이름을 지었다. 육상과 해상의 교통 요충지인 그리스의 옛 도시에서 로마 제국의 재건을 꾀한 것이다. 그러나 재건은 쉽지 않았다. 그가 죽은 후 속주에서는 반란이 잦아지고, 게르만족으로부터의 외침도 잦아졌다. 375년에는 또 훈족에 밀린 동고트족, 서고트족이 로마 국경으로 몰려들었다. 게르만족이 집단 이주 하면서 로마 영토 안에 독립적인 게르만 국가가 들어섰다. 결국 로마 제국은 동서로 분열되고 말았다.

동로마, 즉 비잔틴 제국은 쉼 없이 침입하는 이민족에 대비하여 중앙 집권제를 확립하였다. 그리고 막강한 해군력을 바탕으로 국가의 안정을 꾀하는가 하면 경제적으로도 동서 무역의 중심지로 번영하였다. 덕택에 로마 제국은 분열 이후에도 동로마 제국으로 말미암아 1,000년 이상 유지되면서 그리스 문화의 전통과 동방 문화의 전통이 융합된 비잔틴 문화를 이룩하였다.

그러나 서로마 제국은 게르만족의 끊임없는 침입을 받아 정치적, 문화적으로 혼란을 겪었다. 410년, '신의 채찍'이라는 별명으로 불리던 훈 족까지 쳐들어왔다. 그런데도 왕실에서는 권력 다툼에만 골몰하고 있다가 결국 476년에 게르만에 의해 멸망하게 된다. 고대 로마 제국이 실질적으로 소멸하면서, 서유럽 중심의 중세 사회가 시작되었다.

이렇게 시작된 중세의 기조는 기독교가 내세운 신에 대한 굴복이었다. 로마 제국에서 학문이 실종된 것은 치명적이었다. 종교적 관용이 적어도 초기에는 일반적 흐름이었지만, 기독교가 국교로 공인되면서 상황이 달라졌다. 처음에는 인간을 내적으로 구원하는 새로운 신적 권능에 복종하는 정도였다. 초월적 계시의 필요성도 매우 컸다. 따라서 자연 세계의 비밀을 풀어내는 데도 큰 관심을 가질 수밖에 없었다. 하지만 기독교 학문의 관심은 오로지 '계시의 진리를 이해하고 심화하는 데'[59]있었다. 이교는 로마의 지식인들에게 거의 제약을 가하지 않았으나 오히려 기독교는 과학적 탐구를 단호히 거부한 것이다.

실제로 기독교 사유의 전체 구조는 고전 전통과 대립되는 경우가 많았다. 수사학이 한 예다. 물론 전통적으로 수사는 그것을 말하는 화자 개인과 분리될 수 없었다. 그러나 기독교의 관점에서 수사는 신이 설교자를 통

---

59) Anne Glynn-Jones, 1996. *Holding Up a Mirror*. London: Centtury. 201.

해 말하는 것이었다. 예를 들면 사도 바울의 경우가 그러했다. 그는 성령의 힘을 강조하며, 말하는 것은 화자가 아니라 성령이라고 했다. 따라서 철학과 같은 독립적 사고는 진리를 찾는 수단이 될 수 없다는 것이다.[60]

이렇게 되면 아리스토텔레스가 전개한 논리학은 무의미해진다. 신과의 대화란 있을 수 없기 때문이다. 철학적 관점에서 보자면, 서반구의 중세가 지니는 의미와 가치도 보잘 것 없었다. 철학사에서 우리가 기억할만한 이름들도 이 시대에는 손에 꼽을 정도다. 중세가 잠든 게 아니라 서반구가 잠들기 시작한 것이다. 서반구의 중세는 인간 존중 사상과는 거리가 먼 시대였다.

사실 서반구의 중세는 기독교를 제외하고는 거의 통일성을 부여하기 어려운 시대이다. 중세라는 시대 구분 자체가 이미 고대와 근대 사이의 간극을 메우기 위한 고민의 산물이었다. 그리고 그 기간이 우리의 고려 시대와 조선 시대를 합친 것보다도 더 오랜 세월인, 적어도 1천여 년 이상의 기나긴 세월이라는 점을 생각해보라. 이 시대를 하나로 묶어줄 내적인 통일성을 기대하는 것 자체가 무리일 수 있다.

그리고 서반구는 소위 암흑 시대로 들어갔다. 그들은 이 때 읽고 쓰기조차 거의 할 줄 몰랐고, 도시들은 폐허로 변해갔으니, 이슬람의 입장에서 볼 때 '무지의 시대'가 틀림없었다.

이미 쇠퇴기에 접어든 그리스·로마 문명은 아테네와 로마의 전통을 유지하기는커녕 귀중한 과학적 업적과 예술적 기념물들을 파괴하는 데 앞

---

60) Charles Freeman, 2003. *The Closing of the Western Mind.* Knopf. 321. [사도행전 2:4] 그들이 다 성령의 충만함을 받고 성령이 말하게 하심을 따라 다른 언어들로 말하기를 시작 하니라.

장섰다. 특히 비잔틴 정교회의 종교적 열정에 영향을 받은 동로마 황제들이 파괴를 주도한 장본인들이었다. 예를 들어, 테오도시우스F. Theodosius, 347~395 1세는 북아프리카에서 자행된 유적 파괴를 지시했다. 이슬람의 2대 칼리프 우마르Umar, r.634~644의 소행으로 잘못 알려져 있으나 알렉산드리아 도서관의 파괴와 방화 역시 그의 명령에 의한 것이었다. 4세기 중반 로마에서는 책이 거의 사라졌을 정도였다. 알렉산드리아와 콘스탄티노플의 학자들은 여전히 아리스토텔레스와 플라톤을 연구했지만 새로운 생각을 보태기보다는 그저 보존하는 정도에 그쳤다.

그런가 하면 489년 제노F. Zeno 황제는 2세기 이래 동방의 학문 보급 센터였던 에뎃사의 학교마저 철폐했고 유스티니아누스Justinian, 482~565 황제는 알렉산드리아의 학교들과 아테네의 플라톤 학교를 철폐했다. 철학적 사색이란 이단에게나 도움 되는 일이지 기독교에서는 쓸데없는 논쟁만 가열시킨다고 여긴 것이다. 6세기 말에 이르자 학문과 문화가 쇠퇴하는 현상이 뚜렷해졌다. 설상가상으로 악명 높은 우상 숭배 논쟁마저 벌어졌다. 이렇게 되니 서반구 로마 제국의 많은 학자들이 보따리를 싸서 중반구로 떠났다. 주로 메소포타미아로 페르시아로 향한 것이다.

여기까지의 역사, 즉 중반구에서는 이 시대를 가리켜 자힐리야Jahiliyya라고 한다. '무지의 시간'이라는 뜻이다. 물론 서반구를 대상으로 한 명칭은 아니지만, 무슬림들 자신이 겪었던 신앙의 암흑 시대라는 뜻도 숨어있다. 이 시대를 '아랍 알 야움'그날의 아랍인으로도 부른다. 즉 철부지 시절의 아랍 사람이란 뜻이다. 이 두 명칭은 새로이 등장하는 이슬람을 광명의 시대로 설명하기 위한 일종의 장치라고 할 수 있다. 구체적으로 말하면, 서반구에서 시작된 암흑기가 중반구에서는 이슬람 발생 이전 200~300년과 동시대인 것이다. 다만, 중반구가 이 시기를 이슬람의 잉태기로 삼았다면, 서반구는 더 깊이 잠든 시기였던 셈이다.

이슬람이 등장한 것은 7세기 중반이다. 중반구 아랍에서 시작되었지만, 1세기라는 짧은 시간 에, 8세기 중반이 되자 지중해를 거쳐 서구 스페인의 안달루시아에 걸친 대제국을 건립하였다. 그리고 9세기부터 10세기에 걸쳐서 당시의 서반구에서는 상상할 수도 없었던 문화의 꽃을 피우기 시작했다. 그리고 정치적, 사상적, 문화적으로 서반구를 압도했다. 근대 이후에는 찾아볼 수 없는 중세의 특징이라고 할 수 있다. 중반구 이슬람 제국의 공통 언어는 아랍어였지만, 그 문화적 내용은 그들의 독창적인 것이 아니라 이슬람 세계 제국이 흡수한 제지역의 문화를 종합한 일종의 다문화였다.

기억할 필요가 있는 것은, 그 바탕에 과거 헬레니즘 문화권을 통해 흡수한 고대 그리스의 사상과 문화가 있었다는 사실이다. 그것이 결코 서반구 문명의 독점이 아니었다는 말이다. 이 당시 아라비아는 종족 사회의 해체기였고 유목민과 정주민의 갈등 관계는 첨예화되어 있었다. 생업 무역의 독점 집단이 형성되어 빈부의 차가 극심하였고 계급 분화가 극심하게 진행되는 시기였다. 이러한 과정이 과거의 원시적인 씨족 종교를 변혁시키는 전제로 작용하였다. 이슬람의 탄생은 그 이데올로기적 반영이었다고 할 수 있다.

10, 11세기에 있어 이슬람 세계의 실권은 아랍인에서 튀르크인으로 옮겨지고 튀르크인은 페르시아 및 소아시아의 땅에 셀주크 튀르크[1037~1194] 제국을 건설했다. 따라서 이슬람 문명은 헬레니즘을 바탕으로 아랍과 튀르크와 페르시아 문명을 그 하부 구조로 삼고 있는 셈이다.

이런 분위기 속에서 그리스의 철학과 과학적 전통은 명맥을 이어갈 수 있었다. 이집트·시리아·페르시아로 진출한 아랍 무슬림들은 그곳에서 비잔틴의 박해를 피해 이주해 온 학자들이 번역한 그리스 유산을 접할 수 있었다. 아랍 무슬림들은 고대 페르시아의 지혜, 그리스의 유산을 수용하고, 자신들의 독특한 사고 방식을 발전시켜갔다. 아랍인들은 처음에는 시리아어나 칼데아어로 기록된 그리스 유산을 아랍어로 번역했으나 나중에는 직접 아랍어로 번역하였다. 아랍학자들의 번역에 대한 열의는 대단하여 페르시아의 학문적 언어였던 팔레비어나 심지어 산스크리트어로 된 책도 번역할 정도였다.

이때 서반구는 정치·경제·사회적으로 봉건 시대였다. 토지의 거의 대부분은 영주에게 분배되어 더 이상 새로운 기사나 영주가 출현한다 하더라도 분배해 줄 수 있는 땅이 없을 정도로 봉건제는 완성에 이르렀다. 기독교 역시 그레고리우스 7세(1020~1085)에 이르러 그 전성기를 맞아 신성로마 제국 황제인 하인리히 4세를 파문시킬 만큼 기세가 등등했다. 그리고 그의 뒤를 이은 우르바누스 2세(1042~1099)는 다시 프랑스의 필립 1세까지도 파문하는 등 그 위세를 내외로 떨쳤다. 봉건 제도의 완성과 교황권의 확립으로 사회가 안정되고, 경제적으로도 여유 있는 계층이 등장하기 시작했다. 여기에 불붙은 신앙적 열기는 성지 순례라고 하는 일종의 관광여행의 붐을 조성하기에 이르렀다.

더 이상의 영지 확보가 불가능함을 알고 있던 봉건 귀족들에게는 이슬람을 굴복시키고 정복하면 새로운 영지를 확보할 수 있는 기회가 될 수도 있었다. 콘스탄티노플을 점거하여 로마 가톨릭과 그리스 정교회를 통합할 수 있는 기회이기도 한데, 마침 동로마 제국의 황제인 콤넨누스로 부터의 구원 요청도 있었던 터였다. 이렇게 하여 시작된 것이 십자군 전쟁이다.

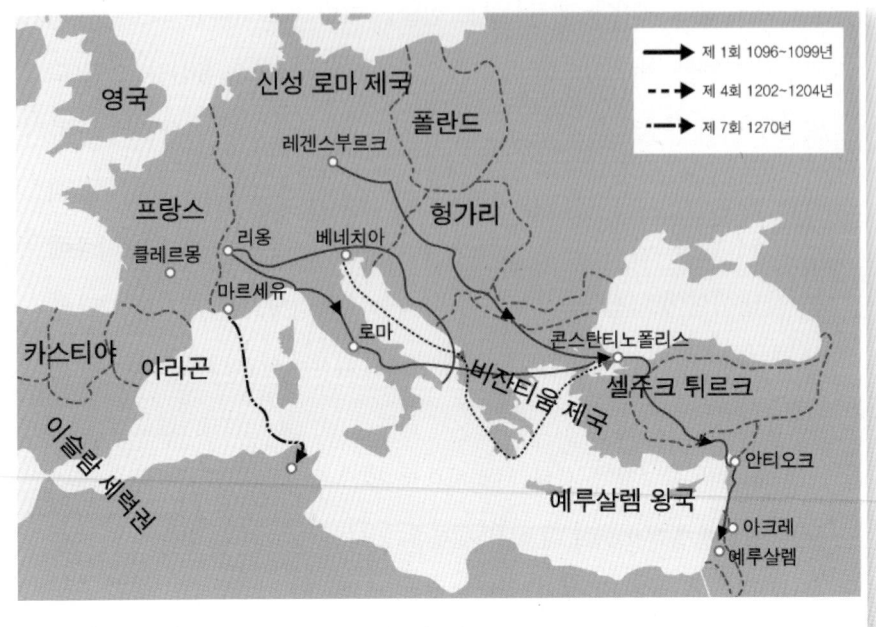

[지도] 십자군 침공 루트

교황 우르바누스 2세는 클레르몽에서 저주받은 종족과 전쟁을 해야 된다는 것을 열렬한 웅변으로 설득하였다. 그리고 이 전쟁이 신의 뜻에 따른 성전^{聖戰}이라고 했다. 십자군 전쟁은 1096년에서 1270년에 이르기까지 2세기 동안 무려 7차에 걸쳐 진행된 장기전이 되었다. 그 가운데 제 1차 1096~1099 때는 오로지 십자군병들이 지닌 신앙심과 성전 의식^{聖戰意識}으로 예루살렘을 탈환하였다. 그러나 그것도 잠시, 그 이후로 100년간 계속된 원정은 자체 내분으로 말미암아 실패를 거듭했고, 점차적으로 그 성격도 변질되었다. 제 4차 1202~1204 때는 엉뚱하게도 콘스탄티노플을 공격한 것이다. 이것은 서반구에 커다란 충격을 주었으며 그 뒤 7차까지 200년간 지속된 십자군 원정은 실패하고 말았다.

십자군 원정은 이처럼 자체 완성을 보게 된 서반구의 기독교적 봉건세계가 그 세력의 확대를 목적으로 일으킨 일종의 제국주의적 전쟁이라고 할 수 있다. 이때 서반구와 중반구 사이에 끼어 있던 비잔틴 세계는 상대적으로 약체였고, 거기서 생겨난 힘의 공백을 향한 양측의 충돌이라고도 할 수 있다.

약 2세기에 걸친 이 전쟁은 전쟁 자체로 볼 때는 큰 의미를 지닌 것은 아닐지도 모른다. 그러나 그 결과는 매우 중요한 것이었다. 무엇보다 기독교라는 종교의 독선과 미신으로 말미암아 철저하게 폐쇄되었던 서반구를 우물 안 개구리의 의식 세계에서 탈피하게 하였다. 그리하여 그들이 처해 있던 자신들의 위치를 객관적으로 인식하게 되었고, 비잔틴 문명과 사라센 문명의 전래에 힘입어 비로소 민족이 무엇인지, 국가가 무엇인지, 도시가 무엇이고 상공업이 무엇이고 길드가 무엇인지를 알게 되었다.[61] 십자군이란 사건은 정치, 경제, 종교, 문화 등에 심대한 영향을 끼쳤다.

서반구가 중반구와 대등하게 대항할 수 있는 수준에 도달한 것은 13세기가 지나서였다. 그 효력은 서서히 나타났으되 바로 중세의 문을 닫고 르네상스의 문을 열게 했다. 십자군 전쟁은 단순히 종교 전쟁이 아니라 모든 요인들이 맞물려 빚어신 총체적인 드라마라고 할 수 있다.

이렇게 하여 콘스탄티노플과 서반구 사이에서도 학문적 교류가 촉진되었다. 그때까지 주로 아라비아어의 문헌을 매체로 추진되었던 고대 그리스 사상과 문화의 재발견이라는 작업을 직접 그리스어 원전을 통해 이해할 수 있게 되었다. 그리고 이것은 서반구가 사상적, 문화적으로 중반구

---

[61] 이상현, 1998. 『지성사로 본 세계사』. 집문당. 240.

로부터 의존 관계에서 탈피하여 지적인 반격으로 전환하는 한 계기가 되었다. 피비린내 나는 전쟁과 예루살렘을 둘러싼 동서반구의 갈등이 계속되는 와중에도 그들은 가치를 헤아릴 수 없이 귀중한 과학, 의학, 철학의 보물들을 가지고 돌아가 르네상스와 근대 과학의 주춧돌을 하나씩 놓기 시작한 것이다. 낙후되고 무질서하며 전략적으로 중요성도 없던 서반구가 십자군 전쟁을 통해 중세의 오랜 암흑 시대를 청산하고 근대 세계로 진입하기 위한 발걸음을 내디뎠다고 할 수 있다.

2. 이슬람의 등장

그렇다면 르네상스가 도래하기까지 십자군 전쟁을 통해 서반구가 상대했던 중반구는 도대체 누구인가? 그들의 실체를 알기 위해서는 이슬람의 역사를 살펴보지 않으면 안 된다. 이슬람의 탄생은 아라비아반도에서는 물론, 이웃 국가들마저 전혀 예상하지 못했던 획기적인 사건이었다. 아라비아는 7세기 전반기에 어느 누구도 주목하지 않았고, 이슬람이 등장하기 전까지 거의 300년 동안 비잔틴과 사산 제국 등 두 강대국들의 각축장이나 다름없었다. 특히 실크로드의 통제권으로 결정되는 교역의 주도권을 놓고 끊임없이 싸웠다. 아랍 세계는 정치적 통일도, 종교적 통일도 없는 다신교의 유목 사회였지만, 기원 후 600년경에 이르러 이들 외세로 말미암아 큰 혼란의 시기를 맞았다.

혼란은 특히 종교 면에서 더 심했다. 대부분 자신들의 조상으로부터 전래되던 전통을 충실히 따르던 그들에게 기독교, 조로아스터교, 유대교 등 새로운 형태의 일신교들이 쏟아져 들어왔다. 그것은 종교적 혼란을 재촉했다. 그러나 사막길 대신 아라비아반도를 통로로 삼은 상인들 덕택에 메카 지역은 오히려 종교적·상업적인 중심지로 부상했다. 메카는 자본을 축적하기 시작하면서 호황을 누리기 시작했다. 하지만 그것은 지배층인 일부 특정 씨족들에게로만 쏠렸다. 빈부의 차이가 커지고 사회악이 조성되기 시작한 것이다. 부족 사이에 분규와 증오와 반목은 끊임없이 지속되어 문제를 더욱 복잡하게 만들 뿐이었다. 치열한 생존경쟁이 전개되면서 철저히 혈연으로 뭉쳐진 단위 부족들이 난립하게 되었다.

무함마드Muhammad가 등장한 것은 이때였다. 그는 대상을 따라다니던 상인 출신이었기에 누구보다 많이 여러 종교들을 만날 수 있는 기회가 있었다. 그가 꿈꾼 것은 혈연을 초월한 종교사상, 즉 유일신 신앙의 기치아래 강력한 아랍족을 통일하는 것이었다. 그리고 도덕적 윤리의 공백을 메우기 위해 새 시대에 적합한 하나의 지침으로서 '선행'이라는 가치관을 제시하게 되었다. 그러나 아랍의 지배층을 설득하기에는 쉽지 않았다. 그러나 이슬람의 출현을 통해 아랍인들은 자의식을 확보하게 되었다. 그것은 다시 민족의식으로까지 확대되었다. 그런가 하면 아랍인들은 제국의 건설자이면서도 보편성을 가진 종교의 전달자로서 세계사의 주류에 편입하게 되었다.

630년, 무함마드가 다신교의 중심인 메카를 점령한 뒤 이슬람은 본격적으로 확장되기 시작했다. 무함마드가 죽고 칼리프의 정통성을 두고 격렬한 내전 끝에 아랍제국인 우마이야 왕조661~750가 세워졌다.[62] 우마이야 왕조의 1대 칼리프가 된 무아위야는 우선 수도부터 메카에서 다마스커스로 옮겼다. 오랫동안 비잔틴 도시였던 다마스커스의 상류사회는 광범한 중반구의 지식인층들이 채우기 시작했다. 그리고 도시는 자연스레 정치적, 상업적 중심지가 되었다. 이 새로운 도시에는 물론 새로운 감각, 새로운 생각, 새로운 사상, 그리고 새로운 언어도 함께 들어왔다. 여러 문화가 섞

---

[62] 아랍이 이처럼 후계자 문제로 난리가 났을 때 한반도에서는 무슨 일이 일어났을까? 4대 칼리프 알리의 재위 기간656~661이 신라의 태종 무열왕654~661과 신기하게 겹쳐지고 있다는 사실을 눈치 챘는지 모르겠다. 그런가 하면 우마이야 왕조661~750의 초대 칼리프 무아위야 1세661~680가 바로 문무왕661~681의 재위기간과 또 겹쳐지고 있다. 신라에서 왕권을 강화하고 삼국통일의 발판을 마련한 이 시기에 지구 저편의 아랍에서도 새로운 왕조가 탄생하고 있었던 것이다. 물론 우연이긴 하지만 역사를 거시적으로 읽는데 도움이 된다.

여 풍요롭고 독특한 혼합 문화를 형성한 것이다. 그리고 이슬람 역사상 가장 큰 모스크가 건립되었다. 12세기 안달루시아에서 온 한 아랍인이 이 위대한 모스크와 다마스쿠스를 이렇게 묘사했다.

다마스쿠스는 세계에서 가장 번잡한 도시다. 도시 성벽 뒤쪽의 거리는 좁으며, 진흙과 갈대 짚으로 지은 3층짜리 집들이 쭉 늘어서 있다. 시장은 대장장이들 소리로 시끌벅적하며 향신료 냄새가 가득하다. 대중목욕탕도 많다. 법학과 종교를 가르치는 대학이 20개나 있으며 큰 규모의 무료 병원도 있다. 정통 그리스도교 성모 마리아 교회는 모자이크들로 멋지게 장식되어 있으며 신도들은 자유롭게 종교 의식을 치를 수 있다. 삼천 명 가량의 부유한 유대인 공동체가 세운 대학도 있다. 십자군이 예루살렘에 세운 라틴 제국에서 피난 온 사람들도 대학을 설립해 운영하고 있다. 가장 멋진 건축물은 우마이야 왕조의 거대한 모스크다. 원래 세 개의 복도로 이루어진 기도 공간 내부를 보면, 벽이 무슬림 세계의 대도시들을 대표하는 모자이크로 되어 있다. 머리 위로는 양파 모양의 돔인 이글 돔이 있는데, 황금빛으로 도금한 둥근 모양이다. 돔에 올라서서 내려다보면 거대한 안뜰에 있는 사람들이 작게 보여 마치 아이들처럼 보이는 멋진 경험을 할 수도 있다. 모스크에는 놋쇠로 된 두 마리의 매가 두 시간마다 부리에서 놋쇠 공을 황동 그릇에 떨어뜨린다. 그러면 그 공은 장치 내부로 다시 되돌아간다. 밤이 되면 물시계가 조명용 색유리 뒤에서 빛을 발한다. 그러나 진기한 물건들보다 더 중요한 건 모스크에서 정기적으로 행하는 가르침이다. 한 저명한 학자가 학생들에 둘러싸여 기둥을 등지고 서 있다.

학생들은 그의 주해의 탁월함에 감동해 감사의 눈물을 흘리기도 한다.[63]

　도시를 감싸고 있는 엄청난 이슬람 문명의 아우라가 그대로 느껴지는 듯하다. 이렇게 발전을 거듭한 우마이야 왕조의 칼리프는 732년에 최대의 영토 정복을 이루어낸다. 그러나 750년, 무함마드의 삼촌인 압바스가 쿠데타를 일으켜 무아위야를 잔혹하게 처단함으로써 세상이 뒤집어졌다. 다행히 그 현장을 빠져나와 탈출에 성공한 한 사람이 있었다. 우마이야 왕실의 후손인 알 라흐만 1세는 북아프리카로 도망을 쳐 나중에 코르도바와 알 안달루시아에서 '후기 우마이야'757~1031라는 또 다른 이슬람 문명을 시작하게 된다.
　그러나 중반구에서는 그야말로 통일 이슬람 제국이라고 할 수 있는 압바스 왕조750~1258가 새롭게 등장하여 화려한 역사를 쓰기 시작했다. 이들은 아랍인뿐만 아니라 주변의 페르시아계, 튀르크계 등 비아랍인들과도 연대했다. 문명 공동체로서의 이슬람 문명권을 형성한 것이다. 새로운 칼리프를 세우고 페르시아 사람들을 중심으로 인적 쇄신을 감행했다. 그리고 다마스쿠스를 버리고 바그다드를 새로운 근거지로 삼았다.
　시아파의 고조된 불만을 이용하여 권력을 쥐었으나 압바스조는 정통파 이슬람의 교리를 받아들였다. 그리고 시아파에 대한 차별과 학대는 오히려 우마이야 왕조 때보다 더했다. 그러나 다른 한편으로는 우마이야 통치 기간 중에 심었던 경제 번영과 예술과 사상과 문화의 씨앗을 꽃으로 피워냈다. 실제로 압바스 왕조의 첫 200년은 이슬람의 황금 시대라

---

63) 마이클 모간 지음, 김소희 옮김, 2009. 『잃어버린 역사, 이슬람』 성균관대학교 출판부, 72.

할만하다.

바그다드로 옮긴 수도는 서기 765년에 유프라테스강과 티그리스강 사이에 자리 잡은 거대한 원형 도시를 완성했다. 그리고 20년이 지나지 않아 실로 세계의 중심이라는 말이 무색하지 않을 만큼 역사상 처음으로 인구 100만이 넘는 도시가 되었다. 인도양으로 흐르는 두 줄기의 큰 강 덕분에 바그다드는 훌륭한 항구 시설을 갖출 수 있었다. 육로로도 어느 방향에서든 접근하기 쉬웠으니 매일 배와 대상隊商들이 중국과 인도, 아프리카, 스페인 등 당시 알려진 세계 어느 곳에서든 상품과 무역상들을 오가게 했다.

아랍인 지리학자 야쿠비al-Ya'qūbī, ?~897는 당시 바그다드에는 거리와 골목을 합쳐 6,000개의 길이 있었으며 모스크는 3만개, 목욕탕은 1만개가 있었다고 기록하고 있다. 하지만 그때 시장에서 가장 눈길을 끌었던 것은 중국에서 갓 들여 온 새로운 발명품 종이紙였을 것이다. 그것은 압바스 왕조가 팽창하던 751년, 당나라의 침략에 맞선 압바스 군대의 살리히Ziyad Ibn Salih 장군이 탈라스 전투에서 얻어 낸 승리의 전리품이었다.[64] 고선지 장군이 이끈 당 나라 군을 물리친 것이다.

이슬람 문명권의 확산은 무서운 속도로 이루어졌다. 이 과정이 흥미롭다. 무력을 동원한 강제적 개종을 통해서가 아니라 경제 정책의 성공 덕택이라고 할 수 있기 때문이다. 그들은 군인들에게 현금을 지급하여 도시화와 화폐 중심 시장 경제를 주도했다. 뿐만 아니라 이슬람교도가 10%도 안 되는 점령지 페르시아에서도 결코 종교적 강제가 없었다는 것이다. 오

---

64) 타밈 안사리 지음. 류한원 옮김. 『이슬람의 눈으로 본 세계사』. 2011. 뿌리와 이파리

히려 타종교를 그대로 인정해 주고 그들이 회당을 세우는 일도 그것이 모스크보다 더 높지만 않으면 문제가 없었다. 그들의 세수원稅收源은 주로 기독교인이나 유대교인들이었는데, 오히려 이들이 개종을 하게 되면 무슬림 측에서는 세수가 줄어드니 사실은 개종을 강요할 이유가 없었던 것이다.

자발적으로 개종토록 하는 것이 세수가 줄어드는 것을 막을 수도 있고, 상업이나 정치적 분위기 형성에도 도움이 되었을 것이다. 그들은 오늘날의 인도와 중국의 경계선 지역에서 페르시아까지 포함하여 그리스·이탈리아 및 프랑스의 변경 지역에 이르는 방대한 지역을 통합하였다. 그리고 아랍어라는 언어와 유일신에 대한 믿음을 통하여 한 덩어리로 묶어 놓았다.

이슬람은 서로 다른 수많은 인종·신앙 및 문화가 공존하면서 새롭게 생성된 것이다. 그리고 8~16세기 동안 육·해상 실크로드의 주역으로 활동한 무슬림은 이슬람 문화를 동서로 퍼뜨렸고 결과적으로 세계 문화의 다양화와 일체화에 이바지했다. 역사학·지리학은 물론 철학·천문학·대수학·물리학·화학·의학·연금술 등이 이슬람 세계에서 독창적으로 발전하게 된 이유이다. 그리하여 중세 서반구가 잠들어 있을 때에도 세계 문화의 정체를 막았다. 1258년, 몽골이 세상을 휩쓸기 전까지, 이슬람 학문과 과학이 서반구에 전파되어 르네상스의 기초가 되었음은 잘 알려진 사실이다.

중반구가 서반구 문명에 어떤 공헌을 하였는지를 상징적으로 보여주는 것이 바로 아라비아 숫자다. 우리가 아라비아 숫자라고 부르는 것은 원래 인도 숫자다. 이 인도 숫자를 아랍인들이 수입하여 여기에 '영'零의 개념을 정립하여 십진법을 완성하였고 이 숫자가 서반구로 전달된 것이다. 이러한 과정을 계기로 서반구는 잃었던 문명의 전통을 되찾기 시작했으며 이를 발판으로 르네상스를 맞아 급기야 근대에 와서 주도권을 잡게 된다. 그러나 그때까지의 과정을 우리는 보다 더 자세히 살필 필요가 있다.

830년, 압바스 왕조의 제7대 칼리프인 알 마문al-Mamun, r.813~833은 바그다드에 그리스 과학과 철학의 번역과 연구를 위해 '지혜의 집'Bayt al-Hikmah을 세웠다. 바이트는 집이라는 뜻이고, 히크마는 지혜라는 뜻이다. 그것은 인류 최초의 지식 아카데미로 일종의 왕립학술연구소나 마찬가지였다. 연구원과 도서관과 번역국을 합쳐 놓은 것으로 프톨레마이오스 1세가 기원전 3세기 초 이집트의 알렉산드리아에 세운 '무세이온'Museion 이래 최대의 학술 교육 기관으로 일컬어진다.

그 무렵 아테네에는 플라톤이 세운 아카데미아Academia와 아리스토텔레스가 연 리케이온Lykeion 같은 학당이 있기는 했다. 하지만 무세이온에 모인 학자들은 새로운 연구 방법으로 수많은 과학적 발견을 함으로써 결과적으로 고대 학문의 영역을 더욱 확산시키거나 발전시킬 수 있었다. 그런 전통에 힘입은 역대 왕들은 세계적인 학자들을 초빙했고, 그들에게 수당은 물론 생활비까지 제공했다. 그런 만큼 무세이온 역시 강당과 도서관, 연구동, 동물 관찰을 위한 우리, 천문 설비 등과 함께 생활에 필요한 각종 편의시설도 완비되어 있었다.

그들은 문헌학은 물론 수학, 물리학, 천문학 등 말 그대로 박물학을 연구했다. 수학자 에우클레이데스유클리드, 아르키메데스, 헤론, 아리스타르코스, 에라토스테네스 등 쟁쟁한 학자들이 모두 이곳 출신이다. 무세이온의 기능은 5세기까지 지속된 것으로 여겨진다. 역사상 가장 뛰어난 도서관으로 기억되고 있는 알렉산드리아 도서관은 바로 무세이온의 일부였다.

사실 '지혜의 집'을 중심으로 이런 학문적 풍토가 조성된 것은 무세이

[그림19] 이집트의 알렉산드리아 도서관.
건물의 구조가 해시계처럼 생겼다. 유네스코의 도움으로 2004년 재건

[그림20] 알렉산드리아 도서관의 외벽은 인류가 발명한 여러 문자로 디자인되어 있다.
한글로는 '세월, 여름, 강'이 새겨져 있다.

온 전통의 연장선상에 있는 것이라고 할 수 있다. 이슬람 세계에서 그리스 학문 연구가 각광을 받을 수 있었던 것 역시 문화적 개방성과 포용성 덕분이었다. '지혜의 집'은 이 새로운 땅에 새롭게 심은 심장이나 다름없었다. 여기서 바그다드 학자들이 이룩한 업적 가운데 가장 위대한 것은 진정한 과학정신이었다. 그들은 현상을 정확하게 관찰하고 합리적인 방법으로, 아는 사실에서부터 모르는 것으로 접근하는 현대 과학의 연구 방법을 발전시켰다.

시리아의 다마스쿠스에 도읍을 둔 우마이야 왕조661~750 때 이슬람 문명이 성장하였다면, 뒤를 이은 바그다드의 압바스 왕조750~1258와 스페인의 후기 우마이야 왕조755~1492 때에는 그 절정에 도달하였다. "지중해 유럽의 나머지 지역이 어두운 야만에 던져졌을 때 이슬람의 두 도시 바그다드와 코르도바는 찬란한 빛으로 전 세계를 밝힌 문명의 중심[65]"이었던 것이다.

---

65) "At an epoch when the rest of Europe was plunged in darkest barbarism… Baghdad and Cordova, the two great cities where Islam held sway, were centres of civilization which illumined the whole world with the light of their brilliance". Gustave Le Bon, 1974. *The World of Islamic Civilization*. New York.

3. 지혜와 학문의 인프라

750년에 들어선 압바스조는 2대 칼리프 알 만수르 al-Mansur, r. 754-775 때 다마스쿠스에서 바그다드로 제국의 수도를 옮겼다. 새로 건설된 바그다드는 번창하는 세계 동서 무역과 문화의 중심지가 되었다. 그리고 자연스레 페르시아어, 산스크리트어, 그리스어 문서들이 갈수록 늘어나고 이 책을 번역하고 필사하고 연구하고 저장하는 문화 활동의 중심지가 되었다. 이를 수용하기 위해 세워진 것이 '지혜의 집' Bayt al-Hikmah 이다. 도서관이자 일종의 학문 연구, 번역 기관이었던 셈이다.

이곳에서는 시리아와 그리스어로 된 논리학, 과학, 기술에 대한 저작들 및 아리스토텔레스의 논리학에 관한 논문과 히포크라테스, 갈리노스 등 그리스 의학자들의 저술이 번역되었다. 그러나 '지혜의 집'이 언제 설립되었는가에 대해서는 다양한 견해가 있다. 칼리프 알 마문 al-Ma'mun, r. 813~833 이 그 주인공이라는 의견이 있는가 하면, 그 보다 약 100년 전 압바스조 2대 칼리프인 알 만수르때까지로 거슬러 올라가기도 한다.

사실 '지혜의 집'에 관한 역사적 정보가 거의 없기는 하지만, 그 명칭 자체는 이슬람 이전 페르시아의 고대 '군데샤푸르 아카데미' Gondeshapur Academy 를 본 딴 것으로, 원래 네스토리우스 교도들이 설립한 그리스 과학과 의학 센터였다.[66] 이 기관은 사산 왕조 때 왕실을 위해 존재하던 도서관을 모델로 삼아 압바스 왕조 초기에 만들어진 것이다. 페르시아어 문헌을 아랍어로 번역하던 기구이자 도서관으로, 다양한 언어로 된 고대 과학

---

66) 버나드 루이스 이희수 역, 1998 . 『중동의 역사』, 까치글방. 201.

문헌들이 아랍어로 왕성하게 번역이 이루어지고 있었다.

'지혜의 집'을 세운 사람으로 칼리프 알 마문을 지목할 만한 근거는 여러 가지 있다. 그는 개방적인 종교 학자였고 『쿠란』을 완전히 암기할 만큼 신앙심도 두터웠다. 그리고 1주일에 한 번씩 궁전에서 문학, 과학, 철학, 종교에 관한 토론회를 열고 학자들이 다양한 주제의 자유로운 토론을 하도록 독려했다. 그의 지적 성향이 어떠하며, 또한 이슬람에서 과학과 철학이 어떻게 등장하게 되었는지, 그리고 그가 국가 정책에 학문을 어떻게 반영했는 지를 짐작케 하는 꿈 이야기가 있다.

소파에 앉아있는 그에게 어떤 사람이 나타났다. 깜짝 놀란 알 마문이 "당신은 누구십니까"라고 묻자 그는 자신이 아리스토텔레스라고 답했다. 알 마문은 기뻐하며 "오, 철학자시여. 선善이란 무엇입니까?"라고 물었더니, 철학자는 "선이란 지성知性을 따르는 것을 말합니다."라고 했다. 다시 알 마문이 "그 다음은 무엇입니까?"라고 묻자 "선한 것이란 대중大衆의 의견 속에 있습니다."라고 답했다고 한다.[67]

꿈에서 깨어난 칼리프는 즉시 고대 철학자들의 저술을 찾기 시작했고, 이를 아랍어로 번역하게 하였다.[68] 그리스 철학자들이 쓴 고대 문헌의 중요성을 깨달아 먼 곳으로 사신을 보내 자료들을 구해 오도록 한 데 대한 설명일 것이다. 전쟁에서 상대가 패색이 짙을 경우에는 도서관의 책을

---

67) Michael Hamilton Morgan, 2007. *Lost History: The Enduring Legacy of Muslim Scientists, Thinkers, and Artists*. 47.
68) 버나드 루이스 엮음. 김호동 옮김. 1994. 『이슬람 1400년』. 까치. 267.

[그림21] 13세기 문서에 그려진 바그다드의 지혜의 집
© University Library, Istanbul; Muslim Heritage Consulting, Dubai.

항복 조건으로 요구했을 정도였다. 그는 세상의 책들을 끌어 모아 학자들로 하여금 그것을 아랍어로 번역하고 연구하게 하는 일에 거의 광적으로 열정을 쏟았다.

그 전에는 그들의 관심이 주로 실용적인 면에 국한되어 기껏 왕의 건강 관리를 위해 기독교도나 유대교도 의사를 고용하는 정도였다. 하루 다섯 차례의 예배 시간 정하기, 기도를 위한 메카 방향 찾기, 이슬람 명절 시기를 파악하기 위한 달月의 모양 추적 등이 그들의 주된 과제였다. 그런데 알 마문의 치세 기간 중 학문 풍토는 급변해 자유롭고 창의적인 사고를 할 수 있게 되었다. '지혜의 집'은 그가 자신의 꿈을 실현하기 위해 창안한 연구 기관이었고, 학문의 황금 시대를 축약한 결과라고 할 수 있다.

'지혜의 집'은 압바스 왕조 칼리파들의 전폭적인 지원 아래 학문 연구와 고전 번역의 중심지였다. 특히 알 마문은 국가 규모의 재정적 뒷받침을 요하는 '거대 과학' big science에 과감하게 투자를 했다. 당시 바그다드는 매우 다양한 사상과 태도가 유통되는, 결이 풍부한 사회였다. 그곳에서는 서반구에서 잊혀가던 그리스 학자들의 업적이 계승되고, 축적되고 재평가되고, 발전되었다.

그러니까 로마의 지중해 문화, 메소포타미아에서 축적된 오리엔트 문화, 인도의 대수학과 수학적 지식, 중국의 제지술과 비단 직조술, 화약과 나침반 그리고 형이상학적 지식까지를 직접 접촉해서 받아들였다. 그리스 책들은 주로 비잔틴을 통해서 들여왔다. 그리스 책이 많았던 비잔틴 황제는 비잔틴이 이 책을 보고 나면 기독교를 버리고 그리스인의 종교로 돌아 갈 것을 걱정하던 참이었다. 압바스는 이 기회를 놓치지 않았던 것이다.

당시 '지혜의 집'에서는 그리스 천문학자 프톨레마이오스의 수학과 천문학에 관한 저작 들이 아랍어로 번역되었다. '위대한 책'이라는 의미의 『알마게스트』Almagest라는 책이 대표적이다. 그는 이슬람 세계에서 최초로 바그다드에 천문 관측소를 세웠다. 그리고 24개 항성의 경도와 위도를 포함하는 새로운 천체표를 작성했다. 또한 프톨레마이오스의 『지리학』 번역도 이슬람 지리학 연구의 발판이 됐다. 당시 그의 세계 지도는 메카, 바그다드 같은 중요한 이슬람 도시들을 포함하지 않았고, 대서양, 인도양을 육지로 둘러싸인 바다로 그려놓고 있는 등 불충분하거나 부정확했다. 알 마문은 이것을 새로 그려 500개가 넘는 도시의 위도와 경도 및 강, 바다, 산 등의 위치를 정확하게 표시했다.

'지혜의 집'은 이슬람 문명의 전수와 연구에서뿐만 아니라, 특히 그리스·로마나 페르시아 등 주변 선진 문명국에서 저술된 서적들을 대거 아랍어로 번역하여 이슬람 문명의 형성과 발달에 절대적인 공헌을 하였다. 중세에 서반구 대부분의 지역은 무지와 문맹과 폭력으로 점철되어 있었음은 이미 앞에서 살핀 바와 같다. 그러나 같은 시기에 이슬람 세계는 제국의 수도 바그다드에 설립된 왕립 도서관 '지혜의 집'을 통해 인류가 축적한 위대한 사상과 과학의 성취를 보존하고 발전시켰다.

'지혜의 집'이 등장하기 위해서는 이슬람에는 '마드라사'madrasah라고 하는 특별한 교육 전통이 있었다. 기숙사 시설을 갖추고 연구보다 교육에 중점을 둔 오늘날의 대학과 같은 교육 기관이었다. 마드라사에서는 교양 과목인 문법, 논리학, 수사학을 비롯해 법, 수학, 문학, 역사, 고급 문법, 예배 시간 계산법, 쿠란 해석법 및 낭송법 등이 개설되었고, 약학과 농학 강의도 가끔씩 이루어졌다.

마드라사에서는 학생들이 선생님을 둘러싸고, 둥그렇게 앉아 설교를 듣는 할까halqah 교육 형태가 일반적이었다. 당시 학습의 방식은 주로 암기였다. 놀랍고 재미있는 이야기들을 기억했다가 이야기로 풀어내는 것은 당시에 성행한 오락이었지만, 지금도 이슬람의 그 교육 전통은 이어지고 있다. 어떤 학자들은 수백 개의 전설을 암기했다고 한다. 이는 한자 문화권에서 고전 암송이 학습의 기초로 여겨지는 것과 비슷하다. 암송의 방식 또한 앉은 자세에서 몸을 좌우로 흔들며 리듬을 타는 것까지 닮았다.

마드라사는 신학교를 가리키는 일반 명칭이지만, 여기에는 병원, 목욕탕, 주방, 교문의 시계탑까지 갖추어져 있다. 나중에 이런 마드라사가 바그다드에 30개가량 세워졌고, 다마스쿠스에도 그와 비슷한 수의 학교가 생겨났다. 마드라사는 지혜의 집과 더불어 고등 교육을 담당하는 대학의 모습으로 발전하였다. 유럽에서는 대학이 대략 11~12세기 즈음에 출현하여 13세기에 본격적으로 성장했다면, 이슬람 지역에서는 이미 10세기에 대학이 설립되어 활발하고 수준 높은 연구를 진행하였던 것이다. 983년 이집트의 카이로에 설립된 아즈하르 대학al-Azhar University이 대표적이다. 아즈하르 대학은 이슬람 세계의 고등 교육 발전에 상당한 자극을 주었고 유럽의 대학 발전에도 영향을 주었는데, 검정색 아카데미 가운을 입는 것, 대중 토론의 전통, 대학생과 대학원생 시설을 나눈 것도 이 대학에서 유래하였다.[69]

마드라사가 특정 교과목을 중심으로 교육에 중점을 두었다면 지혜의 집은 도서관을 기본 기능으로 하되 번역과 연구를 수행하면서 고등 교육 기관으로서의 역할을 수행하였다고 할 수 있다. 동쪽 이슬람 세계에서 가

---

69) 김정위 편. 2002. 『이슬람 사전』 학문사. 436쪽.

장 중요한 '지혜의 집'이 바그다드에 있었다면 서쪽 이슬람 세계에서 가장 중요한 연구 센터는 스페인의 톨레도에 있었다. 무슬림들의 빛나는 학문적 업적들이 아랍어에서 라틴어로 번역된 곳이 이곳이다. 여기에서 이루어진 번역 활동을 통해 서반구는 아랍 이슬람 학문의 결실을 접하고 향유할 수 있었다. 당시 톨레도의 학문적 명성이 얼마나 높았는가 하면, 교황 실베스터 2세Silvester PP. II, r. 999~1003가 이곳 스페인의 무슬림 과학자들 밑에서 3년간이나 수학할 정도였다.

이 당시 바그다드나 안티옥을 찾아온 서반구인들은 눈이 휘둥그래졌다. 아랍의 학자들이 고대의 보물인 플라톤, 아리스토텔레스, 프톨레마이오스의 저작에 활력을 불어넣고 있었을 뿐 아니라 독자적으로 과학과 학문의 지평을 꾸준히 넓히고 있었기 때문이다. 서반구 최고의 도서관들에 고작 수십 권의 책이 꽂혀 있던 시절, 바그다드의 도서관, 지혜의 집은 4십만 권의 장서를 품고 있었고 주변 세계에서 끌어들인 최고의 학자들 및 과학자들에게 최상의 연구 시설을 제공하고 있었다. 바그다드에서 불붙기 시작한 중반구의 학문적 열기는 카이로, 안달루시아의 코르도바, 사마르칸트 등의 도시로 확산되었다.

중세 서반구 기독교인들에게 있어서 안달루시아는 일종의 딜레마였다. 종교적으로는 이슬람을 배척했지만, 선진 학문을 흡수하기 위해서는 하는 수없이 무슬림 학자들의 도움을 빌려야 했기 때문이다. 당시 서반구의 지식인들이 안달루시아로 유학을 와서 아랍어를 익히고 아랍어로 저술된 과학, 철학, 의학 서적을 라틴어로 번역하는 것은 학문을 배우기 위한 일종의 정규 코스와 같았다. 9세기경 젊은 기독교도들에게 안달루시아의 문화는 오늘날 '한류'韓流가 누리고 있는 위치와 마찬가지였다. 당대의 석학

알바루스Paulus Alvarus, c. 800~861는 안달루시아의 젊은 기독교인들이 지나치게 아랍 문화에 휩쓸렸다며 개탄했을 정도였다.

    기독교인들은 아랍인들의 시와 로망스를 즐겨 읽는다. 기독교인들은 아랍의 신학자들과 철학자들을 연구하는데, 이는 그들의 이론을 논박하기 위해서가 아니라 단지 정확하고 우아한 아랍어를 구사하기 위해서다. … 안타깝다! 재능 있는 모든 젊은 기독교인들은 아랍어로 저술된 서적을 열정적으로 읽고 연구할 뿐만 아니라, 많은 비용을 들여 막대한 장서를 수집한다. …… 라틴어로 친구에게 편지를 쓸 수 있는 사람이 한명이라면, 아랍어로 우아하게 자신을 표현할 수 있고 아랍 원어민보다 아랍어로 시를 더 잘 쓸 수 있는 사람은 천 명이나 될 것이다.[70]

    소위 이슬람의 황금기가 시작된 것이다. 그것은 근본적으로 지식에 대한 이슬람의 태도 때문이라고 할 수 있다. 그 개방성과 포용성은 지식의 가치를 높이 평가하도록 했고, 지식의 탐구를 공개적으로 권장하는 입장과 서로 통하는 것이기도 했다.
    중반구에서 이러한 학문적 분위기가 생겨난 것은 우연이 아니다. 일찍감치 예언자 무함마드가 자신의 언행록 『하디스』에서 남긴 다음과 같은 교훈들을 통해서도 그 실마리를 찾을 수 있다.[71]

---

70) R. W. Southern, 1962. *Western Views of Islam in the Middle Ages*, Cambridge: Harvard University Press. 21.
71) https://muslimvillage.com/2015/09/18/59097/on-seeking-knowledge/

지식을 구하라. 중국에 가서라도
지식을 추구하는 것은 모든 무슬림의 의무다
학자의 잉크는 순교자의 피보다 값지다
학자는 예언자들의 진정한 후계자

번역가이면서 아랍 철학자였던 알 킨디al-Kindi, 801~873가 "그 근원이 무엇이든 진리를 추구하라. 설령 우리와 멀리 있는 민족이나 우리와 다른 국가에서 온 것이라도 받아들여라. 진리를 추구하는 자에게 있어서 진리 그 자체를 얻는 것 보다 중요한 것은 없다."72)고 한 것도 같은 맥락이다. 실제로 그는 철학의 배움이 반드시 필요하다는 것을 증명하기 위해 다음과 같이 재미있는 논리를 펼치기도 했다.

철학을 공부하는 것은 필요하거나 불필요하거나 둘 중 하나다. 만일 철학 공부가 필요하다면, 철학을 공부하는 것 이외에 다른 선택의 여지가 없다. 만일 반대로 철학이 불필요하다고 생각한다면, 그 사람은 그 같은 주장을 정당화하거나 증명해야 한다. 그런데 철학이 불필요하다는 주장을 논리적으로 펼치는 것 자체가 철학적 사유를 하는 것과 다름 아닌 것이다. 따라서 철학 공부를 피할 수 있는 방법은 어떤 경우든 있을 수 없게 된다.73)

무슬림 철학자들은 고대 그리스 철학의 형이상학 이론이 이슬람의 경

---

72) 버나드 루이스 엮음. 2014. 같은 책. 27-28.
73) 같은 책, 28.

전 『쿠란』에 나타난 창조론과 모순되는 점이 많다는 것을 발견했다. 이슬람은 교리적으로 '엑스 니힐로' ex nihilo, 즉 창조가 무無로부터 이루어졌다고 가르쳐 왔다. 이는 그들의 유일신 알라가 물질을 완전한 무無로부터 만들어 냈다는 것을 의미한다. 그러나 플라톤이나 아리스토텔레스와 같은 그리스 철학자들은 궁극의 제일 원인자는 물질을 만들어 낸 존재가 아니라 최초의 형상 또는 운동의 수여자라고만 말했다. 다시 말해, 고대 그리스 철학에서 말하는 창조란 물질을 만드는 것이 아니라 이미 주어진 물질에 질서를 부여하고 작동시키는 것이다. 고민이 아닐 수 없었다.

무슬림 철학자 알 파라비 al-Farabi, 872~950와 이븐 시나는 이 같은 철학과 종교 간의 모순을 해결하기 위해 나섰다. 하지만, "이미 예언자들이 하느님 알라로부터 진리를 계시 받았는데, 무엇 때문에 외래 사상인 철학을 받아들이려 하느냐?"는 질책을 받기도 했다. 이에 대해 알 파라비는 예언자와 철학자는 모두 궁극의 원인자인 알라로부터 깨달음을 얻었기 때문에 동전의 양면과 같다고 했다. 이븐 시나 역시, 철학자와 예언자는 같은 경지의 진리에 도달했으되 그 기능과 역할이 다를 뿐이라고 했다. 다시 말해, 철학자는 진리를 지식인들에게 있는 그대로 전달하는 자인데 반해, 예언자는 무지몽매한 대중들을 위해 진리를 알기 쉬운 비유로 설명하고 이를 생활 속에서 실천할 수 있도록 예배 의식을 만든다는 것이다.

이슬람 중반구의 이러한 학문적 분위기는 지혜와 학문을 엮어낼 수 있는 인프라를 형성했다고 할 수 있다. 그 결과 10세기 이슬람 문명의 황금기를 전후해서는 아랍 고유의 학문과 외래 학문은 하나의 용광로 속에 녹아서 중반구 특유의 학문 체계를 갖추게 되었다. 이 체계 속에서 학문의 다극화가 이뤄지면서 중반구 곳곳에 지역별 학문 중심이 형성되기 시작한 것이다.

일찍이 헬레니즘 문화를 맛본데다 페르시아와 인도, 중국 문화의 영향까지 받은 우즈베키스탄의 두 도시 부하라Bukhara와 히바Khiva가 바로 그런 곳이었다. 성훈聖訓 학자 알 부하리Al-Bukhār, 810~870, 수학자 알 콰리즈미Al Khwarizmi, 780~847, 의학자 이븐 시나Ibn Sina Avicena, 980~1037 같은 이들은 시대는 다르지만, 바로 이 도시 출신으로, 부하라 학맥의 3총사로 불린다. 이들은 이슬람 세계를 두루 다니면서 자신들의 학문세계를 개척했으며, 부하라에 돌아와서는 신학교와 사원들을 전전하면서 학문을 전수했다는 점에서 같은 궤적을 남겼다고 할 수 있다.

그들은 학문과 번역 운동을 통해 이성과 신앙 사이에는 대립이 없음을 주장하며, 오히려 이성을 모든 논의의 도구로 사용했다. 그렇다고 해서 이성 중심의 그리스 학문이 이슬람 신앙을 몽매한 것으로 배척하지도 않았다. '지혜의 집'은 세월이 지남에 따라 도서관의 기능이 강화되어 750~900년경 절정에 달하더니, 1258년 바그다드가 몽골군에 침공당하면서 문을 닫았다. 그리고 안달루시아에서는 15세기 말에 무슬림들이 기독교인들에게 쫓겨 날 때까지 계속되었다.

4. 르네상스를 향한 천재들의 등장

7세기 초까지만 해도 비잔틴 제국과 사산조 페르시아의 대결로 세계 문명의 흐름은 잠시 정체되었다. 다행히 이집트의 알렉산드리아와 사산조 페르시아의 군데샤푸르는 학문적 발전을 이어가고 있었다. 그러나 아랍·이슬람이 지배 세력으로 등장하면서 이들 도시들은 그리스와 기타 고대의 철학적, 과학적 지식을 전파하는 중심지가 되었다.

이곳에서 활동하던 많은 기독교계 학자들은 고대 시리아어와 그리스어 그리고 산스크리트어도 구사할 수 있었고, 아랍의 정복 후에는 아랍어까지 배우는 등 지적 호기심이 뛰어났다. 그리하여 이들은 새롭게 등장한 아랍·이슬람 칼리파의 후원 아래 고전에 대한 번역 작업을 맡게 되었다. 역사적 선례를 찾아 볼 수 없었던 군데샤푸르에서의 활발한 번역 활동은 처음부터 무슬림뿐만 아니라 많은 기독교인과 유대인들까지 가담하는 국제적이며 범종교적인 양상을 보였다.

중반구의 학문은 7세기말부터 본격적으로 융성하기 시작하여 압바스조750-1258와 무슬림 스페인의 후기 우마이야 왕조755-1492에서 절정에 달했다. 8세기부터 15세기까지 적어도 800년 동안 이슬람 문명은 세계에서 가장 찬란한 문명이었다. 이 기간은 근대 이후 지금까지 서반구 문명이 세계 문명을 주도하고 있는 기간 보다 훨씬 더 길다. 절정에 달한 중반구 문명은 아랍인, 터키인, 페르시아인, 무어인, 유대인, 기독교인, 무슬림 할 것 없이 다양한 인종과 종교적 배경을 가진 사람들의 노력이 이루어 낸 결정체였다.

'지혜의 집'에서는 그리스의 과학과 철학서들이 대거 아랍어로 번역되었고, 학문의 언어도 이슬람 제국의 언어인 아랍어로 대체되었다. 그러나 바그다드의 이런 번역 운동은 200년에 걸쳐 줄기차게 흐름을 유지하다가 속도가 느려지면서 마침내 1000년을 전후로 끝이 난다. 그것은 번역된 학문에 대한 관심이 약화되었거나, 학자의 수가 줄었기 때문이 아니었다. 번역은 이제 사회적 학문적인 유효성을 잃어버렸기 때문이라고 할 수 있다. 그사이 대부분의 분야에서 핵심적인 텍스트들은 번역되고 연구되고 주석이 완료되었고, 이제 최신 연구에 대한 요구가 생겨난 것이다. 번역이 아니라 독창적인 아랍어 저작에 대한 요구였다.

지혜의 집의 학자들은 9세기 초부터 본격적으로 그리스 철학과 과학의 고전들을 깊이 연구하기 시작하여 타의 추종을 불허하는 독창적인 업적들을 만들어냈다. 이슬람 세계의 아랍 주석서, 혁신적인 과학, 진보한 철학을 번역한 책들은 두 문명 간 상업 활동의 물결을 타고 서구 기독교 세계에 밀려들기 시작했다.

번역 과정에서 철학은 물론 과학의 새로운 개념, 방법, 세부 내용을 수용하는데 융통성과 가능성을 보인 아랍어는 자원이 풍부한 언어 매체라는 사실을 입증하였다. 번역 사업의 초기에는 후나인 이븐 이스하크Hunain Ibn Ishaq, 808~873와 같은 걸출한 번역가가 배출되기도 했다. 아랍계 기독교인이자 의사였던 후나인은 '지혜의 집' 번역 책임자로 임명된 후 플라톤, 아리스토텔레스, 소크라테스, 갈렌 등의 저서를 아랍어와 시리아어로 번역한 공로가 크다.

페르시아인이었던 무까파Ibn Al-Muqafa, ?~859도 번역 활동에 적극적이었다. 특히 그는 시적 표현에 그쳤던 아랍어에 새로운 산문체를 개발함으로써 철학과 과학의 번역 활동에 큰 도움을 주었다. 그는 9세기 네스토리우스파 기독교인으로 4개 언어에 능통했고 많은 번역서를 남겼는데, 그 대부

분은 그리스 철학과 의학 분야에 집중되었다.74)

의학 분야에서 아랍어 문서들이 중세 라틴어로 번역되는 중심지로 급부상한 곳은 특히 동지중해에 위치한 안티오크Antioch였다. 지금의 안티키야Antikya로 터키 남쪽 시리아 국경에 위치해있다. 이곳은 이탈리아반도의 도시 국가였던 피사Pisa의 상인들이 상당한 영향력을 행사하던 곳이기도 하였다. 지중해 동부에 걸친 경제, 정치적 영향력 덕분에 피사는 아랍 학문을 퍼뜨리는 심장 역할을 겸하고 있었던 것이다. 지중해 동부에서 기독교 군대가 탈취한 아랍 문서들이 서적 시장에 흘러 넘쳤고, 그 와중에 안티오크는 이슬람 과학의 집산지로 등장하였다.

이탈리아의 번역자 겸 학자인 피사의 스테판Stefano of Pisa도 곧 이슬람 학문을 배우기 위해 안티오크에 도착했다. 이곳에서 스테판은 '할리 필리투스 압바스'Haly filitus abbas라고 알려진 유명한 중세 백과사전 『왕의 서』The Royal Book를 번역했다. 의학 이론과 의료에 관한 내용으로 각각 열 개의 장으로 구성된 이 책은 이미 이슬람 세계 전역에서 널리 읽히고 있었다. 스테판의 라틴어 판본 역시 곧 서반구의 표준이 되었다.75)

10세기에 이르러 이슬람 국가들이 생겨나면서 정치 권력은 분산되었다. 덕택에 바그다드에 집중되어 있었던 이들의 철학과 과학도 분산되고 확대될 수 있는 기회를 갖게 되었다. 과학과 철학 전통의 확산은 긍정적인 부산물을 낳았다. 번역에서부터 학문 활동의 전성기로 변화하는 시대였던 것이다. 그것은 벌써 르네상스에 다름 아니었지만, 진정한 르네상스는

---

74) 하워드 R. 터너 저, 정규영 역. 2004. 『이슬람의 과학과 문명』, 르네상스. 293쪽.
75) 조너선 라이언스. 김한영 역. 2013. 『지혜의 집, 이슬람은 어떻게 유럽 문명을 바꾸었는가?』, 책과함께. 181쪽.

사실 압바스 왕조 첫 200년 동안 바그다드에서 나타났다고 할 수 있다.

서반구가 이슬람 세계의 선진 학문과 과학에 접한 것은 10세기 이후 스페인과 시칠리아를 통해서였다. 중세 기독교 서반구에서도 그리스어를 라틴어로 번역하는 작업이 몬테카시노와 같은 수도원, 카를로스 대제와 같은 지도자들의 후원으로 이루어지기는 했다. 그러나 무슬림이 이룩한 규모와 범위에는 비교할 수 없는 것이었다. 2세기 동안에 이루어진 무슬림 번역 덕분에 플라톤, 아리스토텔레스, 유클리드, 아르키메데스, 히포크라테스, 갈레노스, 프톨레마이오스의 업적들이 소개되었다. 그리고 페르시아에서부터 스페인에 이르는 방대한 지역에 정착한 무슬림 학자들은 자신들의 학문적 연구를 비교적 자유롭게 수행하면서 많은 저서들을 남겼다.

서반구가 고대 그리스의 지혜를 부활시키려는 조짐을 보이기 시작한 것은 이때부터이다. 그러나 오랜 '암흑기'를 거쳐 온 그들로서는 이미 권위 있는 그리스 학문의 계승자를 찾기가 어려웠다. 심지어는 소중한 그리스 원본 자료들도 상당부분 유실된 상태였다. 아쉬운 대로 그들이 활용할 수 있는 것은 그동안 무슬림들이 아랍어로 번역하고 해석을 해 둔 2차 자료였다. 그리스 원본에 접근할 수 없었던 서반구인들은 이들 무슬림 학자들의 번역을 통해 지식을 전수받을 수 있었다. 아랍어로 저술된 철학과 과학 서적들을 라틴어로 번역하는 '아랍어·라틴어 번역 운동'이 수세기에 걸쳐 지중해 전역에서 진행된 것은 그런 이유 때문이었다.

소수의 용감한 기독교 학자들이 지식을 찾아 이슬람 세계에 발을 디딘 것은 11세기 이후 십자군 전쟁과 예루살렘을 둘러싼 동·서양의 갈등이 계속되던 시기였다. 시칠리아의 루지에르 2세Ruggeru II di Sicilia, 1095~1154는 1068년부터 1091년 사이 노르만족이 무슬림을 몰아내고 시칠리아를 정복 할 때 건너온 용병의 아들이었다. 그는 일찍부터 아랍인들의 업적을 높이 인정하고 아랍 학자들을 시칠리아 궁정으로 불러들여 학문을 발전시킨 사람이다.

12세기 무렵, 번역 운동이 일어났던 오늘날 스페인 남부 지역인 안달루시아는 특이하게도 중세 기간 동안 이슬람과 기독교가 직접 만날 수 있었던 문명의 경계 지역이었다. 중세 시기 내내 이곳이 이슬람 문명과 기독교 문명이 공존하면서 과학, 철학, 의학 등을 교류했던 소통의 중심지가 된 것은 자연스런 일이었다. 심지어 무슬림, 유대인, 기독교도들이 비교적 평화스럽게 공존하며 관용을 미덕으로 여겼던 이곳의 분위기는 아랍어·라틴어 번역 운동이 활기를 띨 수 있는 좋은 환경이기도 했다.

지중해 문명의 다문화 혼종성을 주도적으로 실천한 중반구의 번역 활동은 크게 다음의 두 가지 특징으로 요약될 수 있다. 첫째는, 고대 그리스어→고대시리아어→히브리어→아랍어→라틴어 등 다국어로 전개되었다. 먼저 아랍어로 번역하고 주석 작업을 한 후에 이를 다시 라틴어로 재번역하는 과정을 거친 것이다. 이러한 순환 번역은 고대 세계의 문명을 단순히 계승하는 차원이 아니었다. 이베리아반도와 시칠리아 그리고 이탈리아 남부를 통해 보다 진화된 문명 간 융합의 성과들을 서반구에 전달한 것으로 해석될 수 있다. 둘째는, 고대 그리스의 과학과 철학뿐만 아니라 인도와 페르시아의 학문까지 섭렵한 후에 새롭게 재창조했다는 사실이다. 그런 능력이 발휘될 수 있었던 것은 유목 및 교역 활동을 통한 아랍인 특유의 창의성과 모방성이 바탕이 되었기 때문이다. 인류 문명에서 이런 때가 없었다.

베스의 애덜라드Adelard of Bath, 1080~1152라는 영국인은 1109년 아랍인들의 뛰어난 학문을 배우기 위해 먼 길을 떠났다. 중간 경유지인 안티옥에서 귀중한 아랍 서적들을 손에 넣기도 했다. 그런가하면, 이미 3백 년 전에 아랍어로 번역되어 있던 유클리트의 『원론』Elements of Geometry과 프톨레마이오스의 천문학 교과서 『알마게스트』Almagest를 포함하여 아랍어판 그리스 문헌들을 라틴어로 번역했다. 그리고 새로운 천문학과 수학 개념들을 배워 이를 서반구 지식인들에 전달했다. 그것은 아직은 서반구에 낯설기만 한 과학 정신을 일깨운 계기가 되었다.

크레모나의 제라드는 12세기 톨레도에서 무려 70여 권에 달하는 아랍어 문헌을 라틴어로 번역하여 서반구 전역에 퍼뜨렸다. 13세기 초 프리드리히 2세Friedrich II, 1194-1250도 아랍 학문을 인정하고 후원한 기독교 왕이었다. 그의 후원 아래서 스코틀랜드인 마이클 스콧Michael Scott, 1175~1232은 아랍어를 배운 뒤 아베로에스의 책들을 번역해 기독교 세계를 신선한 충격을 안겨주는 역할을 하였다. 아랍인들이 그리스어를 익혀 서구의 고대 유산을 자신의 것으로 만들었듯이, 서구인들은 아랍어를 익혀 이슬람으로부터 자신들의 문명을 역수입한 것이다. 아리스토텔레스의 철학을 계승하고 발전시킨 페르시아 사상가 이븐 시나와 이븐 루쉬드의 주요 저작들을 번역했고, 그가 소개한 자연 철학은 후에 중세 서반구의 신학과 형이상학에 대변혁을 일으키는 불씨가 되었다.

서반구에 소개된 과학과 철학의 새로운 지식은 이제 자유롭게 전통적인 기독교 교리뿐만 아니라 다양한 실용적 학문분야의 주제들과 만나면서 그 폭을 확대하기 시작했다. 그 결과 세상에 대한 서반구인들의 인식과 방법에 있어서 혁명적인 변화가 나타났다. 이것이 구체적으로 문명화된 것이 바로 서반구의 르네상스라고 할 수 있다.

번역 작업은 아랍어나 아랍 학문에는 능통하지만 라틴어를 잘 모르는 유대교도나 모사라베Mozarabe[76], 그리고 아랍어 지식이 충분하지 못한 라틴 학자가 짝을 이루어 집단적으로 행해졌다. 아랍 학자가 원문을 카스티야어와 같은 통속어로 옮기면 그것을 라틴학자가 다시 라틴어로 옮기는 릴레이식 번역이었다. 이런 번역 사업은 최절정에 달했다.

번역자들 중에는 무슬림뿐만 아니라 스페인과 서반구의 여러 지역에서 온 유대인들과 기독교인들도 포함되어 있었다. 다양한 국적의 번역자들은 15세기 말 유대인과 무슬림이 스페인에서 추방될 때까지 활동했다. 번역 활동은 사실상 '12세기의 르네상스'라 할 만한 부흥을 낳았다. 이는 과거 서구에서는 결코 구할 수 없었지만 무슬림에 의해 부활된 고전 지식을 서반구의 수도원과 다른 학문 중심지의 도서관에 제공하는 결과를 가져왔다.

이들의 동료, 후배들은 유클리드와 히포크라테스로부터 프톨레마이오스, 갈레노스 등에 이르는 유명한 그리스 학자들의 저서들을 번역했다. 물론 이 번역은 알 라지, 이븐 시나, 알 콰와리즈미 등과 같은 무슬림 사상가들이 수정하고 주석을 붙인 저서들이었다. 번역자들의 관심 범위는 다양하여 의학, 자연 세계, 기상학, 지리학, 수학, 물리학 등을 망라했다. 무슬림들의 풍부한 유산에 영감을 받은 서반구 학자들은 자신들의 주변 세계에 대한 시각을 근본적으로 바꾸어야 했고 당대의 지적이고 기술적이며 사회적인 목적을 다시 설정하지 않을 수 없게 되었다.

중세 서반구 말기의 사상가와 학자들은 이슬람 세계에서 유입된 과학적 사고에 큰 영향을 받았다. 이 사고에는 확장된 그리스·이슬람의 지적 유

---

[76] 이슬람으로 개종하지는 않았지만, 아랍어를 배우고 이슬람 문화를 수용한 기독교인들을 일컫는다.

산에 담긴 자연 철학의 개념도 포함되었다. 흔히 무슬림들의 해석과 수정에 의해 여과된 아리스토텔레스와 플라톤의 사상은 기독교 사상과 결합하여 철학적이고 과학적인 연구를 자극하였다. 이 연구에는 신학, 형이상학, 수학, 의학 등 다양한 학문이 포함되었다. 이러한 지적 활동은 상당 부분 중세 말기 서반구에 설립된 대학과 학파들의 후원을 받았다.[77]

당시 많은 번역의 대상 가운데 가장 많은 주목을 받은 것은 역시 이븐 시나Ibn Sina, 980~1037와 이븐 루쉬드Ibn Rushd, 1126~1198의 저술이었다. 이븐 시나는 서반구에서도 그 명성이 높아 '아비센나'Avicenna라는 이름으로 널리 알려지고, 이슬람권 내에서는 '셰이크 알 라이스'학문의 왕라는 별명을 얻어 이슬람 문명이 화려하게 꽃피던 시절을 대표하기에 합당한 인물이다. 그는 열 살 때 벌써 쿠란 전체를 암기하여 낭송할 수 있었고, 의학 부문에서는 독학으로 달인이 된 사람이다. 구르간즈, 투스, 주르잔, 레이, 카즈빈, 하마단, 그리고 이스파한까지 30여 년 동안 중앙아시아와 페르시아를 떠돌아 다녔으며, 4백 편이 넘는 저술을 남겼다.

지금 전해지는 것은 240편 남짓하지만, 철학, 종교학, 고고학, 의학, 수학, 천문학, 화학, 심리학, 지리학, 언어학 등 거의 모든 학문분과의 주제가 아랍어와 페르시아어로 써졌다. 이처럼 이븐 시나의 학문은 전방위적이었고, 특히 의학과 철학분야에서 후세에 큰 영향을 끼쳤다. 그의 저술 『의학정전』은 갈레노스의 의학을 기본으로 하지만, 아랍과 페르시아의 전통 요법과 임상 실험을 통한 지식이 덧붙여져 있다. 그것은 서반구에서 번역되고 널리 보급되어 17세기까지 의과 대학의 기본 참고서가 되었다.

---

77) 하워드 R, 위의 책. 294쪽.

[그림22] 제왕절개 수술 중인 이븐 시나
@ Iranian Historical Photographs Gallery. www.fouman.com

이븐 루쉬드라는 철학자는 안달루시아에서 가장 명성을 떨쳤던 사람이었다. 그는 최고의 아리스토텔레스 연구자였으며, 평생 26권에 달하는 아리스토텔레스 저서에 대한 주해서를 저술했다. 중세 말이라고 할 수 있는 13~14세기 동안 이븐 루쉬드는 신앙에 짓눌린 이성에게 독립적인 가치를 부여하려는 서반구 지식인들에게 커다란 자극이 되었고, 이는 결국 서반구 르네상스에 직·간접적으로 영향을 주게 되었다.[78] 그는 철학과 종교는 동일한 하나의 진리를 추구하지만, 이 둘은 진리에 대한 표현의 방

---

78) Majid Fakhry, 2001. *Averroes: His Life, Works and Influence*. Oxford: One World Publications. 136

법에서 차이가 날 뿐이라고 했다. 똑같은 진리에 대해 철학은 과학적 방법으로 표현한다면, 종교는 은유적으로 표현한다는 것이다. 이븐 루쉬드가 남긴 아리스토텔레스에 대한 아랍어 주해서들은 안달루시아의 유대인 번역가들에 의해 라틴어로 번역 대상 1순위였다.

[그림23] 터번을 쓴 이븐 루쉬드
피타고라스의 그리스 학문을 염탐하는 모습으로 그려져 있다.
라파엘로의 〈아테네학당〉 가운데 일부.

이렇게 번역된 그의 저술들은 13세기에 이르자 서반구에서 널리 읽혔고, '아베로에스' Averroes라는 라틴어식 이름도 얻었다. 그의 사상을 따르는 추종자들은 '라틴 아베로에스주의자' Latin Averroists라고 불렸다. 이븐 루쉬드의 이중 진리설을 중심으로 이들은 교회의 권력으로부터 철학을 분리시켜 이성의 독립적 가치를 확보하고자 했다. 그 가운데 시제루스Sigerus of Brabant, 1240~1280는 종교와 철학을 실천과 이론적 기능으로 각각 나누었다. 이걸 정치적인 차원에서 교회와 국가의 역할도 분리시키려 종교 재판에서 유죄를 선고 받기도 했다.

그의 혁신적인 시도는 토마스 아퀴나스Thomas Aquinas, 1225~1274에게 계승되어 꽃을 피운다. 신앙을 이성보다 위에 두는 중세 기독교 교리를 변화시켜 이성과 신앙을 화해시키고 이성의 지위를 높인 그의 노력은 르네상스와 근대 과학의 중요한 초석이 되었다. 이 과정에서 이븐 시나와 이븐 루쉬드는 단지 아리스토텔레스 형이상학의 전달자가 아니라 그의 자연 철학을 보존하고 발효시켜 합리주의의 전 단계로 숙성시킨 위대한 사상가였다.

그 외에도 주요 번역 대상이 되었던 학자들은 적지 않았다. 대수학을 정립한 알 콰리즈미al-khwarizmi, 800~847가 대표적이다. 영어에서 대수를 뜻하는 '알지브라' algebra는 그의 저서인 알 무까발라al-jabr wa al-muqabala에서 나왔고, '알고리즘' algorithm은 그의 이름 알 콰리즈미al-Khwarizmi에서 나왔다. 천연두를 최초로 발견, 치료하고 알코올과 수은 등의 화학 물질을 사용하는 요법을 개척해서 중세 임상 의학의 최고봉이 '라제스' Rhazes라고 알려진 알 라지al-Razi, 854~925, 별의 목록을 만들고 삼각법을 천체관측에 도입한 바타니al-Battani, 858?~929도 주요 번역의 대상이었다.

그런가 하면, 외과 수술의 일인자로서 서반구 의사들에게 큰 감명을 주었던 아불 카시스Abulcasis, 936~1013, 지구의 둘레와 위도, 경도를 정확히 측정한 알 비루니al-Biruni, 973~1048, 천체 대기차를 연구하는 한편 시각의 메커니즘을 과학적으로 이해할 수 있는 돌파구를 마련한 이븐 알하이삼Ibn al'Haitham, 965~1040, 그리고 2차 방정식과 3차 방정식의 해법을 크게 발전시킨 우마르 하이얌Omar Khayyám, 1048~1131역시 주요 번역의 대상에 포함되었다.

서양 중세철학의 바탕이 되었을 뿐 아니라 이슬람 특유의 사상체계를 수립하여 오늘날까지 영향을 크게 끼치고 있는 법학의 이븐 한발Ibn Hanbal, 780~855, 지리학의 알 마수디al-Masudi, 896~956, 그리고 이슬람 철학의 알 킨디al-Kindi, 803~873, 알 파라비al-Farabi, 875~950, 알 가잘리al-Ghaz li, 1058~1111, 이븐 알 아라비al-Arbai, 1165~1240, 역사학의 이븐 할둔Ibn Khaldun, 1332~1406 등도 번역의 우선 순위를 차지했다. 그리고 시대를 뛰어넘어 세계 문명사에 큰 영향을 주었다.

주석과 번역은 '절대 오류가 없는' 그리스 과학자들의 가르침을 희석시키는 일이라는 반발도 없지 않았다. 그러나 그리스 고전의 원저자들, 여기에 아랍어로 주석을 단 중반구의 학자들, 그리고 그것을 다시 라틴어로 번역한 중반구와 서반구의 천재들은 이제 곧 도래하게 될 르네상스를 위해 길을 닦은 주역들이다.

제 III부

중반구의 기억을 찾아서

1장 오리엔트에서 피어난 문명 헬레니즘

2장 중반구의 주인들

3장 경계를 넘은 사람들

제III부 1장
오리엔트에서 피어난 문명 헬레니즘

1. 오리엔트의 배경

오리엔트 문명은 중·고등학교 교과서에서부터 자세히 다루어지고 있으니 다시 설명한다는 게 좀 지루할 수도 있다. 그러나 그것은 일반적으로 서구의 입장을 대변하고 있기 때문에 우리는 좀 달리 볼 필요가 있다. 결과는 같을 수 있지만 과정은 엄연히 다르다. 그 과정은 결국 세계사를 읽는 시각을 좌우하기 때문에 중요하다.

서반구의 역사는 크레타Creta 문명에서 시작되었다. 크레타는 그리스 남쪽 지중해 한가운데 있는 제주도의 다섯 배 정도 크기의 섬이다. 남쪽으로는 이집트, 동쪽으로는 오리엔트 문명의 기운을 받아 종합적인 해양 문명을 이룬 곳이다. 크로노스가 태어나는 자식들을 모조리 잡아먹자 화가 난 그의 아내 레아가 남편 몰래 아들 제우스를 안고 도망 와서 키운 곳이기도 하다. 제우스의 아들 미노스에 이르러 크레타는 전성기를 맞게 된다. 그곳에는 사람의 몸에 소의 머리가 달린 괴물 미노타우로스가 사는 곳이라고 소문이 났다. 이 때, 원시의 잠을 자고 있던 북쪽 아테네에서 용장 테세우스가 등장했다. 그리고 크레타 문명의 상징인 괴물 미노타우로스를 처단했다. 주변 문명에 지나지 않았던 크레타 문명이 그리스 본토로 넘어가서 마케네Mycene 문명을 이루게 된 계기이다. 기원전 1500년 전후의 일이다.

그러나 그리스가 문명의 꽃을 피우기 이전이라고 해서 그리스 바깥의 다른 세상마저 원시나 야만의 시대를 살았던 것은 아니다. 오리엔트에서는 기원전 2300년경 이미 아카드Akkad 왕국이 통일을 완성했다. 우리나라 역사에서 단군 신화의 시대에 해당한다. 그리고 기원전 1800년경에는 바빌로니아 왕국이 체계를 갖춘 국가의 형태로 등장한다. 이때 함무라비 법조문이 완성되었으니 그 문명의 수준에 놀라지 않을 수 없다. 기원전 1600년경, 이 바빌로니아를 이어받아 다시 오리엔트를 통일한 이들이 바로 히타이트Hittites이다. 그들은 청동기를 철기로 바꾸면서 인류 문명의 대 전환을 이루었다.

그러나 히타이트는 기원전 1200년경에 사라지고, 그 다음 등장한 나라가 페니키아Phoenicia다. 구약 성서에 나오는 솔로몬과 다윗 시대의 배경이다. 페니키아에 이어 헤브라이, 메디아, 아시리아 등이 등장한다. 그들의 무대는 아리아인들이 이합 집산을 이룬 이란 고원이다. 아리아인의 한 갈래인 초창기의 이란족들은 당시 그 땅을 지배하고 있던 메소포타미아의 수메르나 바빌로니아에 맞서 용병으로 싸우다가 고원을 장악해버렸다. 그리고 아리아인의 땅이라는 뜻의 '이란'을 세우게 되는데, 남부 이란과 소아시아에 걸친 메디아 왕국708~550 BCE이 그것이다.

기원전 621년, 이들을 물리치고 등장한 것이 인류 최초의 제국이라 할 수 있는 페르시아, 혹은 아케메니드-페르시아Achaemenid-Persia, 550~330 BCE이다. 오리엔트 문명은 이렇게 하여 페르시아가 대표하기 시작한다. 키루스 2세Cyrus the Great는 본격적으로 정복에 나서 기원전 546년에 오늘날 터키 지역인 리디아를 공격하여 수도 사르디스를 정복하고, 리디아의 속국이었던 에게해 연안도시마저 흡수했다. 이는 단순한 영토 확장이 아니라 중반구 세계가 처음으로 서반구의 그리스 문명을 접하게 된 엄청난 사건이다. 그리고 페르시아는 포용 정책을 펼쳐 그리스인들과 공존의 길을 택했다. 페르시아는 서반구와의 무역로를 개척하여 고대 오리엔트에서 경제적 실권마저 장악했고, 주변 부족 국가들까지 통합했다. 기원전539년에는 바

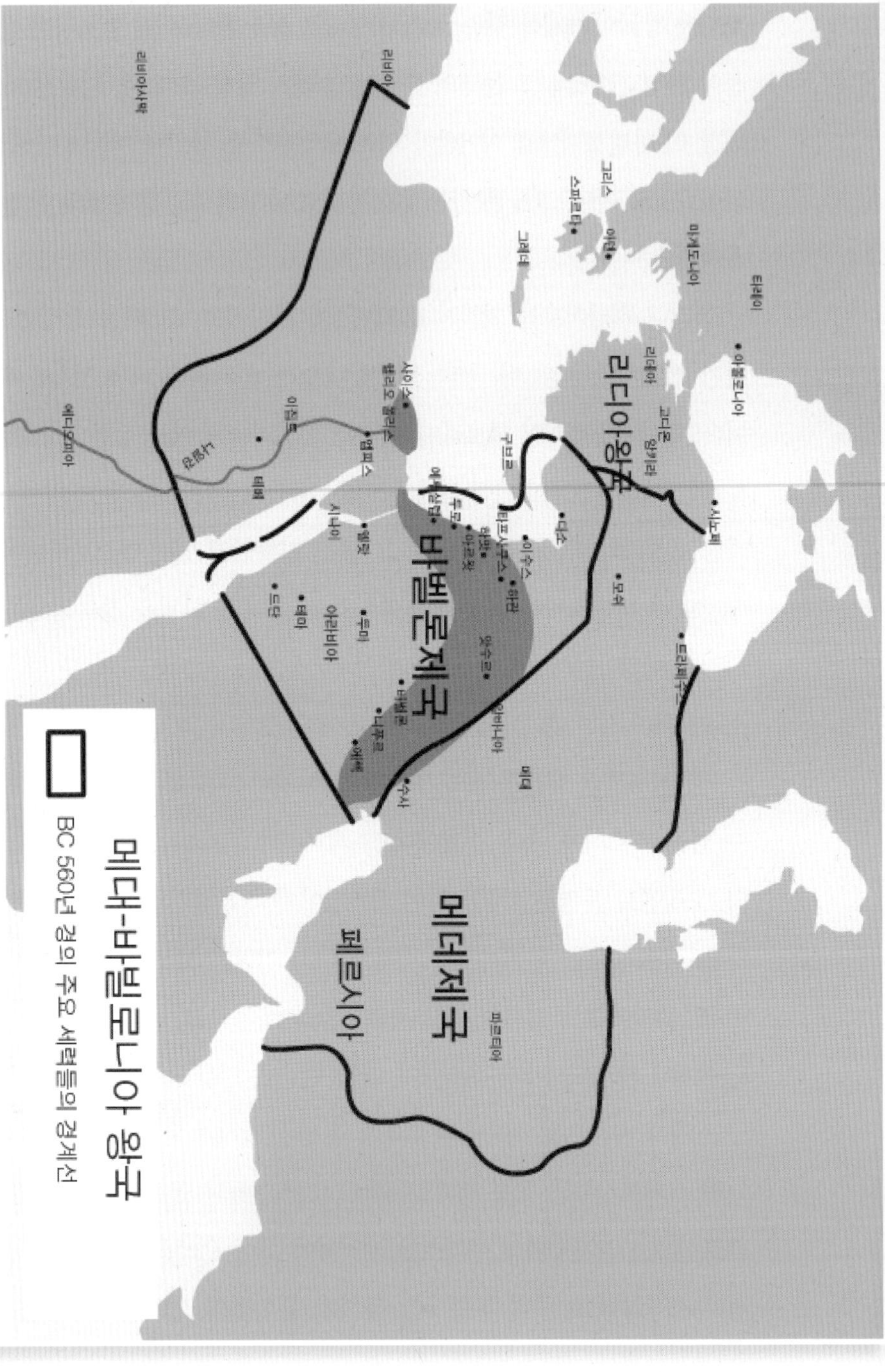

[지도10] 메대-바빌로니아 왕국

빌로니아마저 정벌하였다.

바빌로니아는 백성들로부터 이미 상당한 저항을 받고 있었고, 최고신이었던 마르둑의 신관들까지 나보니두스 왕에게 등을 돌리고 있었다. 바빌로니아를 키루스는 정복한 평화의 실현자였다. 고대 메소포타미아 열국의 종교와 관습을 존중하면서 바벨론에 끌려와 포로 생활 중에 있었던 유대인을 해방시켰다. 그의 다민족, 다문화, 다종교의 통치 이념은 21세기에도 여전히 유효한 보편적 가치관이라고 할 수 있다. 베르디의 오페라 〈나부코〉에서 불리는 그 유명한 '히브리 노예들의 합창'은 바로 이 장면을 배경으로 한 것이다. 구약 성서는 페르시아의 왕인 키루스를 유대 포로민들의 해방자로 환영하고 있으며 이사야 44:27-45:8, 고향으로 돌아가 예루살렘 성전을 재건하도록 허락하였다고 기록한다 에스라 1:1-4. 당시에 그가 발표한 인권선언문은 소위 '키루스 실린더' Cyrus Cylinder에 설형 문자로 새겨져 전해지고 있다.

[그림24] 키루스 실린더 (British Museum)

키루스가 죽고 그의 아들 캄비세스 2세Cambyses II가 등장하면서 정복 전쟁은 계속되었다. 그는 부왕의 유업을 계승하여 이집트 원정에 올라 이집트의 수도 멤피스를 함락하더니, 기원 전 525년에 드디어 고대 오리엔트 통일의 위업을 달성하였다. 스스로 이집트 27 왕조의 파라오가 되었지만, 그는 다시 서쪽으로 진격을 계속하다가 5만 군대를 모래바람에 잃고 말았다. 이디오피아 원정마저도 참담한 실패를 맛보게 된다. 그 와중에 설상가상으로 본국으로부터 내란의 급보를 접하여 회군하였으나, 결국 시리아 인근에서 우울과 실의에 빠져 자살하고야 만다.

캄비세스 2세의 죽음으로 야기된 혼란을 수습하고 왕으로 즉위한 사람이 다리우스 1세Darius I다. 그는 인도 북부에서 오늘날의 불가리아 남부까지 영토를 확장했다. 페르시아 영토의 북서쪽으로는 발칸반도의 남동부, 남서쪽으로는 이집트 남부 누비아까지, 남쪽으로는 페르시아만에서 시리아 사막 북변을 거쳐 홍해까지, 동쪽으로는 인더스강에 이르는 광대한 영토를 포함하였다. 실로 다리우스 시대에 아시아 유럽·아프리카 3대 대륙에 걸친 세계 제국이 건설된 것이다. 아케메니드-페르시아 제국은 불과 70여 년 만에 세워진 셈이다. 최대의 판도를 그렸을 당시 페르시아는 동쪽으로 아프가니스탄, 파키스탄의 일부에서부터 이란, 이라크 전체 흑해 연안 대부분의 지역과 소아시아 전체, 서쪽으로 발칸반도의 트라키아, 현재의 팔레스타인 전역과 아라비아반도, 이집트와 리비아에까지 이르렀다.

지중해와 홍해를 잇는 운하의 원형도 다리우스 시대에 시도되었다고 하니, 1869년 192㎞ 길이로 개통된 세계 최대의 수에즈 운하는 약 2,500년 만에 완성된 것임을 알 수 있다. 뿐만 아니라 그들이 가졌던 문명의 수준이 어느 정도였는지 짐작할 수 있다. 다리우스는 제국의 각주를 연결하는 종횡의 도로망 건설에 착수하게 되는데, 소아시아 사르디스Sardis에서 시작하여, 타르수스Tarsus, 하란Haran을 거쳐, 티그리스강을 건너 페르시아의 겨울 수도였던 수사Susa를 연결하는 소위 '왕의 길' Royal Road이 그것이다. '왕의 길'에는 전 지역에 총 111곳의 역관이 설치되어 왕의 칙령을 전하기 위한 역마가 항상 준비되어 있었고, 총 길이는 2,698km에 달한다. 보통 대상隊商들이 이 길을 지나기 위해서는 90일이 필요했으나, 왕의 칙령은 불과 7일 만에 주파할 수 있었다.

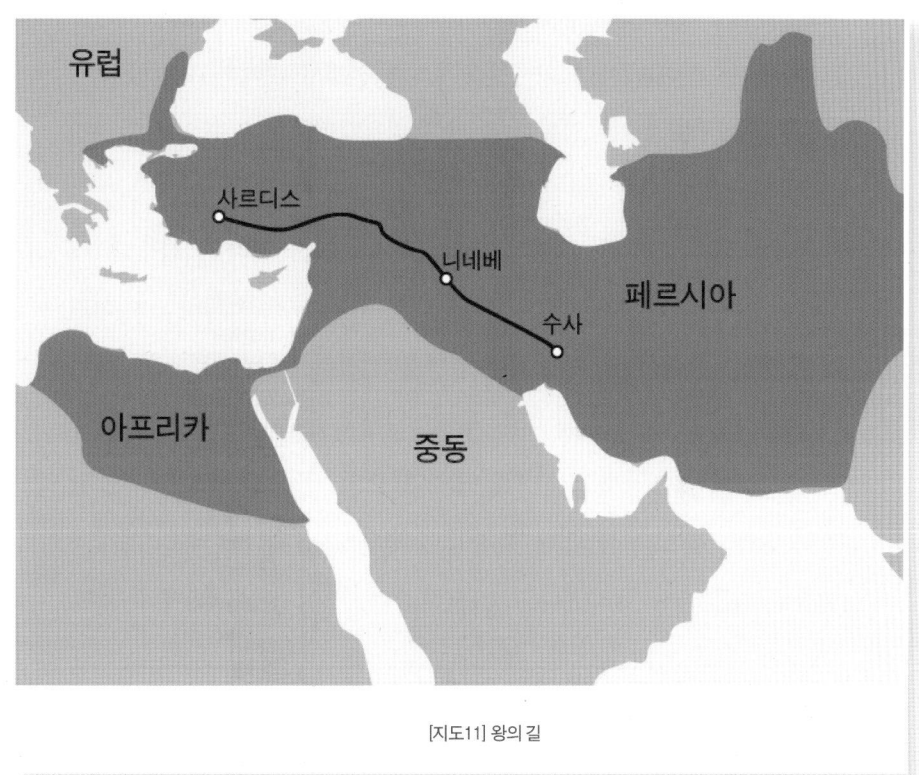

[지도11] 왕의 길

'왕중의 왕'이라 불렸던 다리우스 1세는 재위 중에 세 차례나 전쟁을 벌였다. 기원전 514년경에 이루어진 1차 원정은 보스포루스Bosporus

를 건너 트라키아Thracia를 우회하여 남부 러시아 초원 지대에서 활동하고 있던 기마 유목 스키타이를 정벌하고자 나섰지만 실패하고 말았다. 2차 원정에서는 그 유명한 '마라톤 전투'에서 퇴각한다. 그리고 아테네를 중심으로 한 그리스 연합군과 마라톤 평원에서 대 혈전을 벌였으나 또 한 번 참담한 패배를 맛보게 된다. 결국 제3차 원정을 준비하는 과정에서 유명을 달리하고야 만다. 뒤를 이은 인물이 그의 아들 크세르크세스 1세Xerxes I, r. 486~465 BCE이며, 구약 성서에 등장하는 아하수에로와 동일 인물이다. 그는 기원전 480년 대군을 이끌고 사르디스를 출발했으나, 살라미스 해전에서 대패하고 말았다.[79] 이 전쟁을 배경으로 한 영화가 소위 오리엔탈리즘의 전형으로 알려진 《300》이다.

헤로도토스는 그의 저서 『역사』 The Histories에서 마라톤 전투를 대서특필했다. 그가 그린 페르시아에 대한 유약하고 쇠퇴하는 이미지는 후대의 저자들에게도 강력한 영향을 끼쳤다. 헤로도토스는 페르시아 제국이 키루스 시대 이후 급속히 부패하고 쇠퇴하였으며, 황제는 여성처럼 유약했고 사치를 좋아했으며, 궁중은 부와 사치, 질투와 암투, 음모와 잔학한 행동들이 만연하여 제국의 관리 체계가 제대로 기능하지 못하였다고 기술하였다.[80] 여기에는 대제국 페르

---

79) 헨델F. Handel, 1685~1759은 이를 배경으로 오페라 Serse(Xerxes)를 작곡했다. 유명한 아리아 Ombra mai fu는 크세르세스가 궁궐로 돌아와 과거를 회상하며 회한에 차 노래하는 내용이다.

80) H. Sancisi-Weerdenburg, 1987. "Decadence in the empire or decadence in the sources: Ctesias, from source to synthesis," *Achaemenid History I: Sources, Structures and Synthesis*, ed. by H. Sancisi-Weerdenburg. Leiden. 33-45.

시아를 물리친 그리스의 자긍심과 함께 자신들을 침공하여 약탈한 페르시아에 대한 적의가 반영되었을 것이다. 그리고 나중에는 이것이 고대 페르시아에 대한 서반구의 일반적인 이해로 자리를 잡게 되었을 것이다.

다리우스 1세는 메소포타미아 양식의 영향을 받은 웅장하고 장엄한 왕궁 복합 단지를 건설했다. 페르세폴리스가 그것이다. 이 페르세폴리스는 아케메네스 왕조의 상징으로 왕조 도시의 걸출한 예이다. 다리우스 1세는 이 왕궁을 통치의 중심지로서만이 아니라 주로 아케메네스 왕가와 제국의 알현식과 연회를 위한 공간, 그리고 연극 무대로 사용했던 것으로 보인다. 세계에서 가장 큰 건축학적 유적으로, 역사상 유례를 찾을 수 없는 고대 문명의 독특한 자질을 보여 주는 증거로 평가된다.

전쟁의 패배에도 불구하고 영토 자체는 이처럼 큰 영향을 입지 않았기 때문에 페르시아에서는 이런 일들을 대수롭지 않게 생각한 것으로 보이지만, 크세르크세스가 죽자 페르시아는 서서히 몰락의 길을 걷게 된 것은 사실이다. 피정복민들은 줄지어 반란을 일으키고 지배층은 분열하더니 최후의 왕 다리우스 3세 때인 기원전 334년, 그리스를 통일한 마케도니아의 알렉산더 대왕으로부터 철퇴를 맞고 결국 무너지고야 만다. 이로써 찬란했던 페르시아는 역사의 뒤안길로 사라지게 되고, 알렉산더는 그리스 본토를 포함하여 페르시아의 전 영토를 아우르는 대제국을 건설하게 된다. 『플루타르크』 Plutarch's Lives에 따르면, 그들은 20,000마리의 노새와 5,000마리의 낙타에 페르세폴리스의 보물을 실어 갔다고 한다. 그리고 페르세폴리스는 폐허로 남았

[그림25] 파괴된 페르세폴리스 유적지

지만, 여전히 그 위용을 자랑하고 있다.

이것이 기원전 4세기 알렉산더가 등장하기 이전까지 오리엔트 세계의 모습이다. 유럽은 아직 문명의 눈도 뜨지 못한 상태의 원시림이나 마찬가지였으니, 서양도 동양도 따로 존재할 리가 없었던 시대였다. 오리엔트는 장차 등장하게 될 서반구와 동반구 문명의 젖줄이었으며, 오리엔트 스스로는 중반구 문명의 터전이었다.

2. 오리엔트를 탐한 사나이

그리스가 마라톤 전투와 살라미스 해전에서 크게 이겼지만, 그리스에는 여전히 뚜렷한 구심점이 없었다. 노예제가 발달하면서 자유민이 몰락하고, 시민들은 폴리스Polis에 대한 열정과 애착심을 잃고 정치에 무관심해졌다. 이 혼란한 틈을 타 돌연히 나타난 것이 마케도니아 왕국이다. 그때까지 일개 부족 국가에 지나지 않았던 마케도니아 왕 필리포스 2세는 자신의 아들 알렉산더356~323 BCE를 당대 최고의 학자 아리스토텔레스 문하에서 공부를 하도록 했다. 철학과 의학 및 과학적 탐구는 물론이고 무예까지 익혀 그야말로 문무를 겸비토록 했다. 그리고 2년 후, 왕위를 이어받은 알렉산더는 겨우 20세의 어린 나이였다. 그럼에도 불구하고 아테네를 비롯한 그리스의 여러 폴리스들을 단숨에 굴복시켜 확실하게 통치권을 확보했다. 그리고 기원전 334년, 그는 드디어 페르시아 원정길에 올랐다. 스물 두 살의 젊은 왕은 보병 약 3만과 기병 5천, 그리스 동맹 연합군 7천가량을 대동하고 소아시아의 연안을 향해 출발했다. 이렇게 시작된 원정은 아프가니스탄과 인도에 이르기까지, 그리고 그가 죽을 때까지 11년간 계속되었다.

페르시아 원정에 나선 알렉산더는 그라니쿠스 강에서 치른 페르시아와의 첫 번째 전투에서 대승을 거두어 그 지배하에 있던 그리스 여러 도시들을 해방시키고, 사르데스까지 진출하여 북시리아를 공격하였다. 원정 2년째인 기원전 333년, 이수스 전투에서 다리우스 3세의 페르시아에게 대승을 거두었다. 그리고 시리아·페니키아를 정복한 다음 이집트를 공략하였다. 기원전 332년, 이집트인들은 알렉산더를 페르시아로부터 자신들을 해방시킨 구원자로 여겨 환영했다.

  그는 이집트의 종교를 존중하여 이집트 신들에게 제사를 지냈고 1,000km가 넘는 사막을 지나 아몬 신전에 참배하기도 했다. 또한 나일강 삼각주에 새로운 도시를 건설하여 알렉산드리아라고 이름붙였다. 이러한 유화정책으로 그는 파라오와 같은 예우를 받았으며 아예 신격화되었을 정도이다. '신(神)의 아들'이라는 신탁을 받은 그가 이때부터 내세운 통치 이념은, 아직 체계화된 모습은 아니었으나, 세계 시민주의Cosmopolitanism를 바탕으로 하고 있었다.[81] 적어도 알렉산더의 통치 행위에서 문명과 야만을 나누는 이분법이나 민족과 인종의 차별은 눈에 띄지 않는다.

[그림26] 이수스 전투에서 다리우스 3세와 싸우는 알렉산더의 모자이크

---

81) 'Cosmopolitanism' https://plato.stanford.edu/entries/cosmopolitanism

기원전 331년, 알렉산더는 다시 군대를 돌려 메소포타미아로 가서, 오늘날 이라크의 모술 근처의 가우가멜라에서 페르시아군을 크게 물리침으로써 결정적인 승기를 잡았다. 바빌론, 수사, 페르세폴리스, 파사르가데에 있던 왕궁도 그의 수중에 들어왔다. 그리고 메디아의 수도이며 지금의 하마단인 엑바타나마저 점령했다. 도망가던 다리우스 3세는 박트리아에서 자신의 신하인 베수스에게 암살되어 대제국 페르시아는 결국 막을 내리고 만다. 하지만 알렉산더는 다리우스 3세가 죽기 전 자신에게 왕중왕의 자리를 선양했다고 선언했다. 암살자 베수스와 그 측근들을 모두 잡아 처형시키고 다리우스의 시신을 수습하여 역대 페르시아 왕들의 묘지에 정중하게 매장하는 등의 호의도 베풀었다. 이 사건으로 알렉산더는 페르시아에서 왕위 찬탈자가 아니라 왕의 원수를 갚은 은인으로 추앙받고 있으니, 아이러니가 아닐 수 없다.

알렉산더는 다시 동쪽으로 원정을 떠나 이란 고원을 정복한 뒤 인더스강에 이르렀다. 그리고 기원전 327년, 그는 힌두쿠쉬 산맥을 횡단하여 오늘날 파키스탄 중북부의 산간 부족들을 정복하여 인도로 넘어가는 전진기지를 건설하였다. 그러나 열병이 퍼지고 장마가 계속되어 퇴각할 수밖에 없었다. 그는 인더스강을 통해 바다 쪽으로 회군을 했다.

기원전 324년 봄, 페르시아 제국의 수도 수사에 돌아온 알렉산더는 민족 융합 정책을 한층 강화하여 페르시아의 제도를 대폭 수용했다. 페르시아의 일부 다처제 풍습에 따라 스스로 아케메네스 왕조의 공주 두 명과 혼인을 하는 동시에 자신의 측근 수십 명에게도 페르시아와 메디아의 귀족 여인들과 합동 결혼식을 올리게 했다. 병사들에게도 현지 여인들과의 혼인을 장려하고, 현지 의상도 즐겨 입도록 했으며, 왕을 만나러 오는 신하들에게는 페르시아 왕실의 전제적인 알현 의식을 행하도록 했다. 소위 세계 시민주의의 실현이었던 셈이다. 이것이 우리가 알렉산더를 영웅이라 부르는 또 다른 이유이기도 하다. 그는 문명 교류의 가치를 알고 있었고, 실제로 그리스 정신을 바탕으로 하여 오리엔트의 문명을 확산시킨 최초의 인물이었다.

그는 스승 아리스토텔레스로부터 그리스적 세계관을 고스란히 물려받았다. 그 핵심은 그리스 문화의 황금기를 구가했던 아테네의 철학과 예술이라 할 수 있다. 그것은 오늘날 우리가 '인문학'Liberal Arts이라고 부르는 것으로, 그리스 도시 국가의 '자유 시민'Liberal Citizens으로서 갖춰야 할 가장 기본적인 소양 교육인 셈이다. 만약 그의 스승이 아리스토텔레스가 아니라 플라톤이었다면 이야기는 전혀 다른 방향으로 전개되었을 것이다. 플라톤에게 감정은 "제거되어야 할 잡초"에 불과했기 때문이다. 그는 정복지에서도 그들의 서적부터 챙기고 그곳 학자들과 어울렸다. 그가 보여준 문예에 대한 선진적인 인식과 예술에 대한 후원은 1천 5백년 이후에나 전개될 르네상스의 전형이라고 할 수 있을 정도다.

알렉산더는 자기가 정복한 땅에 알렉산드리아라고 이름 지은 도시를 70개나 건설하였다고 한다. 이 도시들은 그리스 문화의 동쪽 진출을 위한 거점이 되었고, 헬레니즘 문화 형성에 바탕이 되었다. 그러나 알렉산더는 기원전 323년, 33세의 젊은 나이로 갑자기 죽고 말았다. 인도에서 돌아오는 길에 이란의 발루치스탄Baluchestan 지역을 지나다 건조한 사막 기후를 견디지 못한 것이다.

그가 남긴 대제국은 세 조각이 났다. 유럽 지역은 마케도니아에서 안티고노스Antigonos 1세가 지배하는 안티고니즈의 왕국으로, 아시아 지역은 시리아에서 셀레우코스Seleucos 1세가 지배하는 셀레우코스의 왕국으로, 아프리카 지역은 이집트에서 프톨레마이오스의 왕국으로 복속되었다. 기원전 324년 알렉산더의 제국 수립으로부터 프톨레마이오스가 로마 제국에 의해 멸망한 기원 후 30년까지 그들이 누렸던 300년 세월 동안의 이 시대를 우리는 헬레니즘 시대라고 한다. 그들의 공간은 서아시아의 대제국이었던 아케메네스조 페르시아의 영토와 거의 그대로 겹친다. 서쪽으로는 마케도니아, 동쪽으로는 소그드, 남쪽으로는 이집트, 북쪽으로는 카스피해 남쪽까지였다.

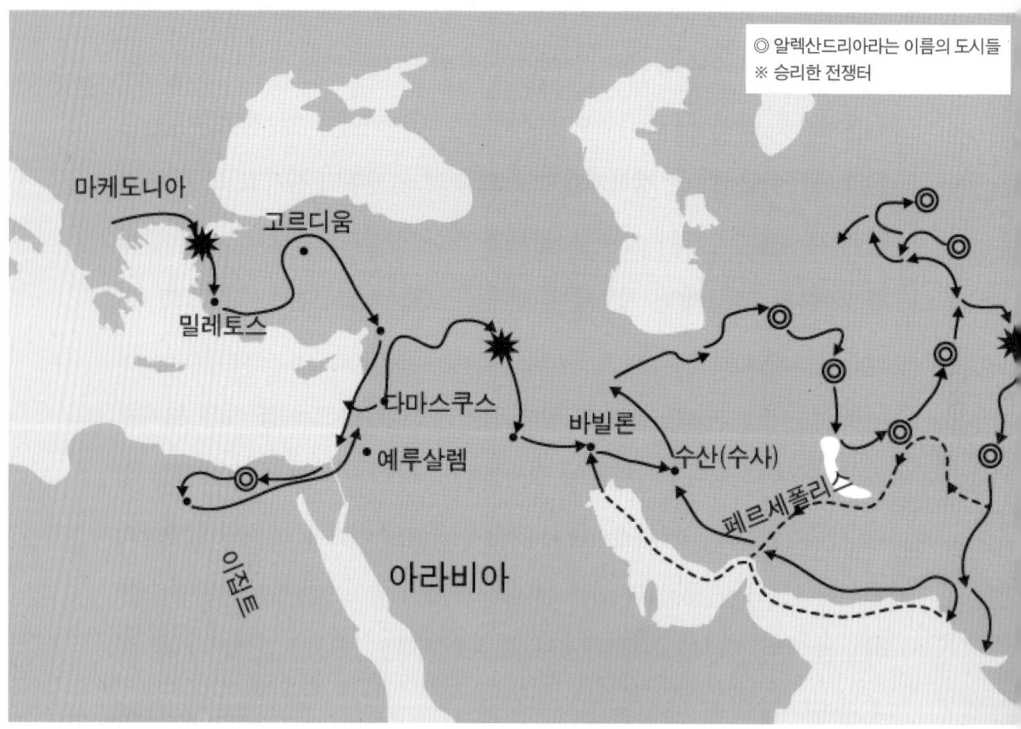

[지도12] 알렉산더의 오리엔트 원정로

안티고니즈 왕조306~168 BCE 마케도니아의 왕은 이집트의 프톨레마이오스 왕조나 아시아의 셀레우코스 왕조와는 달리 신격화되지는 않았다. 오히려 분할 지배를 꾀하는 여러 세력들에 대항하여 대왕의 뜻인 통일 제국의 이념을 지키느라 많은 국력을 소비해야 했다. 결국 메소포타미아·소아시아를 지배하고, 나아가 이집트마저 정복을 꾀했지만, 떠오르는 강국 로마와 벌인 일련의 전쟁에서 패해 로마의 속주로 편입되고 말았다.

셀레우코스 왕조BCE 312~CE 62는 페르시아, 아나톨리아, 아프가니스탄 지역으로 거대한 영토를 통합했지만, 그것은 오히려 왕국의 존속에 지속적인 위협이 되었다. 소아시아의 페르가몬Pergamon, 흑해 남안의 비티니아Bithynia, 흑해 동남부의 파르티아Parthia, 파미르고원 서북부의 박트리아·소그드Bactria-Sogdiana 등 8개의 소국이 분열 대립하는 양상을 통제할 수가 없었다. 이들의 영토 안에는 민족과 문화적으로는 다양성이 특징이었다고 할 수 있다. 그러나 그것은 아직 다문화의 병립이었을 뿐, 공존까지는 이르지 못했다. 그리스인과 마케도니아인만을 지배·통치 계급으로 받아들이는 배타성 때문이었다. 알렉산더가 혼혈을 장려하고, 이란인을 통치 계급으로 받아들이려던 것과는 다른 행보였다. 셀레우코스 왕조는 로마와의 전쟁에서 패해 소아시아를 그 동맹국인 페르가몬 왕국에 넘기더니[82], 결국 기원전 64년에 멸망하고 말았다.

아프리카의 이집트에서 출현한 프톨레마이오스 왕국Ptolemaios, BCE 305~CE 30이 제국의 중심이었다고 해도 과언이 아니다. 각지의 개별 문화가 그리스

---

82) 페르가몬은 오늘날 터키 서부지역에 있는 베르가마Bergama이다. 이집트의 알렉산드리아 도서관에 필적하는 대형 도서관을 보유하고 있었고, 지금도 도성의 구릉 위에는 궁전, 신전, 극장, 제우스 제단 같은 유적이 남아 있다. 제우스 제단의 부조浮彫 등 수많은 유품들이 베를린의 페르가몬 박물관에 소장되어 있다.

문화, 즉 헬레니즘으로 합류할 수 있는 터전이었기 때문이다. 나일 강을 중심으로 국력이 강성할 때는 키레나이카를 비롯한 동부 리비아, 누비아, 팔레스타인, 아나톨리아 해안 전역을 차지하여 명실상부한 동부 지중해의 지배자였다. 나일의 델타 지역에서 풍부한 곡물을 생산함으로써 시장 경제도 활발하게 작동했다. 자연스레 문화적인 욕구도 증폭되었다. 문화 융성에 몰두한 이가 계몽 군주 프톨레마이오스Ptolemaios, 367~283 BCE이다. 그는 역사가이자, 수학에도 조예가 깊었고, 문화의 전당 '무세이온'Museion을 만들기도 했다. 그 거점이 바로 알렉산드리아이다. 본래는 군항이었던 군사 도시를 학술 도시로 탈바꿈시킨 것이다. 이곳에 세운 도서관에는 문학부터 과학까지 당대의 지식을 두루 집대성시켜 60만 권의 도서를 소장했다고 한다. 자연스레 당대의 제자백가들이 속속 집결했다. 유클리드부터 히포크라테스, 아르키메데스까지 당대 최고의 지성들이 알렉산드리아를 생활의 터전으로 삼았다. 군주의 자금으로 운영되는 일종의 국책 '싱크탱크' think-tank였던 셈이다.

  이렇게 해서 시리아의 셀레우코스 왕국과 이집트의 프톨레마이우스 왕국은 약 250년 동안 중반구 지역에 그리스의 헬레니즘 문화를 이식하고 뿌리내리게 하는 중심지가 된다. 이들이 점령한 중반구, 즉 이집트, 메소포타미아, 그리고 페르시아에는 그리스어와 그리스 문명, 그리스식의 자유주의와 시민사상이 전파되었고, 동시에 그것은 현지의 문명을 만나 융합 문명을 이루게 된다. 이 문명의 충돌과 융합의 결과를 우리는 헬레니즘Hellenism[83]이라 부르는 것이다. 헬레니즘이란 말은 그리스인을 의미하는 '헬

---

83) 헬레니즘이라는 개념이 처음 사용된 것은 1833년 John Gustav Droysen의 저서 *Geschichte Alexanders des Großen* 에서부터였다.

렌' Helen이라는 말에서 유래했지만, 그것은 로마로 이전되어 이른바 기독교 문화권으로 대체될 때까지 약 500여 년 간 지속된다. 그러나 우리는 이런 일반화된 정의를 곱씹어 봐야 한다. 오리엔트 문명은 결코 그리스 문명에 일방적으로 흡수되어 동화된 문명이 아니기 때문이다.

따지고 보면, 헬레니즘에 알렉산더의 기여가 있었다면 사실상 10 년간의 군사적 정복 활동에 지나지 않았고, 실제 그 바탕에는 오리엔트 페르시아 제국이 일궈놓은 엄청난 문화적 영토가 있었다. 비록 시리아의 셀레우코스 왕조와 이집트의 프톨레마이오스 왕조가 그리스의 후예라고는 하지만, 어디까지나 그것은 정치적으로 그러할 뿐, 실제로는 대제국 페르시아를 계승한 오리엔트 문명권 내의 왕조들이었다. 하드웨어는 그리스의 틀이었고, 소프트웨어는 오리엔트 문명의 전통이었던 셈이다.

물론 사회·경제적 측면에서 보여준 그리스인들의 융합적 특징을 간과해서는 안 된다. 그들은 용병과 이민, 상인과 관리 등 각각 다른 신분으로 정복지에 대거 이주하였을 뿐만 아니라, 정복지 원주민들과의 통혼을 장려해 혈연적 융합도 도모했다. 이는 결국 지중해 세계와 오리엔트 세계를 하나의 거대한 교역권 내지는 경제권으로 결합시키는데 큰 역할을 했다. 그래서 대제국이 분열된 후에도 시칠리아로부터 흑해 연안, 나일강으로부터 인더스강에 이르는 광대한 지역은 여전히 하나의 거대한 교역권과 경제권을 유지할 수 있었던 것이다. 지중해 세계와 오리엔트 서아시아 및 중앙아시아에 하나의 거대한 교역권이 형성된 것이다.

이 광범한 헬레니즘 세계에서는 알렉산더가 제정한 기준에 따라 만들어진 주화, 즉 아티카의 주화를 통일적으로 사용하였고, 그리스 상인들은 오리엔트의 상술과 관습을 익히면서 교역을 확대해갔다. 상공업의 급속한 발달은 경제활동의 중심지로서의 도시, 특히 대외 교역의 중추로서의 도시의 번영을 가져왔다.

이집트의 알렉산드리아는 당시에 이미 인구 50만 명이 넘는 대도시로, 헬레니즘 세계의 경제적·문화적 중심지였다. 그밖에 소아시아의 에페수스와 페르가몬, 흑해 입구의 비잔티움, 에게해의 로도스와 델로스섬 등은 교역과 수공업 중심지였다. 티그리스강 하구의 셀레우키아Seleukia와 셀레우코스 왕조의 새로운 수도 안티오크Antioch는 아시아 및 인도와의 교역의 중심지였다. 이는 헬레니즘시대에 나타난 지중해와 오리엔트 세계간의 사회 경제적 융합의 결과라고 할 수 있다.

또한 사상 분야에서도 개인의 자유나 자족自足 등을 추구하는 그리스식 개인주의가 적극적으로 활용되었다. 문화적으로는 이른바 혼합 종교Syncretism 현상이 나타났는데, 아시아 신이 그리스 신과 동격시되고 그리스식 해석이 가해지기도 하였다. 간다라 불교 미술이 대표적인 예라고 할 수 있다.

이처럼 도시 국가의 테두리 안에서만 발달되어온, 그래서 한정적일 수밖에 없었던 그리스 문화는 중반구와의 혼합을 통해 비로소 세계문화의 성격을 갖게 되었다. 보편적 이성에 근거한 세계 시민주의의 흔적이다. 헬레니즘의 세계주의적 풍조를 대표한 사상이 바로 스토아 철학이다. 그리고 사소한 개인적 감정보다 이른바 세계적·보편적 생명을 구할 것을 호소하였다. 아울러 중반구식 극기克己와 금욕주의를 제창하였다. 이것이야말로 헬레니즘 시대에 있어서 문명 간의 교류를 설명해주는 가장 대표적인 사상이라고 할 수 있다. 헬레니즘 시대에 전례없이 발달한 학문이나 예술은 교류를 통해 발생한 융합의 결과였던 것이다.

그들은 광대한 헬레니즘 세계의 일체화를 실현하기 위해서 아티카의 방언인 코이네Koine를 교통어lingua franca로 채택하였다. 이처럼 고대 그리스와 오리엔트 문화가 융합하여 출현한 헬레니즘은 고대 중반구와 서반구 문화의 교류뿐 아니라, 지역 문화혹은 문화권의 발달에도 중요한 역할을 하였다. 유럽에서 로마인들은 그리스인들로부터 헬레니즘 문화를 이어받아 마침내 라틴 문화를 생성시켰고, 서아시아에서 아랍인들은 헬레니즘 문화를 수용해 이슬람 문화를 창조·발전시킨 후, 다시 그 혼합문화를 유럽에 이전해 근세 서반구 문화의 부흥을 촉발시켰다. 인도와 중국을 비롯한 동방제국은 헬레니즘 세계를 통해 사상 처음으로 유럽과 직접적인 접촉을 하게 되어 상호교류의 장이 마련되었다. 이를 도식화하면 다음과 같다.

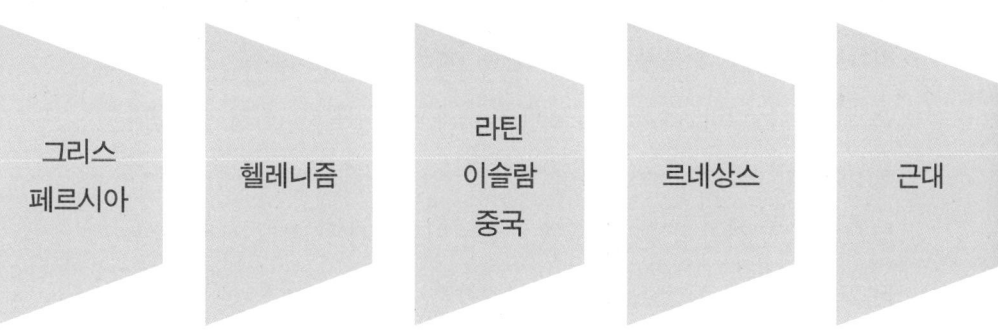

[표4] 헬레니즘의 생성에서부터 근대까지

3. 헬레니즘의 하부 구조

헬레니즘을 배경으로 세워진 나라를 꼽으라면 파르티아, 박트리아, 월지와 쿠샨 등이 대표적일 것이다. 이들이 각각 어떤 방식으로 꽃을 피웠는지 순서대로 따라 가보자.

(1) 파르티아

파르티아Parthia, BCE 247~CE 226는 안식국安息國이라고도 불리며 카스피해 동남부 지역에서 남쪽으로 내려온 이란계 유목민의 일족이다. 이들은 오늘날 타지키스탄 지역인 파르스Fars, 즉 페르시아어의 어원이 됐던지방에서 셀레우코스 왕조BCE 312~CE62의 지방 총독을 몰아내고 나라를 세웠다. 그때까지만 해도 파르티아는 셀레우코스 왕조에 통합되어 있던 8개 소국 가운데 하나에 지나지 않았다. 페르시아나 아프가니스탄 영토는 모두 셀레우코스 왕조의 시리아 제국에 속해 있었다. 파르티아는 비슷한 시기에 세워진 박트리아로부터 인도 서북부의 파키스탄을 빼앗으면서 무서운 속도로 영토를 넓혀갔다. 그리고 아케메네스 왕조 때의 페르시아 영토마저 정복했다. 중앙아시아 쪽으로는 아프가니스탄을 넘어 타지키스탄과 그루지야, 투르크메니스탄까지 장악했다. 동쪽으로는 인도 접경에서부터, 서쪽으로는 티그리스강에 이르는 넓은 지역을 차지하면서 전성기를 이루었다.

이처럼 승승장구하던 파르티아 왕조는 창건자인 아르사케스 1세의 이름을 따 아르사크 왕국이라고도 불렸고 중국에서는 안식국安息國이라 불렸다. 아마도 이란어 '아르사케스'의 음차로 짐작된다. 그런가 하면

'바대'라고도 불렸다.[84] 그러나 오늘날 이란은 이들이 헬레니즘 문화에서 탄생했다는 이유로 정통 페르시아 혈통으로 취급하지 않는다. 오히려 아케메네스·페르시아 제국을 계승한 왕조는 3세기에 탄생한 사산조 페르시아로 여기고 있다.

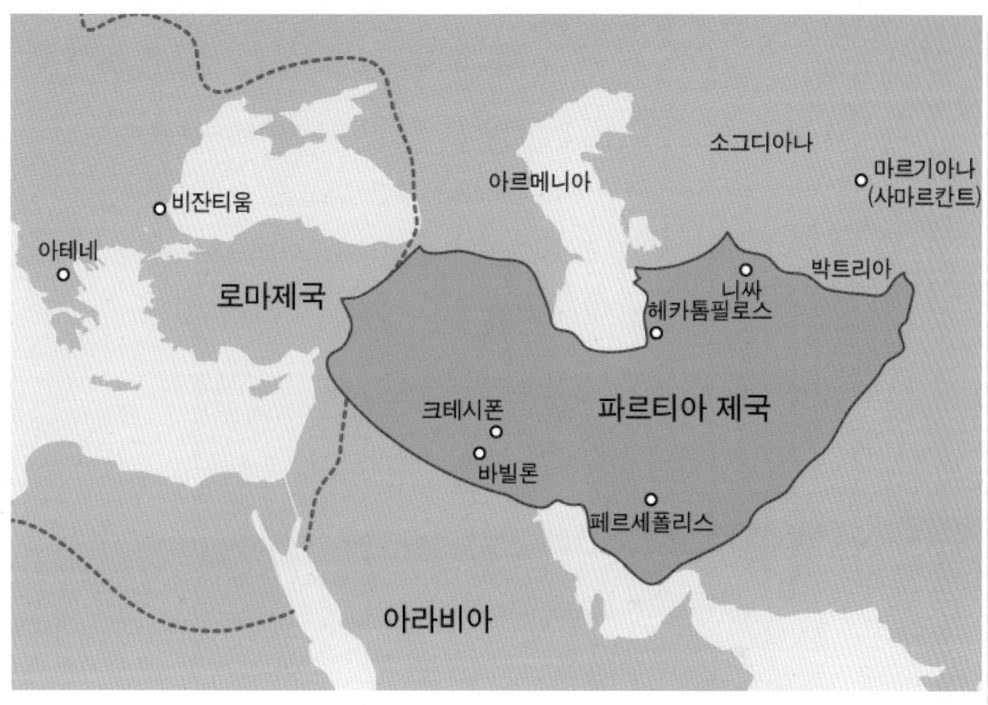

[지도13] 1세기의 파르티아 제국

파르티아는 기원전 53년 카르헤Carrhae 전투에서 로마군에게 치욕적인 패배를 안겨주기도 했다. 카르헤는 오늘날 터키 남동부의 하란 지역이다.

---

84) 신약성경 사도행전 2장에 실린 유대인의 명절인 오순절 이야기에 등장한다. 당시 마가의 집에 모여 있던 성도들이 성령을 체험하고 거리에 나가 전도를 시작하였는데, 그들이 여러 나라와 지방의 말로 말하는 기적이 벌어질 때 현장에 있던 사람들 가운데 '바대인', 즉 파르티아 사람이 있었다.

여기서 파생한 세 가지 중요한 이야기가 있다.[85] 첫째는 파르티안 샷 Parthian Shot이다. [그림27] 4만 명이나 동원한 로마군을 기병 1천 명이 고작인 파트리아 군이 물리쳤던 활쏘기 전술이다. 기수가 말을 달리면서 몸을 돌려 뒤에서 추격해 오는 적에게 활을 쏘는 기술을 말한다. 두 번째는 비단이다. 파르티아군이 북을 울리고 깃발을 들고 진격할 때 로마군이 본 것은 햇빛을 받아 아름답게 휘날리는 비단이었다. 동반구에서 전달된 비단이 중반구를 거쳐 서반구에 알려진 순간이었다. 그리고 세 번째 이야기는 독수리 깃봉이다. 로마군이 이 전쟁에서 자신들의 상징이라고 할 수 있는 깃봉을 파트리아 군에게 빼앗긴 것이다. 이 깃봉은 전쟁이 끝나고 30여 년이나 지난 후 아우구스투스 황제가 외교를 통해 되돌려 받게 된다. [그림28]

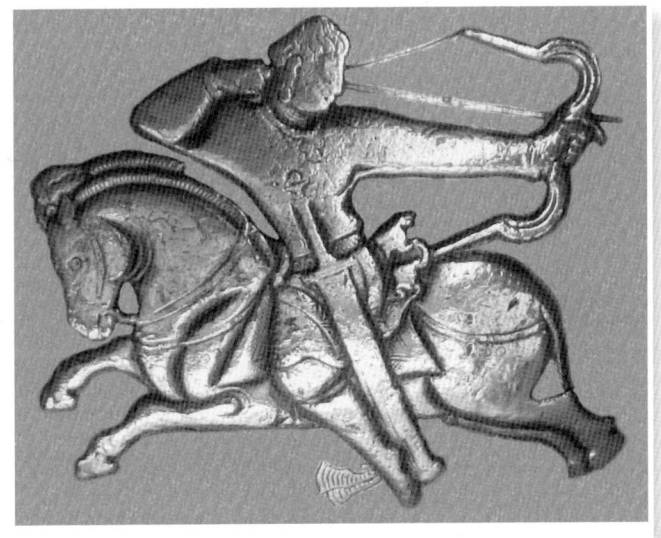

[그림27] 파르티안 샷
Hephthalite horseman on British Museum bowl 460-479 CE

---

85) Robert Collins, "The Deadly Banners of Carrhae." http://www.silk-road.com/artl/carrhae.shtml

[그림28] Augustus of Prima Porta (바티칸 박물관)
깃봉을 건네받는 모습을 가슴에 새긴 아우구스투스. 작가 미상. 기원후 1세기.

파르티아는 실크로드 육로의 서쪽 끝을 장악하여 동서 교역의 매개 역할을 자임했다. 동시에 중국 비단의 로마 수출을 통제하면서 중계 무역으로 엄청난 부를 쌓기도 했다. 이 때 중국 땅에서는 한漢왕조의 무제武帝가 한창 제국을 키우고 있었다. 기원전 2세기에 장건張騫이 이미 개척해 둔 길을 따라 기원후 97년경에는 반초班超, 32~102가 파르티아까지 진출하여 동맹을 맺었다. 수도 크테시폰과 가까운 곳에 한나라 군대를 주둔시키면서 실크로드를 통한 중반구와 동반구 사이의 교류도 활기를 띠기 시작했다. 하지만, 파르티아와 로마의 관계는 긴장의 연속이었다. 이 후 1세기 동안 수도 크테시폰Ctesiphon은 계속해서 로마군의 공격을 받아 세 차례나 점령당하는 굴욕을 겪었다. 파르티아의 국력은 나날이 쇠약해졌고, 결국 기원후 226년 파르스지방에서 일어난 신세력 사산조 페르시아의 아르다시르 1세에게 멸망하고 말았다.

파르티아인들은 중반구에서 수백 년 동안이나 지배 세력으로 자리매김을 했다. 당대에 이미 오랜 전통을 가지고 있었던 페르시아 문화에 별다른 거부감 없이 거의 500년 가까이 존속하면서 페르시아화하여 사산 왕조Sassanid, 226~651까지 이르렀다. 그러나 이를 인정하고 싶지 않았던 사산 왕조는 조직적으로 전대의 유산을 파괴했다. 비록 파르티아가 페르시아의 역사에 있어서는 그 정통성을 인정받지 못하지만, 문명사적인 입장에서는 헬레니즘을 숙성시킨 중요한 역사이다.

(2) 박트리아·월지·쿠샨

대하大夏라고도 불리는 박트리아Bactria, BCE 246~138 CE는 파르티아의 동쪽과 중앙아시아의 경계선인 아프가니스탄 근처에 자리 잡고 있었다. 알렉산더에게 쫓겨 이곳으로 도망 온 아케메네스 왕조의 마지막 왕인 다리우스 3세가 부하로부터 암살당한 곳이 바로 여기다. 그때부터 이 땅은 알렉산더 제국의 일부가 되었다. 알렉산더가 죽은 후 그곳에 남은 그리스 이주민들이 기원전 3세기에 오늘날 아프가니스탄의 발흐Balkh 지역에 수도를 정해 나라를 세웠다. 이 무렵 중국에서는 진시황BCE 259~210이 태어나 대제국을 펼치기 위한 준비 단계에 있었다. 그러나 이웃 셀레우코스 왕조의 시리아 제국은 기원전 189년에 거의 모든 영토를 로마에 빼앗겼다. 그리고 기원전 63년에는 왕조의 본거지인 시리아 땅마저 잃고 말았다. 그들의 몰락 덕택에 박트리아는 오히려 성장할 수 있었다. 서북 인도까지 세력을 확대하면서 힌두쿠시 산맥을 넘어 아무다리야 강 일대까지 정복했고, 아프가니스탄, 투르크메니스탄, 타지키스탄, 우즈베키스탄 등을 기반으로 전성기를 이루었다.

[지도14] 그리스-박트리아의 지도와 그 최대 판도 (BCE 180)

박트리아의 그리스인들은 개인 이성과 세속주의에 바탕한 헬레니즘 문화를 가지고 간다라 지역으로 진출했다. 그곳에서 불교를 만나게 되었다. 기원전 6세기 인도 동북부 히말라야 산맥 기슭의 인도 토착 신앙에 뿌리를 두고 발흥한 종교다. 그것은 실크로드를 통해 중앙아시아로 전파되었다. 아쇼카 왕의 포교로 서북 인도간다라에 진출한 뒤 헬레니즘과 만나 세계 종교의 뼈대를 세우게 된 것이다. 문명사적으로 매우 중요한 사건이다. 간다라 불교 문화는 헬레니즘이 실크로드를 통해 낳은 문화사적 열매라고 할 수 있다. 기원전 2세기 박트리아의 메난드로스Menandros 왕과 현자 나가세나Nagasena, 那先와의 대화를 담은 팔리어 경전 『밀린다왕문경』彌蘭陀王問經 Milinda Pañha이 바로 함축된 증거 사료이다.

그러나 박트리아의 전성기는 여기까지였다. 내분과 반란이 잇달았고, 서쪽에서는 파르티아가, 북쪽에서는 흉노에 쫓긴 월지국으로부터 침략을 당하다가 결국에는 기원전 138년에 멸망하고 말았다.

월지月氏, Yueh-Chih, BCE 300~50 족은 기원전 3세기경 현재 중국의 감숙성 일대를 중심으로 살아가던 민족이었다. 그들은 흉노에 쫓겨 파미르고원 근처의 아무다리야 강까지 밀려났다. 그러나 이곳에서 박트리아를 멸망시킴으로써 다시 재기에 성공한다. 이들은 중앙아시아로 이동해서 정착한 후 중국에 남아있던 월지와 구분해 대월지大月氏라 부른다. 그리고 한나라가 장건을 보내 흉노를 치기 위한 동맹을 원하지만 그들은 거절한다.

어쨌든 기원전 2세기 후반부터 기원후 1세기까지 월지는 중앙아시아를 장악했다. 특히 중국과 서역을 연결하는 실크로드의 중계 무역을 통해 전성기를 이루었다. 기원 후 50년 경 이들은 힌두쿠시 산맥을 넘어 인도로 진출했다. 이 무렵 인도는 마우리아 왕조가 무너진 후였다. 마침 인도 서북부를 차지하고 있던 파르티아도 내리막길을 걷고 있었다. 월지족은 손쉽게 인도 서북부 지역을 정복하고 나라를 세웠다. 그 나라가 바로 인도 최강의 왕조인 쿠샨 왕국이다.

쿠샨 왕국30~375 CE은 토하리스탄 지방에 출현한 오아시스 국가였다. 이들은 상당히 강력해서 토하리스탄 지방뿐만 아니라 남쪽으로 아프가니스탄, 파키스탄, 더 나아가 인도에까지 세력을 뻗혔다. 그리고 간다라 지방의 페샤와르를 수도로 삼았다. 간다라 지방은 오래전부터 문명의 교차로였다. 기원후 1세기경에는 간다라를 포함한 쿠샨 제국의 통치자들이 로마와 계속 접촉을 해왔다. 이곳을 중심으로 대승 불교와 불상간다라 불상이 탄생했다.[그림29] 간다라 미술은 헬레니즘의 영향을 받은 박트리아와 파르티아 문화와 인도의 정통 문화가 합해져 생긴, 일종의 혼혈 미술이라고 할 수 있다. 간다라 유파는 불교 전설을 해석하는 수단으로 고전적인 로마 예술에서 많은 제재와 기법들을 흡수했다. 그러나 기본적인 조상彫像은 인도 고유의 것으로, 소용돌이치는 덩굴무늬, 화관을 쓴 천동天童, 반인반어半人半魚, 반인반마半人半馬 등이었다. 조각상에는 원래 색을 칠하고 금박을 입혔다. 로마 종교의 신인동형적神人同形的 전통에 따라 부처를 젊은 아폴로 같은 얼굴에 로마 황제 비슷한 옷을 입혀 묘사했

[그림29] 간다라 불상
http://www.newworldencyclopedia.org/entry

다. 사리탑과 다른 신성한 건축물을 장식했던 간다라 부조浮彫는 부처의 일대기를 여러 장면에 새겨 불교 예술에 지속적으로 공헌했다. 쿠샨 제국 내에서 불교가 크게 세력을 떨친 사실은 여러 가지 불교 전승을 보아도 명백하다. 특히 쿠샨 제국의 3대 황제 카니쉬카Kanishka, c. 144~171경가 가장 불교를 장려했다. 불교뿐만이 아니었다. 수많은 민족들이 제국 내의 구성원을 이루어 문화적 국제화가 이루어지기 시작했다. 그리고 힌두교를 비롯하여 그 밖의 고대 이란 종교들도 후원하기 시작한 것이다. 카니쉬카 왕은 아소카 왕과 함께 불교의 수호자로 추앙받고 있다. 그는 대승 불교를 만들어 동반구로 전달했다.

쿠샨 왕국이 그리스, 이란, 인도 등에 다양한 문화 유산을 남길 수 있었던 것은 이런 다양한 민족과 문화를 배경으로 하고 있었기 때문이다. 쿠샨은 카니슈카 대제 사망이후 쇠락을 길을 걷게 된다. 이후 3세기 사산조 페르시아에의해 멸망하게 된다.

서반구의 문명사는 헬레니즘이 이처럼 서아시아 혹은 근동 지방이라는 오리엔트 문명을 바탕으로 이루어졌다는 사실을 인정하는 것조차 인색했다. 그러나 우리는 오리엔트가 중반구라는 또 다른 거대한 문명 단위의 일부라는 사실을 확인했다. 이렇게 되면, 오리엔트의 역사와 문화, 그리고 그들이 문명에 기여한 바를, 의식적이거나 무의식적이거나, 폄하하려는 시도가 일단 멈칫할 수밖에 없을 것이다. 결국 헬레니즘은 오리엔트와의 교류에 힘입어 형성된 것이고, 오리엔트는 중반구를 배경으로 하고 있음을 인정하지 않을 수 없기 때문이다. 이렇게 시각을 교정하고 나면, 르네상스 역시 중반구와 함수관계를 통해서 확인할 수 있을 것이다.

제III부 2장
중반구의 주인들

1. 사산조 페르시아 제국

사산 제국Sassanid Empire, 224~651은 중반구의 축이라고 해도 과언이 아니다. 아케메니드 페르시아가 알렉산더에게 멸망하고, 기원후 3세기에 이르러 파르티아와 사산조 페르시아가 출현할 때까지 중반구는 주인이 없는 무주공산이나 마찬가지였다. 그 사이 로마 제국은 전성기를 구가했고, 이 때 거의 유일한 독립 왕국이라고 할 수 있었던 파르티아 왕국을 무너뜨리고 설립된 나라가 사산 제국이다.

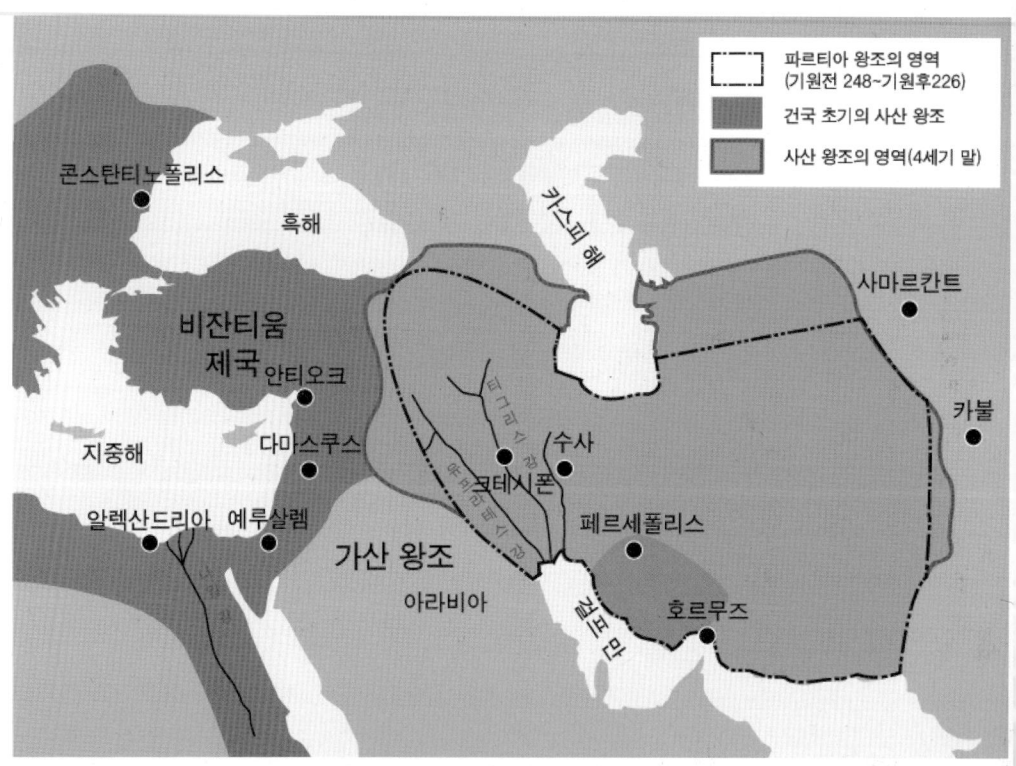

[지도15] 사산왕조의 영역 (4세기 말)

사산Sāsān이라는 제국의 명칭은 파르티아의 영주 출신으로 실제 왕국을 세운 아르다시르 1세Ardashir I, 224~241의 선조 이름에서 따왔다. 당대에 쓰인 국호는 Ērānshahr였는데, 중세 페르시아어인 팔라비어로 아리아인/이란인Ērān의 영역 shahr이라는 뜻이다. 이는 오늘날 이란의 어원이기도 하므로, 사산 왕조의 역사는 이란의 민족사에서도 매우 중요한 부분을 차지한다. 그래서 사산조 페르시아라고도 불린다.

[그림30] 발레리아누스가 샤푸르 1세 앞에 무릎 꿇다.
비샤푸르(Bishapur)의 암각부조.
https://commons.wikimedia.org/wiki

아르다시르 1세를 계승한 샤푸르 1세Shahpur I, r. 241~272는 동쪽으로는 박트리아와 쿠샨 지역까지 세력을 확장하고, 서쪽으로는 로마와 지속적으로 대결했다. 소아시아와 안티오키아도 점령했을 뿐 아니라, 에데사에서

로마 제국의 황제 발레리아누스Valerianus, 200?~260?를 포로로 잡고 안티오키아를 군데샤푸르Gunde-shapur로 고쳐 불렀다. 한때 지중해와 오리엔트 세계를 호령하던 절대 강자 로마 제국의 황제가 이교도의 제국에 포로가 되었으니 로마로서는 치욕적인 사건이었다. 아르메니아의 상당 부분도 역시 복속시키면서 사산은 세계 최강국으로 떠올랐다.[그림30]

샤푸르 1세는 학술과 문화의 후원자였으며 종교적 관용을 유지한 왕이었다. 당시 사산조 페르시아는 기원전 6세기 무렵에 창시된 조로아스터교를 국교로 삼았지만 다른 종교도 배척하지는 않았다. 마니가 240년에 창시한 마니교는 조로아스터교를 바탕으로 불교와 기독교와의 융합을 꾀했다. 특히 조로아스터교의 이원론, 그리고 그리스철학과 융합하려 한 그노시스파 기독교의 우주론에 영향을 받았다. 따라서 금욕주의를 지향하는 이단적 성격을 갖기도 했다.

그러나 샤푸르 1세는 이를 막지 않았고, 로마에서 끌려온 이주민들을 중심으로 퍼져 있던 기독교도 금하지 않았다. 바빌로니아의 유대교도들 역시 황실과 좋은 관계를 유지했다. 하지만, 그를 계승한 후대의 왕들은 마니를 처형하고 마니교도들을 탄압하기 시작하면서 마니교와 조로아스터교의 대립이 격화되었다. 페르시아 사회는 종교적 혼란에 빠져들었고, 종교 혼란은 정치 혼란으로 이어졌다. 비잔티움 제국과의 관계도 장기간에 걸친 전쟁으로 인해 사산조는 쇠락의 시대로 접어들었다.

결국 282년에 로마의 침공을 받아 수도 크테시폰을 점령당하고 말았다. 그리고 296년에는 분쟁이 가장 첨예하였던 아르메니아 지역마저 로마에 도로 빼앗기고 말았다. 아르메니아는 기독교가 지배적이고 로마 역시 그러했으므로 페르시아와 로마·비잔티움 사이의 분쟁은 종교 대립의 양상이 된 것이다. 여기에 유대교, 아리우스파와 네스토리우스파 기독교, 불교 등이 전래되어 종교적으로도 혼란스러웠다.

이렇게 몰락해가는 상황에서 반란을 일으켜 등장한 사람이 나르세스 1세다. 그는 타종교 탄압을 중지하는 한편, 군사를 재정비하여 다시 로마를 공격했다. 그것은 귀족 세력 불만의 주요 원인인 아르메니아 상실을 만회하기 위함이었다. 그러나 전쟁은 로마군과 그 동맹인 팔라비의 반격으로 참패를 당했다. 그리고 메소포타미아 서부 지역들을 로마에 빼앗기고 더 이상 아르메니아에 간섭하지 않겠다는 굴욕적인 강화 협상을 체결해야 했다. 실패한 나르세스 1세는 자신의 아들 호르미즈드 2세에게 양위했으나 일찍 죽고 말았다. 결국 왕권은 309년에 호르미즈드 2세의 어린 아들 샤푸르 2세에게 돌아갔다.

샤푸르 2세는 비범한 군사적 재능이 있었다. 나르세스 시대에 빼앗긴 메소포타미아 서부와 아르메니아를 되찾는 일부터 시작했다. 337년부터 다시 로마를 공격하여 30년 가까이 전쟁을 계속했다. 결국 로마 황제 요비아누스로부터 과거에 빼앗겼던 땅을 돌려받고 앞으로는 아르메니아에 간섭하지 않겠다는 약속도 받아냈다.

그러나 그는 기독교 박해를 다시 시작했다. 동로마의 콘스탄티누스 1세가 기독교를 국교로 인정한 데 대한 반작용이기도 했고, 아르메니아 지역에서 기독교가 사산과의 분열을 조장한다고 믿었기 때문이다. 대신 조로아스터교는 더욱 강화시키고 공식 교리 정리도 마무리를 했다. 그리고 거의 100년 동안 로마와 사산이 평화 상태를 유지했다. 그 사이 사산은 눈에 띄게 강력해졌고, 두 제국은 서로가 상대를 완전히 제압할 수 없다는 사실을 알게 되었다.

그러나 사산은 483년 에프탈의 기습으로 참패를 당하고 연공까지 바치는 신세가 된 적도 있었고, 571년에는 아라비아반도 남부의 예멘을 점령, 속국으로 삼은 적도 있었다. 에프탈, 예멘과 달리 대 로마 전쟁은 여전히 복잡하게 전개되었으며, 명백한 승패가 가려지지 않은 채 수십 년을 끌었다. 하지만 이때를 전후해 사산은 전성기를 누렸다.

당시 페르시아의 상선들은 인도양을 거쳐 남중국해까지 진출했다. 남아라비아를 차지한 뒤에는 아프리카 동해안-페르시아만-인도양-남중국해를 잇는 무역로를 장악했다. 중계 무역을 활발하게 펼칠 수 있는 조건을 갖춘 것이다. 그리고 중앙아시아 쪽 동북부 국경 지역의 아프가니스탄에 자리 잡은 쿠샨 왕조의 서부 지역까지 정복했다. 그것은 변방의 방어와 영토 확장을 위한 외교 정책의 전진 기지로 활용되었다.

602년 호스로 2세r. 591~628가 드디어 앓던 이빨과 같던 비잔틴 로마를 꺾었다. 사산의 기세는 더욱 등등해졌다. 이때 비잔틴 로마 제국은 유스티니아누스 1세가 다스리고 있었다. 그러나 오랜 전쟁과 반복된 내전으로 제대로 대응하지 못한 채 약화되었다. 수백 년 동안 유지되었던 로마와 사산 국경의 요새 지대가 무너지고, 시리아, 팔레스타인, 이집트, 아나톨리아도 사산 앞에서는 제대로 저항조차 하지 못한 채 차례로 무너져 내렸다.

사산은 법제와 군제를 갖추고 산업을 장려했다. 비잔틴과 인도의 문화를 받아들여 수준 높은 문화도 창조했다. 정치 사회적, 경제적으로도 크게 부흥해, 뒷날 아랍인들에게 멸망하기까지 전성기를 맞는다. 616년에는 로마의 수도 콘스탄티노플이 마주 보이는 칼케돈 지역까지 차지하게 되었다. 호스로 2세와 사산 귀족들은 주체하기 힘든 엄청난 성공에 취했고, 향락과 사치는 극에 달했다.

로마도 계속 당하고만 있을 상대가 아니었다. 622년, 코너에 몰려있던 로마의 헤라클리우스 황제는 사산의 심장부를 급습했다. 먼저 콘스탄티노플에서 바로 배를 이용해 아르메니아로 이동해 북부 메소포타미아 일대를 타격한 것이다. 사산은 무기력하게 당했고, 626년 콘스탄티노플 공략마저 실패했다. 군대는 흩어졌으며 도시는 황폐해졌다. 귀족들은 자기들 영지에 할거하기 시작했고, 중앙 정부의 통제력은 갈수록 약해지며 제국은 공중 분해되었다.

633년 최종적으로 호스로 2세의 손자인 야즈데게르드 3세가 제위에 올랐으나, 겨우 8살의 어린아이에 불과했다. 이미 약해질 대로 약해진 제국은 주위 모든 세력의 표적이 되었다. 캅카스 지역에서는 하자르가, 동부에서는 튀르크가 침입했으며 로마의 헤라클리우스도 기회를 노리고 있었다.

물론 잘 알려진 대로 이란을 실제로 정복한 것은 새로운 종교 이슬람의 가치 아래 단결한 아랍인들이었다. 아랍 이슬람 군대는 무너져가는 제국에 물밀듯이 밀려들었다. 사산 왕조는 636년, 오늘날 바그다드의 남쪽, 까디시야Quadisiyah 전투에서 궤멸 당하고 수도 크테시폰에서 빠져나왔다. 사산 왕조는 역사의 무대 뒤로 사라지고 말았다. 아시리아 제국-메디아 제국-아케메네스조 페르시아 제국-알렉산드로스 제국-셀레우코스 왕조-파르티아 왕국-사산조 페르시아 제국으로 이어지던 오리엔트 패자의 계보는 이로써 7세기부터 이슬람 세계로 재편된다.

사산조의 수도 크테시폰이 파괴된 것은 그로부터 100년 후인 압바스 왕조의 2대 칼리프였던 알 만수르al-Mansur, r. 754~775가 763년경 바그다드를 새로 건설하면서였다. 파괴된 도시의 건축물들은 바그다드의 건축 자재로 이용됐다고 한다. 당시에 이미 200만 명의 인구를 자랑하던 크테시폰의 궁궐에는 여러 나라의 사신들이 왕래했다는 기록이 있어, 『위서』魏書 「서역전」과 『수서』隨書 「서역전」에 사산조 페르시아에 관한 기록이 나오는 것은 놀라운 일이 아니다.

사산조가 중앙아시아로 진출하게 된 것은 5세기였고, 이 지역을 페르시아 사람들은 투란Turan이라고 불렀다. 이곳의 대표적 거주민은 스키타이족, 또는 일명 사카Saka족이었는데, 주로 중국과 중근동과의 무역에 종사한 사람들이었다. 페르시아의 시성詩聖 피르다우시Firdausi, 934~1020의 유명한 『샤나메』Shah-Name, 王書에 나오는 투란국의 통치자인 아프라시압Afrasiab은 사카족 출신으로 추정된다. 이『샤나메』에는 페르시아와 투란족의 세력다툼이 수백 년에 걸친 것으로 묘사되고 있다. 페르시아는 투란 지역의 동쪽을 친Chin 秦 또는 히타이Khitai 契丹, 즉 중국이라고 불렀다. 그리고 멸망한 사산조에서부터 당나라를 거쳐 신라에 이르는 페르시아의 대서사시 『쿠쉬나메』 이야기가 시작되는 것은 바로 이 시점이다.

간다라식 조각과 더불어 사산조 시대의 조각도 중앙아시아나 인도를 거쳐 중국에 전해졌다. 사산조식 조각의 특징은 회화와 마찬가지로 연주문連珠文이나 유익수有翼獸 상이 새겨져 있는 것이다. 연주문은 작은 원을 둥근 고리 모양으로 촘촘하게 배열한 문양을 말하고 유익수는 날개달린 짐승을 말한다. 이 무늬는 중반구와 동반구를 잇는 문명 교류의 실상을 파악할 수 있게 해준다. 이들 무늬는 사산조 시대에 금속공예품, 건축, 직물 등의 장식에 크게 유행했다. 연주문의 작은 원은 흐바르나Khvarenah 라는 진주를 표현한 것인데, 진주는 조로아스터교의 영광과 위엄을 상징한다. 연주문이 실크로드 각지에서 크게 성행한 연유는 이 문양이 영생과 왕권신수王權神授, 즉 왕의 권력은 신이 준 것임을 상징하기 때문이다.

[그림31] 세계수를 중심으로 유익수가 양쪽에 앉은 모양. 그림의 테두리는 연주문으로 장식되어 있다.
8세기 페르시아 실크조각
http://guity-novin.blogspot.kr/2014/03/chapter-76-graphic-design-for-textile.html

페르시아 연주문이 불교를 만난 것은 인도와 중앙아시아에서다. 인도에서 가장 오래된 불교 조각품인 산치 스투파와 아잔타 석굴 그리고 간다라 지역 유물에서 확인되는 연주문은 페르시아 문화가 불교 문화와 접목하면서 불상과 사원 벽화 등의 장식에 영향을 미치면서 생겨났다. 중국 육조 시대의 능묘 석각품 중에는 유익수, 즉 날개 달린 동물의 석상이 적지 않은데, 난징南京과 단양丹陽 부근에만 이런 유익수 석조물이 있는 능묘가 35기나 된다. 사산조 페르시아 시대에 성행한 이러한 유익수 석조 예술은 인도를 거쳐 중국에 전해졌다.[86]

우리나라에서 연주문이 가장 유행한 시기는 불교가 흥성했던 통일 신

---

86) Kim, Hongnam, 2017. "An Analysis of the Early Unified Silla Bas-relief of Pearl Roundel, Tree of Life, Peacocks, and Lion from the Gyeongju National Museum, Korea." *The Silk Road* 15: 116-133

라 때였다. 이 당시의 불교 공예품, 불상, 도자기, 수막새 등 장식 문양에는 수많은 연주문이 새겨져 있다. 경주박물관 안압지관 앞뜰의 입수쌍조문立樹雙鳥紋이 새겨져 있는 석조물이 그런 예이다. [그림32]

[그림32] 입수쌍조문(立樹雙鳥紋, 나무를 가운데에 두고 공작새 두 마리가 있는 문양). 역시 연주문으로 장식이 이루어져있다. 경주박물관

사산조 페르시아 제국이 붕괴한 후 이란과 중앙아시아 지역에 출현한 토착 페르시아 왕조가 사만조the Samanid empire, 874~999이다. 바그다드에 기반을 둔 압바시드 왕조 칼리프의 통제를 받기는 했지만, 건국 왕 사만의 동생 아미르 이스마일이 892년 수도를 사마르칸트에서 부하라로 옮겼다. 부하라는 소그드의 중심 도시로 부각되면서 10~11세기 문화 예술의 꽃을 피우게 된다. 아랍족이 진출할 무렵의 이란계 민족들페르시아인이나 소그드인 등은 자신의 언어를 기록하는 데 파흘라비 문자나 소그드 문자를 사용하고 있었다. 그러나 이슬람화가 된 이후에는 아랍 문자를 사용해서 자기네 이야기

를 기록하게 되었다. 그리고 새로운 페르시아어가 탄생하게 되는데, 이를 '파흘라비어' Fahlevi, Middle Persian와 구별하여 '근세 페르시아어' New Persian라고 부른다. 여기에는 당연히 많은 아랍어 어휘가 포함되어 있다. 그리고 이때부터 근세 페르시아어를 사용한 많은 시인들이 등장하기 시작했다.

앞서 말한 초기의 『샤나메』를 비롯하여 뒤이어 오마르 하이얌 Omar Khayyám, 1048~1131의 염세적인 사행시나 니자미 Nizami, 1141~1209의 낭만적인 장편 서사시 등 많은 걸작들이 탄생하게 된다. 운문학은 이란 이슬람 문화의 꽃이었으나 훌륭한 산문학도 탄생시켰다. 특히 11세기 후반 이후 교훈 문학도 등장했다. 사산조 페르시아 때부터 있던 전통으로, 원래 조로아스터교의 정신을 바탕으로 시작되었으나 강력한 이슬람 정신의 색깔이 덧입혀지게 된 것이다. 교훈 문학은 민족 문학에다 이슬람이라는 새로운 사상을 주입한 새로운 장르라고 할 수 있다. 근세 페르시아어는 오늘날에도 이란과 아프가니스탄, 그리고 중앙아시아의 타지키스탄 등에서 사용되고 있다.

이 사만 왕조가 튀르크계의 카라한조에게 멸망하고 말았다. 중반구는 이제 이슬람화와 동시에 튀르크화까지 한층 더 신속히 이루어졌다. 또한 튀르크인들이 이슬람 정권의 용병인 맘루크 Mamluk가 되면서 이슬람의 종교적 힘과 튀르크의 무력이 힘을 합했다. 튀르크·이슬람 세력은 인도, 이란, 그리고 동투르키스탄까지도 하나로 묶었다. 처음에는 아랍어를 『쿠란』에 사용된 신성한 언어라고 여겼던 비아랍 민족들은 곧 자기들의 언어를 사용해서 문화 활동을 전개하게 된다. 이러한 민족색을 띤 이슬람 문화가 성립된 것은 10~11세기의 일이다. 이렇게 하여 중앙아시아의 이슬람 문화는 아랍어 뿐만 아니라 튀르크어를 통해서도 발달하게 된 것이다.

2. 튀르크와 돌궐

카라한조The Kara-Khanid Khanate, 840~1212는 최초의 튀르크계 왕국이었다. 그들은 위구르와 타림 분지, 그리고 사마르칸트와 부하라를 정복했다. 돌궐이나 위구르 시대의 튀르크인들은 돌궐 문자를 사용해 자신들의 생각을 표현했다. 또 위구르 족은 서쪽 오아시스 지대로 이주하면서 소그드 문자를 차용하여 많은 문헌을 남겼다. 그러나 카라한조의 튀르크인들은 기존의 돌궐 문자나 위구르 문자가 아니라 『쿠란』에 사용되는 아랍 문자를 사용하였다. 이것을 우리는 '카라한조 튀르크어'라고 하며 그 언어를 '중기 튀르크어'라고 불러 구별하고 있다.

이들은 후대로 갈수록 오스만 튀르크어나 차가타이 튀르크어 등 아랍 문자를 사용한 더욱 새로운 튀르크어를 낳았다. 이때 저술된 기념비적인 작품이 『쿠타드구 빌릭』Kutadgu bilig, 행복을 위해 필요한 지식이라는 책이다. 이 책은 카라한조의 카슈가르 궁정에서 튀르크인 이슬람교도 출신의 시종 유수프Yusuf Balasaghuni가 1069~1070년에 군주를 위해 저술한 일종의 도덕 지침서이다.

여기에는 11세기의 튀르크인 이슬람교도들의 인생관과 사회관, 도덕 의식, 그리고 백과사전적인 다양한 정보마저 들어있어 그 시대를 이해하는 데 대단히 귀중한 작품이다. 뿐만 아니라 당대의 이슬람 사회에는 튀르크적이면서도 비이슬람적인 요소가 여전히 뿌리 깊게 남아 있었음을 엿볼 수 있다. 예컨대, 유목 시대 튀르크 세계에서 활동하던 샤먼들이 강조되는 것이 그 예라고 할 수 있다.

튀르크 이슬람 문화를 이해하는데 또 다른 귀중본은 마흐무드 알 카슈가리Mahmud al-Kashghari가 1072~1074년에 쓴 『튀르크어 사전』Compendium of the language of the Turks이다. [그림33] 이 책은 바그다드가 1055년경 셀주크 튀르크의 손에 넘어가면서 튀르크 민족의 언어와 관습을 알아야 할 필요성 때문에 만들어진 것이라고 할 수 있다. 세계에서 가장 오래된 튀르크·아랍어 사전으로, 여기에는 단어뿐만 아니라 튀르크어 문장이 자주 예문으로 인용되고 있다. 튀르크족의 역사와 지리, 민족, 사회에 관한 정보도 포함되어 있어 11세기의 튀르크 민족에 관한 일종의 백과사전인 셈이다.

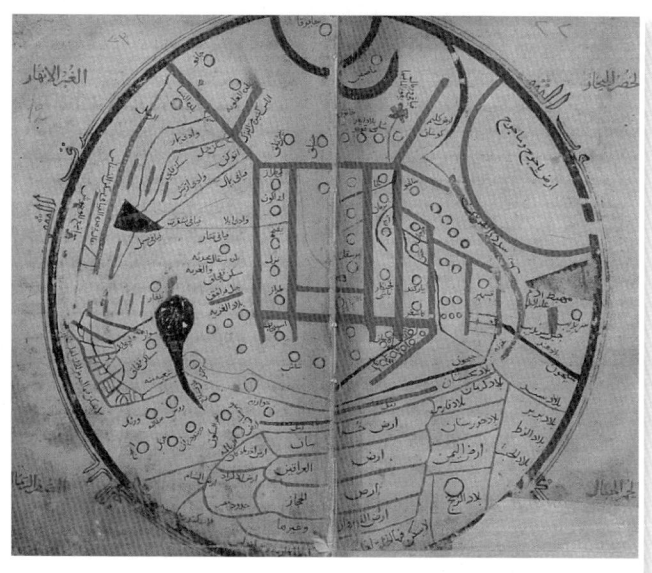

[그림33] Dīwān Luγāt at-Turk 『돌궐어대사전』
북경 민족출판사, 2002년

특히 이 사전에 붙어 있는 지도는 11세기 중앙아시아의 튀르크인 이슬람교도들이 어떻게 세계를 인식했는지를 보여 준다. 이는 카라한 조의 수도 발라사군Balasagun: 오늘날 키르기스스탄의 비슈케크와 이식쿨 사이 추이 계곡을 중앙으로 하여 그려진 세계 지도이다. 이 지도는 이슬람의 지도 전통에 따라 동쪽이 위에, 서쪽이 아래에 그려져 있다. 지도 위에는 산과 사막, 강, 바다_{호수}가 색깔로 구분되어 표시되어 있으며, 그 사이에 도시들이 원으로 표시되어 있다. 또 초원 지대 튀르크 부족들의 거주지가 그 부족명과 함께 드러나 있다. 중국을 가리키는 '마신'_{Masin}과 일본으로 생각되는 '자바르크'_{Jabraq}는 동쪽 끝에 그려져 있으며 인도를 표시하는 '印度'가 남쪽 끝에 기록되어 있다. 서쪽 끝에는 오늘날 튀니지의 카이라완_{Kairouan}이 표시되어 있다. 북쪽 끝에는 몇몇 튀르크계 민족들의 이름도 보인다. 유럽을 나타내는 지명이 보이지 않는 걸로 봐서 11세기 중반구 사람들에게 유럽은 아직 존재하지 않았을 것이다.

이슬람은 국제성이 풍부한 융합 문화를 낳았고 세계 각 지역의 문화에 다양한 영향을 끼쳤다. 그들의 문화 활동은 처음에는 성전 『쿠란』에 사용된 아랍어를 통해 전개되었지만, 이란 민족은 아랍어를 사용하면서도 동시에 근세 페르시아어라는 새로운 자신의 언어를 만들어 이란적인 이슬람 문화를 꽃피웠다. 결국 이슬람 세계에서는 아랍어와 근세 페르시아어가 문화 활동을 위한 두 개의 언어였던 셈이고, 이들 언어를 사용해 광범한 문화 활동이 전개된 것이 사실이다.

이에 반해 튀르크어의 경우, 이슬람 세계에서는 문명과 멀리 떨어진 초원 유목 민족들이 사용하는 조잡한 언어이고 문화 활동에도 적합하지 않은 언어에 지나지 않았다. 그러나 카라한 조 시대에 이슬람화한 중앙아시아의 튀르크 민족은 아랍어나 페르시아어가 아닌 자기네 튀르크어로 문학 작품이나 사전을 남겼다.

그리고 이 무렵부터 이슬람 세계에서도 서서히 튀르크어가 문화 활동을 위한 언어로 인식되고 사용되기 시작했던 것이다. 물론 아랍어나 페르시아어와 어깨를 견줄 만한 문화 용어로서의 지위를 확립하기 위해서는 카라한조와 오스만조 시대까지 기다려야만 했다. 중앙아시아에서 이처럼 튀르크 이슬람 문화가 꽃을 피우게 된 것은 11세기에 이르러서였다.

튀르크인들은 이 과정에서 이란 이슬람 문화로부터 많은 것을 배웠다. 물론 나름대로 튀르크적인 특색을 지니기는 했지만, 그 성립 시기는 훨씬 후대이고, 이 후의 오스만조나 티무르조 시대에 이르기까지 계속해서 이란 이슬람 문화의 강한 영향력 아래 있었다. 티무르조 시대에 발달한 차가타이 투르크어 역시 튀르크어와 페르시아어의 혼합 언어로 보는 편이 적절할 수도 있을 정도이다. 결국 튀르크 이슬람 문화는 이란 이슬람 문화의 중대한 영향력 아래에서 성립되고 발전한 것이다.

튀르크계의 직접적인 조상은 돌궐突厥이다. 돌궐이 있기 전에 튀르크계라는 민족 구분은 존재하지 않았다. 그들의 원류를 흉노 혹은 훈에서 찾지만 훈에서 튀르크로 직접적으로 이어졌다고 단정 짓기는 어렵다. 흉노가 멸망하고 돌궐이 들어서기까지 유목민 세계에서는 수없이 많은 민족 간의 교류가 있었을 것이다. 전쟁이 될 수도 있고 통혼이 될 수도 있는 이러한 교류는 어느 한 민족의 우위로 결정되는 것이 아니었다. 지배 민족의 문화가 수용되는 것이 보편적 원리이기는 해도 혈통적 구분은 양단하기 어려웠을 것이다. 돌궐 이전 흉노가 존재할 때 유목민 세계는 민족적 구분이 중요하지 않았을 수도 있다. 자신들만의 고유한 전통이 있었다고 해도 민족에 대한 관념이 확실치 않았다면, 그들은 자신들을 유목민 세계의 일부로만 생각했을 것이다. 언어와 외모의 차이가 있었음에도 그들의 생활 방식이 거의 대동소이했음을 미루어 알 수 있다.

유목 제국인 돌궐은 흉노를 계승하여 오늘날 신장 위구르 자치구에 6세기경에 출현했다. 그들은 중앙아시아와 투르키스탄, 트란속시아나, 북인도, 이란, 소아시아, 이라크, 수리예, 발칸반도의 튀르크족까지 몽땅 튀르크화했다. 결코 쉽게 다루어질 수 없는 이 돌궐 제국은 그 어원부터가 수수께끼로 남아 있다. '용감하다'는 의미를 가진 '튀르크'가 최초의 국가 공식 명칭으로 사용된 것은 오르혼Orkhon 비문에 스스로를 괵튀르크Gok-Turk라 기록한 돌궐 제국부터이다.

'괵튀르크'는 '하늘빛 튀르크' 혹은 '위대한 튀르크'를 뜻하기도 한다. 돌궐어로 '괵'은 '하늘'이나 '푸른'을 의미한다. 돌궐족이 자신들의 역사에 대한 뚜렷한 의식을 가지고 있었음을 알 수 있다. 스텝의 유목 민족으로서 독자적인 역사와 전통을 소유하고 있었던 것이다.

한편 돌궐족의 시조에 관해서도 몽골족과 같은 북방 유목 민족들이 공유하고 있는 낭생설화狼生說話가 전해오고 있다.[87] 그 옛날 돌궐인들은 주변의 공격을 받아 모두 죽고 어린 사내아이 하나만 남았다. 이 아이는 암 늑대의 젖을 먹고 자라, 나중에 암늑대와 결혼해 열 명의 아들을 낳는다. 그 중 아사나阿史那, 튀르크어로 '늑대'란 뜻라고 하는 막내아들이 돌궐 제국의 칸군主을 배출한 부족의 조상이 되었다는 것이다. 초원의 강자인 늑대에 대한 유목민들의 토템 신앙이라고 할 수 있다.

스텝 제국들이 보통 그렇듯이, 돌궐 역시 부민Bumin 혹은 투멘Tumen이라고 불리는 한 사람의 강력한 리더를 중심으로 기원전 545년경에 오르혼 강가에 세워졌다. 이들은 알타이산맥 부근에서 유목하면서 당시 몽골 초

---

87) 정수일, 2013. '돌궐'『실크로드사전』 114-115.

원의 맹주로 군림하고 있던 유연柔然에게 철이나 공납하는 연약한 집단이었다. 그러다가 6세기 중반에 스텝 지역의 지배자가 되었다.

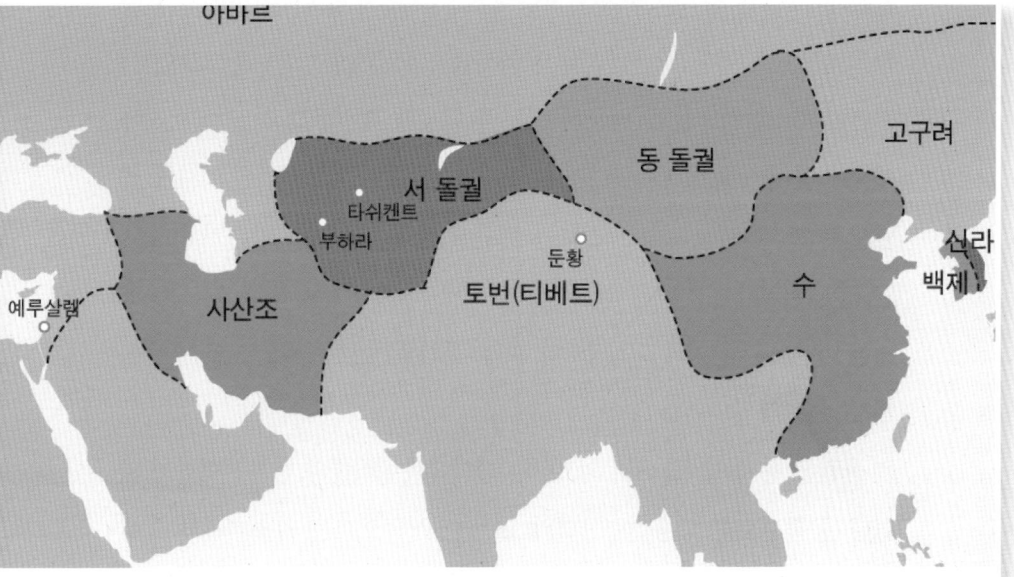

[지도16] 동돌궐과 서돌궐

동돌궐의 지배자는 전체 돌궐 제국을 대표하는데 그의 왕호는 카간Kagan 이다. 서돌궐은 형식상 동돌궐에 부속되어 있었다. 부민 칸은 동생 이스테미Istemi에게 제 2의 통치자의 뜻의 야부그Yabgu라는 직책을 맡겨 서돌궐을 통치하도록 했다. 그러나 카간은 그 해 553년 말에 자신의 아들 무칸Muqan 木杆 무한에게 나라를 맡긴 후 죽고 말았다. 무칸은 동부 스텝을, 그의 삼촌 이스테미는 서부 스텝을 나누어 다스리게 된 것이다. 제국의 중심지는 오르혼강 유역의 외튀켄Ötükän에 정했다. 이것이 제1 돌궐 제국의 출범이다.

그들은 중반구의 새로운 판도 형성에 결정적인 역할을 했다. 567년에

서돌궐은 사산조 페르시아와 손을 잡고 아프카니스탄 지방의 에프탈을 굴복시켰다. 그리고 비잔틴과 싸워 영토를 동부 트란속시아나 지경까지 넓혔다. 그들은 강력한 국력을 바탕으로 이때 벌써 멀리 비잔틴과 교류를 하고 있었던 것이다. 비잔틴 제국의 역사에는 568년에 돌궐-소그드인 사절단이 콘스탄티노플을 방문하여 무역 허가를 요청하고 사산 페르시아 제국에 맞서는 동맹 가능성을 타진했다는 기록이 있다. 비잔틴 역사가 메난드로스Menander Protector가 전하는 비잔틴 사절단의 돌궐 방문기에 따르면, 칸이 기거하는 천막은 황금과 비단으로 차고 넘쳤고, 천막 내부는 화려한 비단으로 장식되고 침상이나 의자, 식기류는 모두 황금으로 만들어져 있었다.[88]

돌궐은 통치 영역을 서부의 알타이산맥에서 이식쿨과 톈산산맥까지 넓혔다. 동쪽으로는 대홍안령산맥과 요동만, 서쪽으로는 카스피해와 흑해 북부 연안의 크림반도, 북으로 바이칼호, 남으로 고비 사막을 넘어 북중국까지 확대되었으니, 실로 유라시아를 아우른 세계적 제국이었다. 그러나 칸의 승계 문제를 둘러싼 내홍이 깊었다. 이스테미가 죽자 그의 아들 타르두는 스스로 칸을 자처하며 동돌궐의 칸인 이쉬파한에 대한 복종을 거부하고 내란을 일으켰다.

582년에는 동서로 완전히 갈라졌다. 이쉬파한은 수나라에 복속되었다가 당나라 치하에서 680년까지 반세기 동안이나 지배를 받았다. 그리고 정체성에 대한 고민을 했다. 오르콘Orkhon강 유역에서 발견된 튀르크어 비문碑文은 돌궐 제국의 당시 상황에 대한 여러 가지 역사적 사실들이 쓰여

---

88) R. C. Blockley, 1985. *The History of Menander the Guardsman*, Francis Cairns 고마츠 히사오 외, 이평래 역. 2005. 『중앙아시아의 역사』, 소나무.

있다. 자신들의 패배 이유가 칸과 대신들의 무능함, 튀르크 부족의 부적절한 대응, 그리고 중국의 교활한 기만 전술 때문이라고 했다.

683년에 이르러 돌궐 제국은 당나라의 지배 하에서 벗어나 독립했다. 그리고 그들의 정신적 고향인 외튀켄을 중심으로 제 2 돌궐 제국683~745을 건설했지만, 돌궐의 통치 영역은 얼마 되지 않아 각종 유목민들의 세력 쟁탈전의 대상이 되어 극심한 혼란에 빠지게 되었다. 그러나 돌궐족은 스텝의 여러 민족 중에서 최초로 자신들의 문자 기록을 남긴 민족이다. 돌궐의 화려한 과거는 그동안 발견된 몇 기의 비문에 의해 여실히 실증되고 있다. 그 가운데 중요한 비는 제1 제국 시대의 부구트비와 제2 제국 시대의 퀼테긴비와 빌게 칸비, 톤육쿡비의 4기다.[89] [그림34]

580년쯤으로 축조된 것으로 추정되는 제1 제국 시대의 부구트비높이 2.45m의 주인공은 이 지역을 지배하던 왕족 출신의 마한 테긴이다. 상면에는 소그드 문자와 인도의 브라흐마 문자가 새겨져 있으며, 뿔 없는 용螭首에 어린아이가 늑대의 젖을 빨아먹는 낭생설화의 모습이 새겨져 있어 유명하다. '오르혼 비문' 또는 '호쇼 차이담 비문' 이라고 불리는 제2 제국 시대의 중요한 비석들은 제국의 중심지였던 오르혼강 주변의 호쇼 차이담 분지에서 발견되었다. 가장 일찍 만들어진 것이 725년쯤으로, 제국 재건의 일등공신인 톤육쿡의 비남비와 북비다. 732년과 735년에 각각 세워진 퀼테긴闕特勤과 빌게 칸의 형제 비도 있다.

퀼테긴 비문에서 특별히 주목되는 것은 해가 뜨는 동방의 나라 '뵈클리' 가 두 번 언급된다는 사실인데, 그 나라가 바로 고구려다. 한 번은 조

---

89) Talat Tekin 지음, 이용성 역. 2008. 『돌궐비문연구: 퀼 티긴 비문, 빌개 카간 비문, 투뉴쿠크 비문』 제이앤씨.

문 사절을 보내 온 나라이고, 다른 하나는 당을 도와 원정한 나라라는 것이다. 아무튼 고구려와 돌궐 간의 관계를 시사하는 비문으로 대단히 중요한 기록이다.

[그림34] 톤육쿡 비

이들 석조물에 새겨진 비문들을 자세히 보면 개화한 유목 돌궐족들의 신성한 세계관을 읽어낼 수 있다. 그들의 방위 관념은 동→서→남→북이 아니라, '탱그리', 즉 '천신'을 상징하는 태양의 진행 방향을 따라 동→남→서→북이다. 외국 조문 사절의 명단 배열순을 보면 역시 정치적 친소 관계에 따른 것이 아니라 이 방향 관념에 따른다. 놀라운 것은 고구려를 비롯한 여러 나라들의 군주를 일괄해 '칸'으로 호칭한다는 사실이다. 천자는 오로지 하나뿐이라는 경직된 일원적 세계관을 벗어나 유연한 다원적 세계관이 담겨 있다고 할 수 있다. 그들은 더 이상 '잔인하고 미개한 문명의 파괴자'가 아니라 동반구에서 중반구를 거쳐 서반구에 이르기까지 문명의 선도역할을 했던 위대한 민족이었던 것이다.

그러나 돌궐은 제국 내부의 분열로 아랍의 침입을 방어할 힘이 전혀 없었다. 이슬람 아랍인들은 7세기 중엽 사산조 페르시아를 무너뜨리고 중앙아시아 스텝의 서쪽과 경계를 같이 하게 되었다. 기존 세력인 돌궐, 티베트, 당나라 등을 위협하더니 박트리아, 부하라, 사마르칸드 지역마저 지배하게 되었다. 그리하여 자연스럽게 스텝의 서쪽 트란스옥시나 사람들은 이슬람으로 개종하기 시작하였다. 더구나 당나라에서는 713년 현종이 즉위하여 팽창주의 정책을 추진하고 있었고, 티베트 제국 또한 강력한 군사력을 바탕으로 팽창주의정책을 쓰고 있었다. 말하자면 돌궐 제국이 쇠약해진 틈을 타서 주변의 세 제국이 위협 세력으로 떠오른 것이다.

결국 734년 스텝 제국 돌궐은 붕괴되고 말았다. 그 뒤를 이어 돌궐계인 위구르인이 스텝의 동쪽에 세력을 장악하여 제국을 형성하게 되었다. 751년 여름 7월에 탈라스Talas 강 유역에서 압바스 군대와 당이 충돌했을 때, 당은 돌궐계 위구르 제국과 연합하였고 압바스는 티베트, 돌궐계 카를룩Karluk과 아랍 동맹군을 형성했다. 전쟁은 아랍 동맹군의 승리로 끝이 났다. 결국 돌궐은 두 개의 다른 지역으로 구분되어 각각 서로 다른 역사를 가지게 되었다. 서돌궐족은 이슬람의 영농 정착 국가로 변했다. 그리고 나중에 셀주크 제국을 건설하여 중반구 이슬람의 보호자로 군림하게 되었다. 그리고 동돌궐은 스텝 전통을 유지하며 불교를 믿다가 후에 몽골이 등장하여 세계를 정복할 때 그 근거지가 되었다.

3. 소그드

소그드 족은 기원전 6세기경부터 기원 후 10세기까지 약 1,500년 간 자신들의 정체성을 유지하며 활동했다. 그들은 고대 페르시아 비문에는 수구다Sughuda, 중국 문헌에는 속특粟特, Su-t'e 혹은 속익粟, Su-i으로 표기된 이란계 민족이었다. 소그드 어는 동부 이란어에 속해 페르시아어의 조상인 파흘라비Pahlav어와 친족 관계에 있었다. 중앙아시아 튀르크 계통의 언어에 포함되어 있는 소그드 언어의 잔재는 그들의 문화가 튀르크족에게 얼마나 큰 영향을 끼쳤는지 증언하고 있다. 그리고 페르시아와 튀르크 언어권의 무슬림들에게 동화되어 역사에서 사라졌다.[90]

이들은 사마르칸트·부하라 등의 도시 국가를 세웠지만, 아케메네스 조朝·알렉산드로스 대왕의 영토의 일부가 되었다가 그후 박트리아·대월지月氏·쿠샨조朝·사산조朝 페르시아·에프탈·서돌궐西突厥의 지배를 받았고, 8세기에 아라비아인의 정복으로 이슬람화되었다. 그후 1220년에 칭기즈 칸의 서정西征으로 공략되어 황폐화되었으나, 1370년 티무르가 사마르칸트를 수도로 하면서 부흥됐다.

소그드인들은 예로부터 국제적 상업 무역에 종사하면서 톈산天山산맥 북쪽 기슭, 간쑤甘肅북서부, 동東터키스탄, 몽골고원 내부에 거류지를 만들었고, 당唐의 장안長安에도 많이 살고 있었다. 특히 흉노·돌궐·위구르 등의 유목 국가의 내부에서는 상업에 종사함과 아울러 그 군주들의 정치적·문화적 고문顧門으로서 활약하여, 중국에서는 상호商胡·가호賈胡로 불려

---

[90] 신양섭, 2008. 「페르시아 문화의 동진과 소그드 민족의 역할: 조로아스터교와 마니교를 중심으로」『中東研究』 27-1: 1-23.

졌다. 그들은 오늘날 우즈베키스탄과 타지키스탄 사이의 비옥한 자라프샨Zarafshan 계곡을 거주지로 삼았으며, 시르다르야Syr Darya와 아무다르야Amu Darya강 사이의 트란스옥시아나Transoxiana에 위치하고 있었다.

그들이 기원전 6세기 이전에는 어디에서 거주했는지를 알 수 있는 명확한 역사적 근거는 없다. 그 지역의 설화나 고고학적 발굴을 통해 사마르칸트의 아프라시얍이 2,500년 이상 소그드인들의 근거지였음이 밝혀졌다. 고대 페르시아어로 기록된 다리우스의 비히스툰 비문에 따르면 소그드는 이웃한 박트리아 및 코라스미아Khorasmia 중세 이후에는 콰라즘 Khwarazm와 함께 아케메네스 페르시아 제국의 속주였다. 하지만 8세기 초에는 사마르칸트와 부하라의 두 도시를 중심으로 하는 지역과 페르가나 계곡의 일부로 그 범위가 상당히 축소되었다.

그런데 이들은 역사상 한 번도 거대한 국가를 건설한 적이 없었다. 소그드는 유목민의 대명사나 마찬가지로 '중앙아시아 내륙 실크로드'와 '소그드 족 무역망'을 그들의 활동 공간이라고 해도 별로 틀리지 않는다. 호라산에서 중국 본토에 이르는 실크로드 상에 수많은 식민 도시들을 건설해 무역의 거점으로 삼았다. 그들은 무역상이자 동시에 문화의 사절이었다. 향료·노예·은 세공품·비단·유리瑠璃·홍옥수紅玉髓 등을 주변 국가에 공급했다. 그리스 문헌에 따르면, 그들은 비잔틴 제국 궁전까지도 방문한 적이 있고, 인도까지도 진출했다. 그리고 동쪽으로는 멀리 중국까지 영향을 끼쳐 동반구의 문화 발전에도 크게 기여했다.

소그드의 역사는, 우리가 파악할 수 있는 범위 내에서 말하자면, 자발적이기보다는 언제나 수동적이었다. 스스로 무엇을 이루기보다는 언제나 이웃 민족에게 자신의 운명을 맡겨놓은 것처럼 보인다. 아케메네스 페르시아 제국 이후 아랍의 침략에 이르기까지, 소그드는 이웃한 제국들에 의한 연속적인 정복의 역사로 점철되어 있다. 헤로도투스에 따르면 아케메네스 페르시아 제국의 키루스 2세BCE 559~530가 이 지역을 그리스의 속주로 만들었다고 기록하고 있다. 뿐만 아니라 기원전 480년에 그리스를 침공한 아케메네스 제국의 크세르크세스 1세BCE 485~465는 자신의 원정대 일부를 소그드 군대로 편성했다고 한다. 아케메네스 왕조의 종교였던 조로아스터교가 소그드에 전파된 것은 이때였을 것이다.

활기찬 무역 도시 국가로서의 사마르칸트고대 그리스 문헌에는 Maracanda라는 이름이 처음 역사에 등장한 것은 알렉산더의 원정 때문이다. 알렉산더는 이 도시를 점령하는데 거의 2년이나 걸려 기원전 329년에야 성공할 수 있었다. 그는 소그드의 지방 영주 옥스야르테스Oxyartes의 딸 록사네Roxane와 결혼했다. 이로써 록사네는 역사에 등장한 최초의 소그드 여인이 되었다.[91] 알렉산더가 죽은 후 소그드는 셀레우코스 제국에 편입되었다. 그리고 260~360년에는 사산 페르시아 제국의 일부로 편입되었다. 덕택에 동전 주조 및 금속 공예에서 페르시아의 큰 영향을 받았다. 물론 그리스인들도 소그드에 수많은 문화적 유산을 남겨 놓았다.

소그드 불교 승려들은 2세기경부터 중국까지 진출했는데, 대부분은 강거康居 K'ang-chü출신으로 강康이라는 성을 사용했다. 하지만 강거의 정확한 위치에 대해서는 아직 의견이 분분하다. 페르가나에서 북서쪽으로 2,000리 떨어진 곳이라고도 하고, 키르기스스탄의 탈라스 강 및 추강 계곡 주변이라고도 한다. 『사기』史記는 또한 강거가 그 이웃 월지와 마찬가

---

91) 암리딘 베르디무로도프. 2005. 『사마르칸트 역사로부터의 물방울들』, 마나비얏 출판사, 타쉬켄트. 29.

지로 유목 국가라고 설명한다. 강거는 돌궐계 민족이라는 주장도 있다. 북위 시대384~540에도 강거라는 이름은 계속 사용되었지만 후대의 역사서에는 강국康國이라는 이름으로 나타난다.

따라서 강거는 유목 국가로서 소그드를 포함하고 있었으며, 강국은 당시에 중국에 선교사를 파견할 수 있을 정도로 불교가 융성했던 소그드를, 심지어는 사마르칸트 도시 자체를 지칭하는 말일 가능성이 크다. 중국 사료에 강씨 성을 가진 불교 승려들이 대부분 소그드 출신이라면 그들은 이미 2세기에 상당히 발전된 불교를 믿고 있었다고 볼 수 있다. 불교가 소그드에 소개된 것은 기원전 1세기부터 기원후 5세기까지의 쿠샨 제국 지배 시대였던 것으로 보인다.

[지도17] 소그드

7세기 당나라는 소그드를 비롯한 서역 지방까지 지배권을 확보하고, 679년에 쿠차Kucha, 호탄Khotan, 카쉬가르Kashgar 및 수얍Suyab등지에 식민지의 군사 거점으로 안서도호부를 설치했다. 소그드는 중앙 집권 국가가 아니라 각국이 하나의 독립된 정치조직 단위였다. 따라서 북방 유목 민족의 위협이 있을 때마다 서로 동맹을 구성해 대처해왔다.

이 연맹들 가운데 사마르칸트를 중심으로 뭉친 연맹이 가장 규모가 컸다. 그 곳은 동서 문명이 만나는 곳이었고, 중개지였고, 통로였기 때문에 오히려 큰 종교의 중심지로부터는 항상 소외되어 있었다. 바빌로니아에서 발생한 마니교, 소아시아에서 파문당한 네스토리안 기독교중국에서는 통敎, 인도에서 뻗어 나온 불교가 모두 전파되었지만 소그드의 공식 종교는 조로아스터교였다. 이는 법, 의식, 건축, 관습 등 일상생활 전반에 많은 영향을 끼쳤다. 10세기 페르시아 계의 사만 왕조가 소그드를 이슬람 문화의 중심지로 만들기 전까지 소그드는 결코 어떤 한 종교의 중심지가 되지는 않았다.

한나라 및 수·당 시대에 소그드 족의 중국 진출은 중세 초기의 동서 문화 교류에 중요한 요소가 되었다. 주로 무역을 목적으로 한 것이지만 그들의 중국 정착의 수는 급격히 늘어나기 시작했다. 그들은 중국식 성을 따르기 시작했으며, 곧이어 군대의 요직에도 등용되었다. 중국 기록에 따르면 605년 수나라 황제는 '서역 무늬'의 비단 직조로 유명한 사천성의 몇몇 직조 공장의 감독을 헤초우He-Chou라고 불리는 소그드 인에게 맡겼다고 한다. 그는 또한 건물 외벽을 장식하는 타일의 제조에도 뛰어난 재주가 있었다고 한다.

실제로 중앙아시아에서의 직조 기술은 중국을 능가했으며 특히 이국적 취향을 즐기던 당나라 궁전에서 큰 인기가 있었다. 이 시기에 거의 모든 예술 분야에서 소그드 문화는 중국에 큰 영향을 주었다. 그중에서도 서역의 화가들이 특히 환대를 받았으며 조각이나 금속 공예에서도 서역 문화의 흔적은 쉽게 발견되고 있다. 그들은 자신들의 문화를 중국에 소개했으며 다른 한편으로는 중국 문화를 자신들의 것으로 흡수했다. 따라서 소그드 이주민들의 문화는 오히려 소그드 본토의 문화보다 더 풍부했다. 그들은 페르시아 문화에 뿌리를 두고 있었지만 실제로는 글로벌 문화를 향유했던 셈이다.

소그드 문화의 영향은 셀 수 없을 만큼 크다.[92] 중국이 7일로 구성된 1주일이라는 시간 단위를 채택한 것도 소그드인들의 역법을 받아들였기 때문이다. 호도, 포도 등 많은 종류의 서역 과일과 채소를 중국에 소개한 것도 소그드인이다. 그들의 음악 또한 호악胡樂이라는 이름으로 중국에서 아악雅樂, 속악俗樂과 함께 유행했다. 중국과 우리나라에서 유행한 현악기의 일종인 쟁箏은 그 이름이 페르시아어 창chang에서 유래한 것으로 보인다. 위구르에 마니교를 전한 것도 소그드인들이다. 육식과 음주를 금했던 마니교의 교리 때문에 유목 문화에 기반을 두었던 위구르족은 농경생활을 시작했다. 이 과정에서 소그드인들은 위구르족에게 정착 생활의 필수적인 요소인 축성법을 가르쳤으며 농경에 필요한 관개법도 가르쳤다.

그들이 사용한 달력은 티무르조朝의 울루그 벡 때까지 이 지방에서 사용되었고, 또한 소그드 문자에서 위구르 문자가 만들어져, 이것이 몽골문자·만주문자의 기본이 되었다. 근년에 사마르칸트 동쪽의 무그산山, 북서

---

92) 신양섭, 2008. 같은 책.

의 피안즈켄트에서 소그드인의 유적과 유물이 발굴되어 생활 양식과 문화가 밝혀지고 있다.

또한 고대 시리아 문자를 변형시켜 만든 소그드 문자는 위구르족을 비롯한 중앙아시아의 여러 민족들에게 큰 영향을 끼쳤다. 위구르족이 이슬람화된 이후에는 아랍 문자를 채택했지만 그 이전에는 소그드 문자를 자신들의 언어를 표기하는 데에 사용했다. 위구르족은 이 문자를 다시 몽골족에게 전해주어 오늘날까지도 중국의 내몽골 자치구에서 사용되고 있다. 만주족의 청나라 역시 한때는 이 문자를 변형해 채택했었다. 위구르 문자는 심지어 세종 대왕의 한글 창제에도 큰 동기를 부여했을 것으로 추측된다. 신숙주를 비롯한 당시 집현전 학자들이 몽골어에 정통했는데, 그러자면 그 표기 문자인 위구르 문자를 필히 알아야 했을 것이다. 따라서 이미 정연한 문자 체제를 갖추고 있는 위구르 문자에서 무언가 참고를 했으리라 짐작해 볼 수 있다. 고려 말에서 조선 초에 해당하는 13세기 후반부터 15세기 초반까지 약 150년간 위력적으로 사용되던 위구르어는 1427년에 공포된 외래습속금령으로 인해 외방적인 복식 및 의례 형식과 함께 점차 자취를 감추고 말았다.[93]

종교와 기술, 문자 문화의 전파 역할을 충실히 한 소그드에는 관련된 특징들이 남아있다. 전승에 따르면 이슬람 세계의 첫 제지 공방이 사마르칸트에 있었다. 초기 이슬람 세계에서 명성이 높았던 비단 제품의 산지 역시 소그드였다. 소그드는 그야말로 다른 문명을 향해 열린 창이었다. 그것은 동반구와의 관계에서만 그러했던 게 아니었다. 기원 전후 박트리아를

---

93) 정수일. 2002. 『이슬람 문명』. 창비. 345.

중심으로 북인도와 중앙아시아의 양쪽을 지배한 쿠샨조나 키다라, 에프탈과 같은 세력들과도 밀접한 교류를 해왔다. 이러한 사실은 펜지켄트에 남아 있는 7~8세기의 벽화에 그대로 드러나 있다.

특히 5~6세기에는 인도의 수학, 의학, 천문학, 문학 등이 이 땅에 소개되었다. 그리고 이들 학문은 에프탈의 지배가 종식되고 이 땅이 사산조의 지배하에 들어갔을 때 페르시아로 전파되었다. 체스나 인도 수학이 전해진 것이다. 이슬람의 지배하에 들어간 후에도 그 문화 유산은 빛을 잃지 않았다. 이븐 시나, 알 비루니, 루다키, 발아미 등 초기 이슬람 세계를 대표하는 수많은 과학자와 철학자, 문학가들이 이 지역에 출현한 것은 우연이 아니다. 심지어 당나라의 시성詩聖으로 알려진 이태백마저 소그드인이라는 주장도 있어 동반구 전체에 사상적으로 커다란 영향을 끼친 그의 문학은 중반구 문명과의 연결 고리가 될 수도 있을 것이다.

소그드는 동서남북의 문화와 문명의 영향을 받아 이를 흡수함으로써 융합 문화를 낳고, 더 나아가 이들 문화를 각 지역에 재수출함으로써 유라시아 대륙 각지에 더없이 풍요로운 문화를 꽃피운 문명의 요람과 같은 지역이었다. 그러나 712년 아랍 군대의 사마르칸트 공격 때 결정적인 타격을 입었다. 이슬람의 통치로 말미암아 불교를 비롯한 이 지역의 여타 종교도 말살되고 말았다. 이후 500년 동안 이 지역에서 이슬람은 크게 번성했으며 동시에 튀르크화도 진행되었다.

13세기 칭기즈 칸 군대에 의한 사마르칸트의 철저한 파괴는 이 지역 공국들의 또 다른 불행한 사건이었다. 물론 몽골의 침략 때문에 소그드 족이 자신들의 문화와 정체성을 잃은 것은 아니다. 이미 그 전에 소그드 족의 전통은 중앙아시아의 이슬람 및 돌궐 문화에 동화되었기 때문이다. 그리고 그들의 언어와 문화도 소그드인들의 튀르크화가 마지막으로 진행된 11세기 후반에 완전히 사라졌기 때문이다. 소그드인들은 자신들의 터전이었던 아프라시압을 버리고 북으로 수 킬로미터를 이주해 오늘날의 사마르칸트를 건설했다. 오늘날 중앙아시아에서는 소그드어의 한 방언이 파미르고원 북쪽의 야그노비Yagnobi강 계곡의 산악 민족들에게 살아남아 있을 뿐이다.

   소그드인들은 정착보다 유목의 성격이 더 강한 민족이다. 따라서 특정 공간에서 그들의 흔적을 찾기는 어렵지만, 오히려 그들이 거쳐 갔던 광범위한 영역에서 그들의 성격을 파악할 수 있다. 특히 그들이 가졌던 상권의 네트웍이야말로 중반구를 언제나 살아 있게 만든 원동력이었다. 양쪽의 문화적 산물들을 서로 전달하는 역할도 충실히 했지만, 그들은 결코 중개자로 남아있지는 않았다. 융합을 통해 새로움을 지향하는 진취적 도전자들이었기에 진정한 중반구의 주인이었다고 할 수 있을 것이다.

제 III부 3장
경계를 넘은 사람들

1. 장건과 반초

흉노의 역사는 중국 북방 초원 지대의 유목민으로 거슬러 올라간다. 그들은 단일한 씨족이나 부족이 아니라 여러 유목 민족과 부족들을 망라하고 계승한 포괄적인 유목민 집합체이다. 이들은 중원을 향해 남쪽으로 진출하는 것 이외에는 별다른 선택의 여지가 없었다. 북쪽으로는 동토의 시베리아가 위치하고 있었기 때문에 항상 초원이 아쉬웠던 것이다. 기원전 221년에 천하를 통일한 진시황은 오르도스 지역에서 이들을 토벌했다. 그리고 다시는 이들이 얼씬거리지 못하도록 서쪽의 감숙성에서 동쪽의 요동에 이르는 약 5,000km의 만리장성을 축조했다.

그러나 흉노는 진·한 교체기의 혼란을 틈타 다시 세력 확대를 꾀하였다. 군주에 등극한 묵특은 동쪽으로는 몽골고원과 동호東胡를, 서쪽으로는 월지를, 남쪽으로는 오르도스의 부족국을 병합하고, 북방 인 예니세이강 상류의 부족 국가들을 차례로 복속시켰다. 이들은 기원을 전후한 약 700~800년 동안 유라시아 대륙 북방의 동서 교류를 주도하였다. 그리고 그리스·로마 고전 문화를 비롯해 페르시아, 스키타이, 헬레니즘 등 서반구와 중반구 문화를 흡수했다. 당시 중원에서는 기원전 202년 유방이 한漢을 건국한 터였으니, 흉노와의 충돌은 불가피했다. 묵특은 한이 건국된 다음 해에 장성을 넘어와 한漢 고조高祖 유방을 쳤다. 그리고 투르키스탄 북부의 월지月氏와 오손烏孫까지 병합해 서역과 초원 지역의 거의 모든 부족들을 손아귀에 넣었다.

흉노에게 치욕을 당한 한漢은 제 7대 황제 무제武帝, r. BCE 141~87가 즉위하면서 달라졌다. 그동안의 화친 정책 대신 강경한 정벌 정책을 취하였다. 그

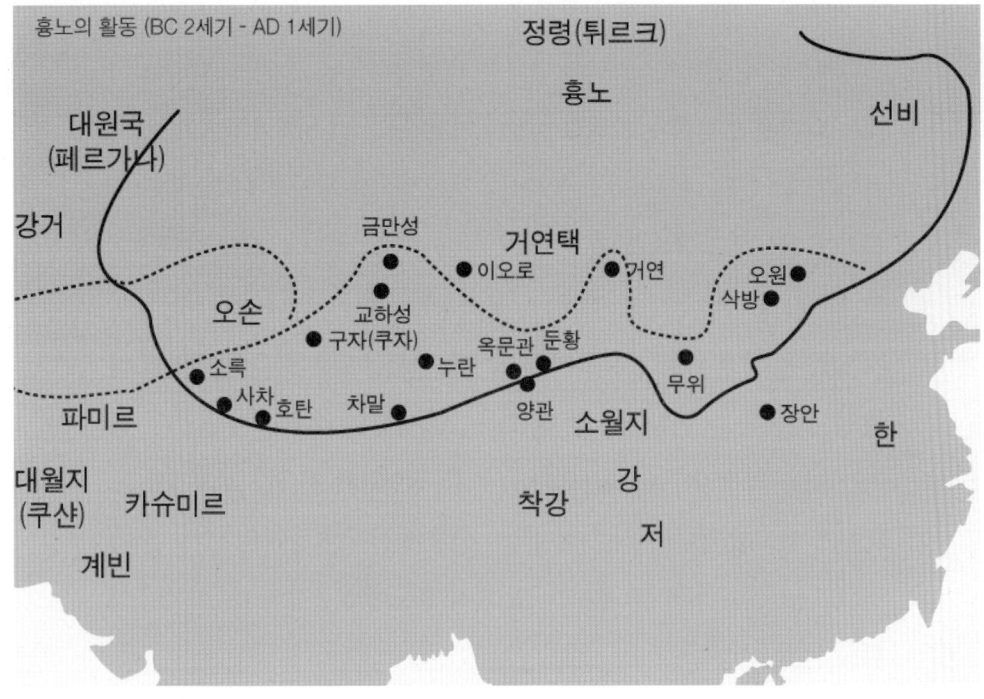

[지도18] 흉노의 활동반경

것은 서역 경영을 위해서도 불가피한 일이었다. 그는 우선 서역 국가들에 대한 정보 수집과 통로 개척을 서둘렀다. 동맹국을 찾아 힘을 모아야 했다. 월지였다. 그들은 끊임없이 흉노의 압박에 시달리어 복수심을 불태우고 있을 터였다. 흉노에게 밀려난 월지는 아프가니스탄을 향해 서쪽으로 이동하여 인도를 제압하고, 그곳에 쿠샨 왕조를 세웠다.

무제는 이들과 공동 전선을 결성하기 위해 기원전 139년에 장건張騫, BCE ?~114을 서역에 파견했다. 목적지는 옥문관玉門關 서쪽 지방, 즉 지금은 신강新疆과 중앙아시아 일부이다. 그러나 길은 험했다. 장건이 황하 서쪽 변경지방에 이르자마자 흉노 병사에게 잡혀 그곳에서 10년이나 억류를 당하게 되었다. 다행히 탈출에 성공한 장건은 무작정 서쪽을 향해 지금의 우즈베키스탄과 키르기스스탄이 만나는 페르가나Fergana 지방의 대완大宛이라는 나라에 도착했다. 그리고 마침내 키르기스스탄 지역의 강거康居를 거쳐 타지키스탄과 아프가니스탄 사이의 강에 위치한 월지국에 이르게 된다. 하지만 천신만고 끝에 찾은 월지국은 자신이 생각했던 나라가 아니었다. 그 위치가 군사적 동맹을 맺기에는 불가능할 정도로 한나라와 멀리 떨어져 있었다. 뿐만 아니라 그들이 흉노에게 당했던 일은 아득한 옛날의 일일 뿐, 그들은 더 이상 흉노에 대해 아무런 원한도 갖고 있지 않았다. 월지는 이웃 박트리아大夏國 오늘날 타지키스탄이 자리를 점령하여 비옥한 토지에서 풍요롭게 살고 있었다. 이러한 월지국의 상황에 실망한 장건은 모든 걸 단념하고 귀국을 서둘러야 했지만, 또 다시 흉노에게 붙잡혀 1년 가까이 억류되어 있어야 했다.

내란을 틈타 아내와 부하들을 데리고 장안으로 귀환할 수 있었던 것은 출발한 지 무려 13년 만이었다. 장건은 한무제에게 자신이 보았던 서쪽의 수많은 나라에 대한 정보와 풍습을 자세히 보고했다. 대완大宛, 대하大夏, 월지月支, 안식安息, 조지條枝, 신독身毒 등 당시 서역의 나라에 대한 귀중한 정보들이었다. 대완은 페르가나, 대하는 박트리아, 월지는 지금의 타지키스탄과 아프가니스탄 사이, 안식은 파르티아, 조지는 시리아, 그리고 신독은 인도 북부에서 파키스탄에 이르는 지역을 말한다. 『사기대완열전』史記大宛列傳에 그 내용이 자세히 실려 있다. 장건의 이 기막힌 정보를 바탕으로 한나라 군대는 마침내 흉노를 정벌하였다.

흉노 정벌이 끝나자 한무제는 월지 대신 오손烏孫과 연합하여 둔황 일대를 정복하고 싶었다. 이를 위해 기원전 119년 다시 장건을 파견한다. 장건은 일행 300명과 함께 오손을 비롯한 서역의 많은 나라에 보낼 재물들을 앞세워 떠났다. 비록 오손을 움직이는 데는 실패했지만 서역에 한나라의 이름을 널리 알리고 기원전 115년에 귀국했다. 이 원정길은 장건에게 매우 중요한 소득을 안겨 주었다. 서역과 한나라를 잇는 접점을 확보하게 된 것이다. 동반구와 중반구의 만남이라고 할 수 있다. 그러자 중반구의 수많은 나라들이 한나라에 사신을 보내 수교를 맺게 되었고, 이 수교는 더욱더 큰 파급력을 갖게 되었다.

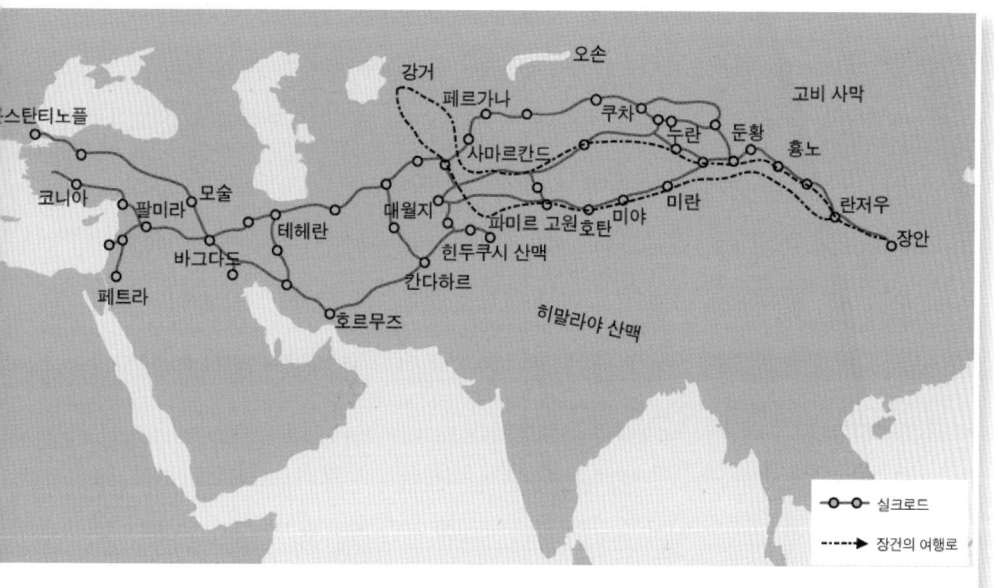

[지도19] 실크로드와 장건의 여행로

그가 서역을 향해 떠난 길은 이렇게 하여 후일 비단길, 실크로드라 불리며 동서 교통로의 중심지가 된 것이다. 이를 통해 상업은 물론 문화적 교류가 지속되면서 한은 더욱 찬란한 발전을 이룩할 수 있게 되었다. 기원전 60년에는 서역 각국을 통괄하는 기관인 서역도호부를 설치하는 등 서역 진출에 더욱 박차를 가했다. 서반구와의 교류도 더욱 활발해졌다. 특히 실크로드를 통해 멀리 로마에서 수입한 중국 비단들로 말미암아 로마 경제가 파탄 직전까지 몰린 적도 있었으니, 이 길의 개척은 문명사에서 참으로 중요한 대목이다.

그러나 신新을 거치고 후한後漢에 이르러, 서기 75년경 흉노가 다시 나타나 끈질기게 괴롭히더니 결국 서역도호부를 무너뜨리고 말았다. 그리고 서기 90년에는 대월씨족이 군사를 일으켜 한을 위협했다. 반초班超, 33~102가 등장한 것은 이때였다. 그는 한나라 때 역사가인 반표班彪의 아들이자, 『한서』漢書의 저자인 반고班固의 아우이기도 하다. 원래 문인 출신이었지만 무인으로 이름을 떨친 그는 기원후 73년 36명의 소규모 부대를 이끌고 사신 자격으로 중반구를 향했다. 우선 선선국鄯善國, 지금의 신강지방에 위치과 관계 개선을 위해 연맹을 맺고, 다음에는 우전국于闐 Khotan 호탄과 소륵국疏勒 카슈가르에게서는 항복을 받아냈다. 그리고 이곳을 거점으로 하여 쿠샨 왕조마저 격퇴하였다. 반초는 이렇게 2년여 동안 중반구의 수십 나라들을 평정하고 실크로드 교류의 재건에 힘썼다.

서역도호부를 재건한 반초는 스스로 지휘관인 도호가 되어 중반구를 평정했다. 97년에는 여러 요충인 오아시스를 일단 제압했다. 그리고 부하인 감영甘英을 서쪽으로 파견하여 박트리아와 파르티아를 거쳐 지중해에 이르는 지리와 정치 정세를 살피게 하였다. 그리고 텐산산맥과 파미르고원을 횡단하여 실크로드를 어지럽히던 흉노와 혼족을 토벌했다. 흉노와 동맹 관계에 있던 쿠차와 카라샤르마저 정복하였다.

그곳은 천산의 눈이 녹은 물이 여러 줄기의 강을 이루어 타림강으로 흘러들어 가는 곳이다. 산 속의 골짜기에는 방목하기에 좋은 풀밭이 펼쳐져 있다. 쿠차는 당시 인구 8만 명에 이르는 크고 부유한 오아시스다. 거기서 서쪽 소륵까지는 200km의 거리로, 빠른 말은 이틀이면 갈 수 있는 가까운 곳이다. 소륵에서는 월지가 사는 파미르고원에도 갈 수 있고, 또 오손이 사는 쪽으로도 길이 나 있다. 오늘날 키르기스스탄에 있는 이식쿨 호수(겨울에도 얼지 않기 때문에 '열해'熱海라 불렸다) 쪽이다. 이렇게 서역 50여 국을 모조리 한의 지배하에 두었으니, 한무제 이후 약 200년 만에 다시금 한족의 세력이 중반구로 뻗게 되는 전성기였다.

『후한서』에는 "감영은 서역을 통해 안식국安息國,페르시아에 도달했고, 커다란 바다페르시아 만의 기슭까지 갔는데, 그곳에서 그는 대진을 볼 수 있었다."라는 기록이 있다. 대진大秦은 로마 제국이지만 지금의 이탈리아반도라기보다는 로마 제국이 다스리는 영토라고 보는 것이 옳을 듯하다. 페르시아까지 도달했다는 말이기는 하지만, 실제로는 흑해에 이르러 돌아온 것으로 보인다. 한나라와 유럽의 직교역에 위기를 느낀 파르티아 상인들의 방해 때문이었다. 아무튼 감영은 동반구의 흔적을 서반구에 남긴 최초의 중국인이었다고 할 수 있다.

감영은 그들과도 동맹을 맺어 파르티아의 수도 크테시폰이란과 며칠 거리에 지나지 않는, 오늘날의 바그다드와 52km 거리 밖에 되지 않는 곳에 한나라 군대의 기지를 설치했다. 그리고 이 지역을 몇 년간 다스리기도 했다. 이렇게 하여 동쪽으로는 파르티아, 서쪽으로는 카스피해의 해변과 튀르크메니스탄의 메르브까지 기지를 확장하였다. 116년 로마의 황제 트라이아누스Traianus, 53~117가 파르티아로 진격하여 크테시폰을 공격했다. 그러

나 하루거리인 한나라의 요새와 직접적인 접촉이 있었다는 기록은 없다.[94]

반초가 대진大秦으로 불리던 로마와의 국교를 맺은 것도 괄목할 만한 일이다. 감영이 로마에 대한 보고서를 남겼지만, 그것은 직접적인 경험이라기보다는 간접적으로 습득한 정보라고 여겨진다. 그는 로마의 위치를 바다의 서쪽이라고 기술했다.

대진국의 판도는 수천 리를 지나는 영역에 이르고, 성벽으로 둘러싸인 도시는 400여 개가 넘는다. 그리고 대진국은 수십 개의 소국을 거느리고 있다. 도시의 외벽은 석조이고, 역사 제도가 확립되어 있다...... 소나무와 실삼 나무가 자라고 있다.[95]

그는 보고서에서 네르바M. C. Nerva, r. 96~98 황제에 의한 양자 제위 계승 제도에 대해서도 언급한 바 있다. 뿐만 아니라 로마인의 신체 외관이나 로마 제국의 제도나 산물 등에 대해서도 이렇게 말했다.

왕권은 세습하는 것이 아니라 가장 자질이 뛰어난 사람을 선택하여 그 지위를 넘겨준다. 이 나라 사람들은 장신으로 균형 잡힌 용모를 가지고 있으며 중국인을 닮았음으로 나라 이름을 대진大秦이라 부른다.[96]

기원후 100년, 반초는 31년간을 서역에 머무르다 70세의 고령으로 수

---

94) 정수일, 2013. '감영甘英의 대진大秦사행'『실크로드사전』12-13.
95)『후한서』https://ko.wikipedia.org/
96) 같은 사이트.

도 낙양洛陽에 귀환했고, 얼마 되지 않아 사망했다. 반초가 잠시 자리를 비운 사이 흉노는 활발하게 정복 활동을 벌여 중반구는 곧 흉노의 세력으로 넘어가고 말았다. 그 후 한은 몇 번이나 중반구에 군대를 보냈지만, 반초가 확보했던 영토는 되찾을 수 없었다. 중반구가 다시금 중국 역사에서 중요한 곳으로 등장하기 위해서는 7세기, 즉 수당隋唐 초까지 기다려야 하였다. 그러나 장건과 반초는 오늘날 실크로드라 불리는 길을 최초로 개척한 사람들임에는 틀림없다.

2. 혜초와 고선지

혜초惠超, 704-787가 활동했던 동반구의 시대적 배경은 대단히 역동적이다. 나당 연합군이 660년에 백제를 멸하고 668년에 고구려를 무너뜨렸다. 신라는 676년에 당을 한반도에서 몰아내고 대동강과 원산만 아래쪽을 통일하였다. 비록 불완전한 통일이었지만, 하나의 민족, 하나의 언어, 하나의 문화를 형성하여 오늘날 한국사의 주류를 이루게 되었다. 그리고 통일 신라668-935가 성립되었다. 이는 동반구 세계의 정치적 균형을 바꾸는 중요한 사건이었다. 당 제국에는 불교가 크게 성하여 전성기를 맞고 있었고, 조로아스터교, 마니교, 경교 등 다양한 종교들도 중반구로부터 실크로드를 통하여 유입되고 있었다. 신라에도 불교 문화가 번성하기 시작했다. 불국사나 석굴암이 창건된 것도 모두 이때였다. 신라는 삼국을 통일한 후 당나라와의 관계를 더욱 밀접히 하면서 불승이나 유학생들의 입당을 적극 권장하였다.

혜초가 등장한 것은 바로 이때였다. 그는 열여섯 살이 되던 719년신라 성덕왕 18년 무렵, 당시 성행하던 이런 유학의 물결을 타고 당나라로 떠났다. 당나라로 들어간 혜초는 광주廣州에서 천축 밀교승 금강지를 찾아가 수학했다. 그리고 723년에 다시 천축으로 향하였다. 약 4년 동안 천축天竺과 서역의 여러 지방을 돌아 727년 11월 상순에 당시 안서도호부의 소재지인 쿠차龜玆 高車를 거쳐 장안에 돌아왔다. 733년에는 장안의 천복사, 그리고 780년부터는 산서성 오대산에서 말년을 보냈다. 그가 남긴 『왕오천축국전』의 五天竺은 인도 대륙을 동서남북과 중앙으로 구분해 부른 이름으로 동천축, 서천축, 남천축, 북천축, 중천축의 5개의 나라였다.

인도에서는 굽타왕조320~520 이후 6세기 중엽에 이르자 문화가 크게 번영하면서 그 세력을 동반구로 확대시키고 있었다. 중반구 실크로드 지역은 어느덧 가장 혁신적인 첨단 문명을 호흡하고 있었다. 동반구와 서반구의 교류 통로 노릇을 하던 중반구는 정주 국가인 중국보다 먼저 서반구로부터 종교를 받아들이고, 동반구로부터는 기술을 받아들였다. 선진문화를 수용하여 새로운 문화를 창출했으며, 특히 중개 무역을 통해 축적한 경제력을 바탕으로 수준 높은 문화와 역사를 창조했다.

물론 그 전에도 동반구로부터 중반구로 향한 여행가가 여럿 있었다. 모두 12권으로, 646년에 완성된 현장玄奘, 596-664경의 『대당서역기』가 그 가운데 대표적인 보고서이다. 여기서 언급된 나라는 138개국으로, 그 가운데 110개국은 현장이 직접 가 본 곳이다. 현장은 인도의 각 나라를 돌아다니며 역사, 지리, 풍토, 기후, 산물, 정치, 경제, 문화, 종교, 풍속, 전설과 인도 내의 각 불교 교파의 변천과 분포 상황, 불교 유적과 유물의 유래, 역사적 인물과 사건에 대해 구술한 것을 기록했다. 이 책은 16세기에 작가 오승은에 의해 『서유기』로 재탄생되기도 하였으며, 여기 등장하는 삼장 법사는 현장을 풍자와 해학으로 빗대어 표현한 인물이다.

현장의 여행은 육로로만 18년 동안 불교 성지를 통한 구법·순례 여행이었다. 특히 인도를 비롯하여 키르기스스탄과 우즈베키스탄 등의 중앙아시아를 경유하는 불교 문화권이 대상이었다. 그 경유 국가의 수, 여행의 치밀함과 폭넓음, 인도와 불교에 대한 이해의 심도 등에 있어서는 현장의 여행가가 혜초를 능가한다. 혜초는 해로를 거쳐 육로로 23개국을 여행한 것이 전부고, 여행 기간도 4년에 불과하여 현장의 여행에 비할 바 못된다. 그러나 혜초는 비불교 문화권, 곧 당시 이슬람교가 지배하던 페르시아, 심지어 아랍국까지의 광대한 지역을 여행한 것으로 기록되어 있다. 혜초의 여행은 문명 탐구적 성격을 갖는다는데 그 의의가 있다고 해야 할 것이다. 그는 불교라는 창을 통해 중국, 인도, 중앙아시아를 살폈고, 또한 사라센 제국의 이슬람 문화와, 나아가서는 기독교 문화권인 비잔틴 제국까지 살폈다. 그의 관심은 불교에만 한정되어 있지 않았다. 정치, 경제, 사회 문제를 비롯하여 의식주, 언어, 지리와 기후 등 사람 사는 일과 관계된 것이라면 무엇에나 열려 있었다.

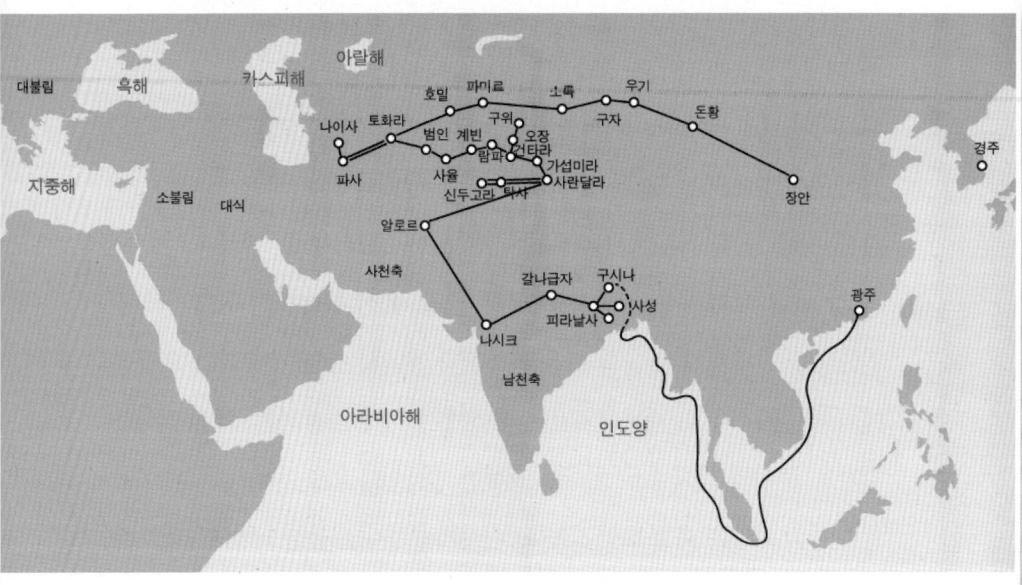

[지도20] 혜초의 여행 경로

특히 서북 인도와 아프가니스탄 및 동·서 투르키스탄 지방에 관해서는 혜초의 기록이 아니고서는 얻을 수 없는 정보들이 있다. 일반적인 지방 명칭에 대한 중국식 표기가 마르코 폴로나 몽골 시대에 알려졌던 것보다 5세기 이상 앞선다. 예를 들자면 소륵疎勒의 실제 명칭은 가사기리국伽師祇離

國 Kashgar, 카슈가르이었다. 뿐만 아니라 혜초가 서천축으로 들어가는 장면에서부터는 계속해서 이슬람 세력의 침입과 그들의 지배 사실을 묘사하여 독자들에게 당시의 상황을 생생하게 전달하고 있다. 예를 들어 "서천축국은 대식의 내침을 받아 나라의 절반이 파괴되었다"는 기록은 당시 사라센인들이 모든 인더스강 하류 계곡과 삼각주를 점령한 것을 직접 목격하지 않고서는 할 수 없는 이야기다.

뿐만 아니라 천축국의 왕들이 각각 코끼리를 수백 마리씩 소유하고 있다는 기록은 당시 인도 각국의 군사력에 대한 소중한 정보이기도 하다. 코끼리는 운반 수단인 동시에 전차의 역할을 했기 때문이다. 사실 8세기 전반의 중반구는 당唐과 티베트吐藩과 돌궐突厥과 아랍大食의 극렬한 투쟁의 현장이었다. 그런가 하면 당시 인도 민중들의 곤궁한 삶의 모습을 의복이나 주거 상황의 묘사를 통해 생생하게 전해준다.

그 가운데 몇몇 곳은 혜초가 실제로 방문했는지 논쟁거리로 남아있다. 그가 실제로 파사波斯, 페르시아와 대식大食 아랍, 그리고 멀리 대불림大拂臨 동로마 비잔틴까지 다녀온 게 아니라 토화라吐火羅 토카리스탄 현 아프가니스탄에서 이들 인근 여러 나라들에 관해 전해들은 이야기를 기술했다고도 한다. 혜초의 여행 목적이 구법에 있었다면 이교인 이슬람이나 기독교가 지배하는 지역에 가지 않았을 수도 있다. 그러나 그의 여행은 구법 수학보다는 문명 탐구적 성격이 더 강했음을 상기할 필요가 있다. 밀교의 전성기에 그 본거지인 천축에 간 그가 밀교에 대해서는 한마디도 없다. 뿐만 아니라 한때 불교학의 최고 전당이었던 나란타Nālandā 那爛陀에 관해서도 그 곁을 지나면서도 일언반구 언급이 없다.

혜초가 실제 천축에 체류한 기간은 3년 정도밖에 안 된다. 그러나 그는 이미 대식의 내침을 받은 서천축 이나 북천축의 일부 지역을 여행했고, 특히 이미 대식의 지배하에 들어가서 이슬람화가 상당한 정도로 진척된 토화라에는 오랫동안 머무르기도 했다. 그렇다면, 그가 여행한 서쪽 끝은 토화라가 아니라 대식의 지배하에 있는 파사페르시아일 수도 있다. 파사가 토화라국의 서쪽에 있다든가, 파사가 대식에 병합되었다든가, 대식국 왕우마위야조 10대, 칼리파 하심이 본국에 살지 않고 소불림小拂臨, 현 시리아에 가서 살고 있다든가, 이 두 곳에서는 '하느님을 믿고 불법을 모른다'고 한 기술 등은 모두가 역사적으로 정확한 내용이다. 뿐만 아니라 서반구의 기독교 문화권인 비잔틴 제국에 대해서도 환경, 물산. 풍습. 종교 등의 내용을 포함시켜 다른 답사지에 관한 서술 방식과 다르지 않다.97)

『왕오천축국전』은 앞뒤 부분이 떨어져 나가고 매우 간략한 여행기다. 그러나 이렇게 이슬람 문명이 정복하기 전의 이른바 우리가 잊어버리고 있던 중반구 역사를 다루고 있다는 데 중요성이 있다. 뿐만 아니라 非무슬림에 의한 마지막 기록으로 인도와 중앙아시아의 역사를 복원하는데 매우 중요한 역사 기록인 것이다.

그런데 혜초의 긴 여행길에 이미 그곳에서 그를 기다리고 있는 사람이 있었다. 고구려 유민 고선지高仙芝이다. 『구당서』舊唐書의 「고선지전」에 기록된 바에 의하면, 고선지의 아버지 사계舍鷄는 처음 하서절도河西節度 군에 배속되었다가 거듭되는 전공으로 높은 지위에까지 이르렀다고 한다. 아마도 아버지 고사계가 당나라에 잡혀 와서 당시 고구려인들의 강제 집단포로 거주지였던 영주營州 지금의 요녕성 조양朝陽 부근에서 고선지를 낳았을 것으

---

97) 정수일, 2004. 「혜초의 서역기행과 "왕오천축국전"」『한국문학연구』. 27: 26-50

로 추정한다. 고선지는 서부지역 사령부 격인 안서도호부의 쿠차에 장교로 복무하게 된 아버지 고사계를 따라 처음으로 서역에 발을 들여놓게 된 것이다.

그는 20살쯤 되었을 때 유격장군에 임명되었는데, "용모가 빼어나고 말타기와 활쏘기에 탁월했으며 용맹"했기 때문이라고 한다. 그리고 곧 안서부도호에 임명되고 사진도지병마사四鎭都知兵馬使의 직위에까지 올랐다. 그의 명성을 내외에 드높인 것은 무엇보다 747년의 파미르 대원정이었다. 오늘날 타지키스탄, 아프가니스탄, 파키스탄이 접경하는 파미르고원의 해발 4,000~5,000m 고지를 넘나들면서 혁혁한 전과를 올렸다. 그리고 마침내 공로를 인정받아 서부 방위 최고 사령관인 안서절도사에 임명되기에 이르렀다. 당 제국이 고선지가 이끄는 원정대를 이처럼 고산 지대로 보낸 데는 까닭이 있었다. 티베트 지방에서 세력을 넓히며 당의 서부 변경을 압박하던 토번吐蕃이라는 강국을 견제하기 위해서였다.

토번을 점령한 고선지는 카라코람산맥을 넘어 다시 진군했다. 이른바 747년의 소발률小勃律·길기트국 원정으로, 오늘날 카슈미르 지역의 북쪽 언저리이다. 그리고 여기서 다시 탄구령坦駒嶺·다르코트을 넘어 안서도호를 향해 개선하였다. 이렇게 되니 이웃의 카슈미르와 카불을 비롯하여 서역의 20여 국은 물론이고, 그 밖의 많은 서역 제국들도 다시 당에 조공을 바치기 시작했다. 중국과 서역 간의 교통이 활성화된 것이다. 중반구의 대국인 불름拂菻·시리아과 대식아랍을 위시해 무려 72개 국이 당에 조공을 바쳤다고 한다. 아직 이슬람이 진출하기 전에, 당과 토번, 그리고 대식의 각축장이었던 중반구에서 당은 최강자로 부상하게 된 것이다.

750년, 고선지는 파미르고원 서쪽에 있는 사마르칸트와 타슈켄트에 대한 원정을 감행했다. 이번 원정은 아랍 진출이 목적이었다. 과거 이슬람 군대가 중앙아시아로 들어와 그곳 여러 도시에 압박을 가했을 때, 궁지에 몰린 왕들이 당나라에 군사적 지원을 요청한 적이 있었다. 왕은 이를 무시했고 결국 이들은 당과 관계를 단절하고 아랍 측에 복속하게 된 것이다. 그러나 이제 파미르 원정으로 토번의 세력을 꺾은 당 제국은 서역에서 당(唐)이 종주국으로서의 위상을 확고하게 다지게 되었고, 그 종주권은 중앙아시아를 넘어 서아시아까지 확대되었다. 이런 상황에서 당에 패한 석국石國 우즈베키스탄 타슈켄트 지방이 조공을 게을리하는 문제가 발생했다. 또한 그 주변 국가들과 함께 조직적인 반발을 꾀하고 있었으니, 당으로서는 또 다시 침공의 명분을 얻은 셈이다.

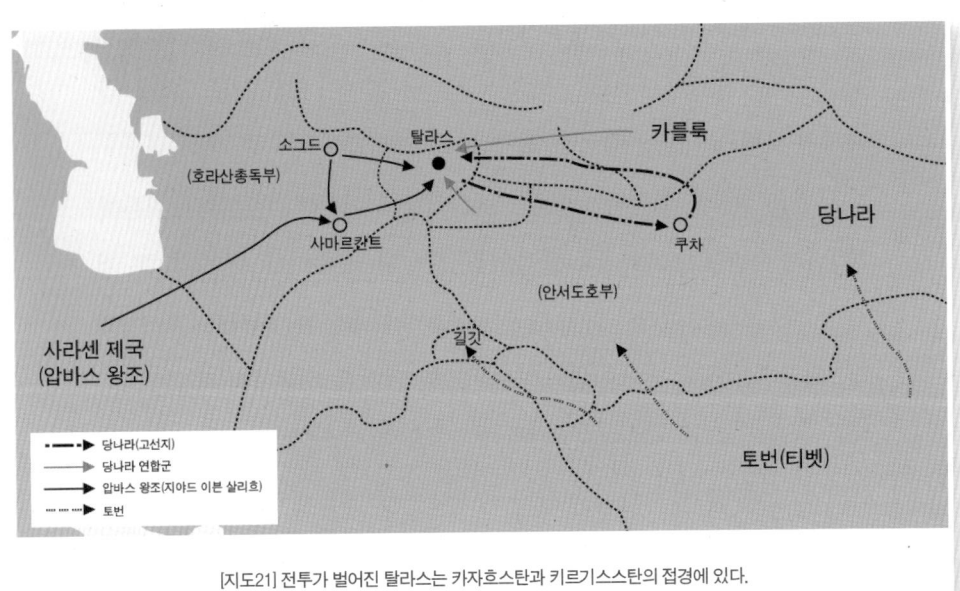

[지도21] 전투가 벌어진 탈라스는 카자흐스탄과 키르기스스탄의 접경에 있다.

당의 공격으로 궁지에 몰린 타슈켄트는 전투를 포기하고 자발적으로 성문을 열었지만, 고선지는 국왕을 포로로 잡아 장안으로 압송시켜 죽여

버리고 말았다. 뿐만 아니라 슬슬瑟瑟, lapis lazuli, 청금석이라는 보석 10여 가마, 낙타 5, 6마리에 가득 실린 황금과 명마들을 전리품으로 가져갔다. 중국 측 기록에서조차 "성품이 탐욕스러웠다"性貪고 평가할 정도였으니, 현지 주민의 반발과 분노는 두말할 필요도 없을 것이다.

타슈켄트는 다른 도시들과 연락하여 아랍측에 지원을 요청하고, 함께 연합군을 편성하여 안서사진을 공격하자고 제안하였다. 이제 막 건설된 압바스 왕조는 이에 호응하여 지야드 이븐 살리흐Ziyad ibn Salih라는 장군에게 3만명의 군대를 주어 현지에 투입했다. 이 소식을 들은 고선지는 휘하의 군사와 천산 방면에 거주하던 돌궐계 카를룩Karluk이라는 유목 부족을 규합하여 모두 7만 명의 군대를 편성하여 아랍군을 맞으러 나갔다.

751년 음력 7월, 그 유명한 탈라스 전투는 이렇게 시작되었다. 오늘날 카자흐스탄과 키르기스스탄의 접경인 아틀라흐Atlakh라는 곳으로, 타라즈Taraz·일명 Aulie-ata, Zambul 부근이었을 것으로 추정된다. 닷새 동안의 전투에서 당군은 궤멸되었으며 살아 남은 자는 불과 수천 명이었다. 카를룩의 배신 때문이었다. 그리고 석국은 사라센에게 복속되었다.[98]

이 전투는 중앙아시아의 패권을 누가 차지하느냐를 두고 중국과 이슬람, 혹은 동반구와 중반구라는 두 개의 문명권이 충돌한 것으로 이해할 필요가 있다. 오늘날까지 이 지역 주민의 대다수가 이슬람을 신봉하고 있는 것도 이 전투의 결과와 결코 무관하지 않다. 동반구와 중반구의 교섭사에서도 그 파장은 대단히 크다. 아랍 연합군에게 잡힌 당군 포로들에 의해 제지술이 전파되는 계기가 되었기 때문이다. 탈라스 전투는 세계사의

---

[98] http://weekly1.chosun.com/site/data/html_dir/2007/07/27/2007072700578.html
[김호동 교수의 중앙유라시아 역사 기행(9)] 파미르 원정대를 이끈 고선지와 그의 시대.

전개에서 이처럼 중요한 사건이었지만 그 당시 사람들은 그 의미를 충분히 알지 못했던 것 같다. 왜냐하면 승리를 거둔 아랍 측에서는 이 전투에 대해 거의 아무런 언급도 없을 뿐만 아니라, 수만 명이 몰살 당한 중국 측에서도 아주 단편적인 기록만을 남기고 있기 때문이다.

고선지의 생애는 아이러니컬하면서 동시에 드라마틱한 요소들을 갖고 있다. 망국의 아픔을 안고 살아가던 한 고구려 유민의 후예가 당 제국의 서부 방위 사령관으로까지 승진했고, 고구려를 멸망시킨 당 제국이 반란으로 위기에 처했을 때 진압군 총사령관으로 임명되었다가 모함에 걸려 처형되고 말았다는 것도 그러하다. 그러나 동시에 그는 중반구의 패권을 두고 제국들이 쟁패하던 역사적 현장의 한가운데에 서있었다. 우리는 그의 생애와 활약상을 통해서 8세기 중반 토번과 아랍의 팽창, 중앙아시아의 진출, 이에 대한 당 제국의 군사적 대응, 그리고 뒤이은 안록산의 반란과 제국의 동요라는 일련의 역사적 흐름을 보다 또렷하게 읽을 수 있다. 그가 중국사와 아랍 세계로 대표되는 동반구와 중반구 사이에서 남긴 발자취는 형언하기 어려울 정도로 중요하다.

3. 마르코 폴로와 이븐 바투타, 그리고 개척자들

마르코 폴로Marco Polo, 1254~1324라는 베니스 출신의 상인이 있었다. 그의 여행기 『동방견문록』The Travels of Marco Polo은 당시 서반구 사회에서 선풍적인 인기를 끌었다. 그가 다녀온 동방은 미지의 땅이었으며, 지금까지 서반구가 한 번도 경험한 적이 없는, 거대한 황금으로 둘러싸인 휘황찬란한 곳이었다. 이 책은 개인사를 서술하고 있는 서문을 제외하고 모두 3권으로 되어 있다. 1권은 아르메니아에서 원나라 칸의 조정에 이르기까지 여정 속에서 보고 들은 일을 기록했다. 2권에서는 칸 및 그 도성·궁정·정부, 그리고 운남雲南·미얀마 및 복주福州·천주泉州에 간 노정을 기록했고, 3권은 일본 열도·남인도와 인도양 연안 및 각 성들에 대해서 기록했다.

이 책은 사람들에게 많은 엄청난 상상력을 불러 일으켰다. 여행기에 서술된 기이한 인명이나 키탄Khitan이나 칸발릭Khanbaliq같은 지명들은 금세 서반구인들에게 이상향의 대명사로 쓰이기도 했다. 키탄Khitan 契丹은 중국의 다른 이름으로, 칸발릭Khanbaliq 汗八里은 위대한 칸의 거주지라는 뜻으로 당시 원나라의 수도 상도上都를 지칭했다. 그곳은 무엇보다도 중세 서반구의 금욕적 기독교 문화에 미적·물질적 열망을 불러일으키는 공간이었다.

마르코 폴로는 쿠빌라이 칸의 병력과 토지, 재산의 풍요로움을 말하면서, 그 강성함은 세계에서 비할 바가 없다고 했다. 칸이 귀족을 소집하여 알현 받는 의식이나 해마다 전국 규모로 열리는 칸의 생일잔치, 그리고 명절을 맞아 축제를 벌이는 행사의 규모는 상상을 초월하며, 그가 매년 거두어들이는 세수稅收 또한 천문학적이라고 했다. 남자나 여자나 할 것 없이 모두 용모가 빼어나고 거동이 아름다우며, 항상 고운 비단옷을 입고 값비싼 진주·보석 등의 장신구를 하고 있다고 했다. 농산물이나 음식물이 풍부하고, 토지 역시 모두 밭 갈고 씨 뿌릴 수 있어 한 곳도 황폐한 곳이 없으며, 각종 가축도 매우 번식한 상태라고 했다. 결국 이것이 그 엄청난 인구를 유지할 수 있는 이유라는 것이다. 그런가 하면 빈민 구제 사업에 기쁜 마음으로 임하는 칸의 자선 사업에 대해 언급하기도 했다. 말끝마다 '수백 만'이라는 단어를 붙여 사람들은 그를 허풍쟁이라며 '백만' Milione이라 부르기도 했지만, 당시로서는 믿을 수도 믿지 않을 수도 없는 신기한 이야기였다.

주목할 만한 것은 큰 도로에 설치된 역참과 파발꾼에 대한 소개다. 앞서 팍스 몽골리카를 이야기할 때 언급한 바 있지만, 그것은 대략 25~30마일 간격으로 숙소를 마련해 손님을 맞이하는 일종의 우편국이라고 했다. 고관들이 사용할 수 있도록 각 역참에는 말들이 400필씩 준비되어 있어, 특히 칸의 명령을 지방으로 하달할 때나 지방 관리가 왕에게 보고를 올릴 때 매우 유용한 수단이라고 했다. 서반구에서는 들어본 적이 없는 놀라운 정보와 통치 시스템이었다. 황하강의 수로 교통 시스템, 지폐의 유통 시스템, 땔감으로 석탄이 사용되고 있다는 것도 놀랍기는 마찬가지였다. 서반구에서는 지폐 사용이 1715년이 되어서야 파리에서 처음 시작된 일이고, 석탄에 대해서도 들어 봤을 리 만무한 일이었다.

건축, 즉 궁전과 도시와 교량에 대해서도 매우 자세하게 설명하고 있다. 칸이 도성에 짓게 될 아름다운 궁전의 건축 계획에 대해서는 대리석과 기타 아름다운 돌로 연결하여 조성할 것이라고 했다. 전에 들어 보지도 못한 규모에 놀라고, 배치 또한 정교해서 사람의 상상력이 이보다 더 뛰어날 수는 없을 것이라고 했다. 뿐만 아니라 이 나라의 법률과 제도는 어떠한 종교에 대해서도 반대하지 않고, 백성들은 도덕 정신에 투철하고 부모에게 효도하고 평화를 사랑하며 중후한 태도를 지녔다고 했다. 그야말로 엄청난 문화 충격이 아닐 수 없었다. 기독교도가 저주해 마지않는 세속적이고 물질적인 지상의 생활을 누리는 동반구 사람들이 도리어 아름답고 선한 지상의 천당을 만들어내고 있었던 것이다.

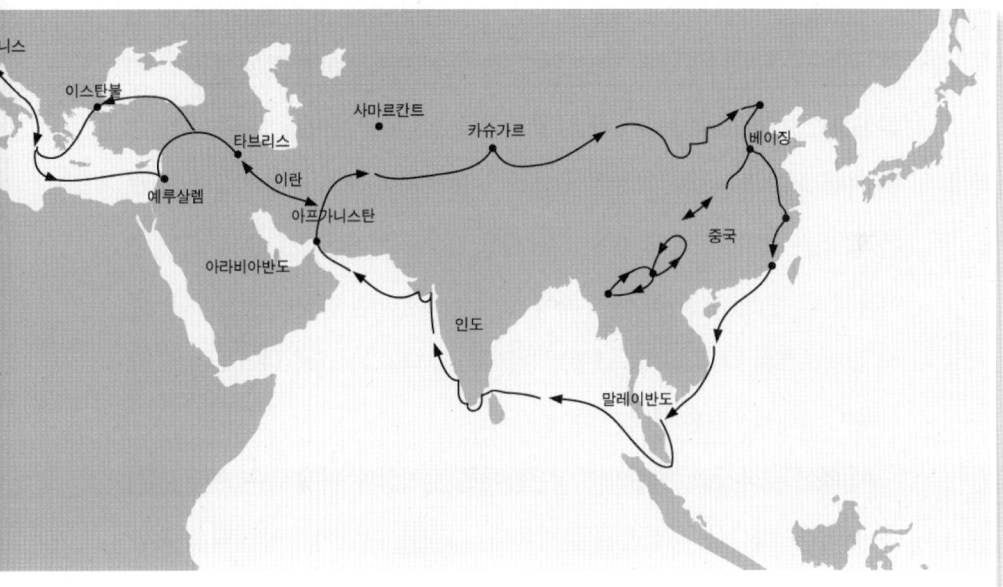

[지도22] 마르코 폴로의 여행 경로

 중국의 4대 발명품으로 여겨지는 제지술, 인쇄술, 화약, 나침반이 서반구로 전해진 것은 마르코 폴로 덕분이라는 주장도 있다. 그러나 『동방견문록』에는 비록 중국의 제지술과 지폐에 대해서는 언급되고 있지만, 인쇄술에 대해서는 아무런 언급이 없기 때문에 쉽게 동의할 수 있는 내용은 아니다. 중국의 조판雕板을 서반구로 가지고 간 사람은 다른 사람일 가능성이 크다. 『동방견문록』에는 사실과는 거리가 먼 과장이나 환상적으로 꾸며진 이야기도 적지 않게 포함되어 있는 것이 사실이다. 그러나 중세 서반구인들이 유럽 이외의 바깥세상에 대해 무지했을 때, 『동방견문록』은 13~14세기 서반구인들의 세계관을 혁명적으로 바꾸어 놓은 역할을 했다. 이처럼 콜럼버스의 신대륙 발견에 이르기까지 마르코 폴로의 『동방견문록』이 남긴 영향은 실로 막대하다고 할 수 있다.

『동방견문록』과 같은 책이 탄생할 수 있었던 것은 몽골 제국이 미리 길을 터놓아 유라시아 여러 지역 간 교류가 활성화되고 문화적 소통이 이루어졌기 때문이다. 따라서 팍스 몽골리카, 즉 몽골의 세계 지배가 없었다면 유럽의 근대가 없었을지도 모른다. 서반구인들에게 물질적 풍요에 대한 열망을 불러일으키고 자유로운 개척 정신을 제시한 것도 이 책의 영향이라고 할 수 있다. 따라서 이 책이 르네상스에 끼친 영향은 엄청나다. 특히 콜럼버스의 항해 동기는 『동방견문록』에 나오는 칸의 나라大汗國를 탐험하기 위해서였음은 알려진 바이다.

이 책이 르네상스 시대의 지식인들에게 호기심과 자유로운 연구 정신을 불러일으켰다는 사실만은 분명하다. 그것은 그들에게 상상력을 촉발시키는 촉매제였다. 그리고 탐구 정신을 폭발시키는 하나의 거대한 동기로 작용했던 것이다. 사실 자유로운 탐구 정신이야말로 르네상스의 가장 큰 특징이 아닐 수 없다. 이러한 탐구 정신이 발현된 다음에야 비로소 갖가지 발명이 존재 할 수 있었기 때문이다. 따라서 르네상스가 꽃피게 된 것은 마르코 폴로가 중국에서 돌아온 것과 밀접한 관계가 있었던 것이다.

그로부터 50여 년 뒤에 태어났지만, 마르코 폴로와 동시대 인물이라고 할 수 있는 이븐 바투타Ibn Battuta: 1304~1368도 이러한 탐구 정신을 보여 준 인물이다. 그는 중세 이슬람 세계가 낳은 대표적인 탐험가로, 그가 태어난

1304년은 고려에서는 충렬왕이 태어난 해이기도 하다. 스페인을 마주보는 북아프리카 모로코의 끝 탕헤르의 전통적인 이슬람 명문가 출신으로 법관으로 봉직했다. 21세가 되던 1325년, 고향을 떠나 메카와 메디나로 성지순례를 떠났다. 지중해 연안 북아프리카의 여러 도시를 거치는 1년 여의 여정 끝에 다마스쿠스에 도착했다. 거기서 성지인 메디나와 메카를 방문한 후 순례단을 따라 나섰다. 오늘날의 이라크와 이란 지역을 여행하고, 이슬람 문화의 또 다른 중심지인 이스파한과 바그다드를 방문하고, 1328년 애초의 목표인 순례 의무를 일단 3년 만에 마무리했다.

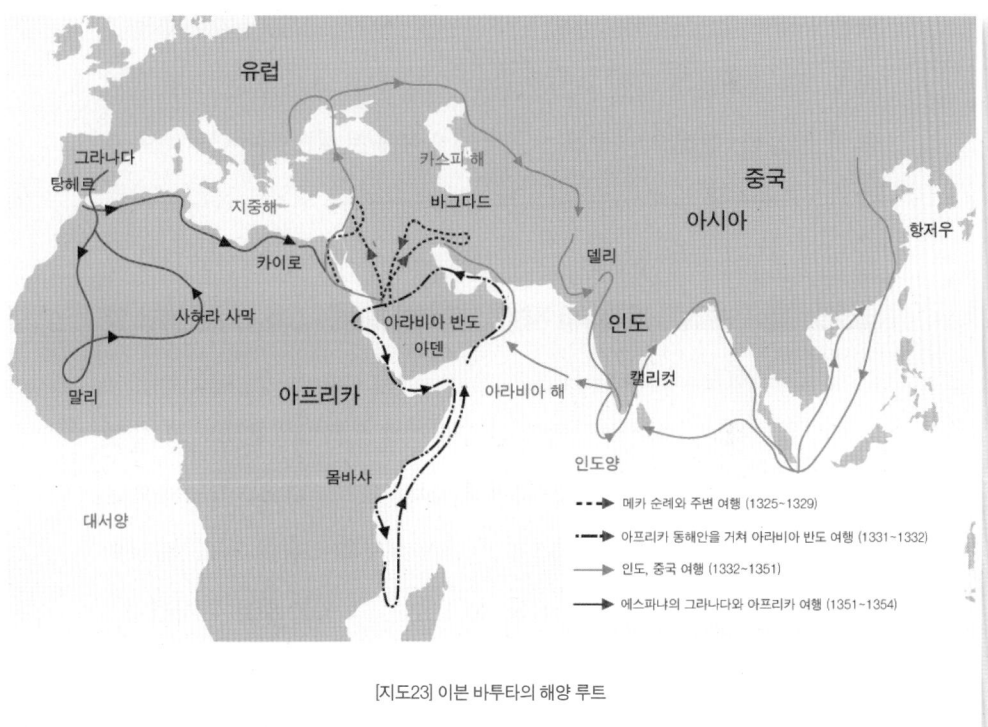

[지도23] 이븐 바투타의 해양 루트

평생에 한 번 메카를 방문하는 것은 모든 무슬림들의 가장 큰 꿈이자 가장 흥분되는 종교적 이벤트이다. 이슬람 세계에 대한 지적 열망과 신앙에 불탔던 이븐 바투타에게 그것은 최고의 대 여정이었다. 1331년에는 터키를 종횡으로 누비는 여정 끝에 흑해를 건너 오늘날 우크라이나의 케르치에 도착한다. 그리고 카스피해 서부 지역의 술탄 무함마드 우즈베크를 알현하고 호의를 입는다. 오늘날 러시아의 카잔 근처까지 북상했다가 다시 남하한 그는 콘스탄티노플로 가게 되어 그곳에서 비잔티움 제국 황제 안드로니쿠스 3세를 알현하게 된다.

우크라이나, 러시아, 카자흐스탄, 이란, 아프가니스탄, 파키스탄을 육로로 거친 이븐 바투타는 인도의 델리로 가서 그곳의 역사와 관련하여 상당한 분량에 걸친 원고를 남겼다. 그를 아낀 술탄으로부터 자우자 등 5개 도시를 위임받은 그는 7년 동안이나 인도에서 '작은 술탄'으로 군림할 수 있었다. 그리고 나중에는 중국의 왕에게 보내는 사절단의 대표가 되었지만 출항에 실패하고 1344년에 인도 남서부에 위치한 몰디브 제도로 가서 1년 반 동안 법관으로 일하며 아내를 네 명이나 얻는다. 다시 중국으로 돌아왔지만, 원나라의 마지막 황제인 순제順帝, 1320~1370를 직접 알현하지는 못했다.

1347년, 일행은 다시 중국을 떠나 귀향길에 오른다. 이탈리아의 사르데냐 섬에 들렀다가 북아프리카 해안에 상륙한 그는 1349년 11월에 모로코의 수도 페스에 도착함으로써 27년간의 여정을 일단락 한다. 술탄의 명령으로 이븐 바투타는 보고서를 완성했다. 그 원본은 현재 사라져버렸지만, 대신 당대의 문필가 이븐 주자이Ibn Juzai가 원문을 윤색하고 다듬어 다음 해 완료한 것이 이븐 바투타의 『여행기』다. 인류 역사상 유례없는 정확하고도 섬세한 현지의 방문 기록이다. 그것은 무엇과도 바꿀 수 없는 훌륭한 인류학 현지 조사 보고서이고, 당시로서는 가장 정확한 세계 민족지였다.

그러나 그의 열정은 수그러들지 않아 1351년 또다시 길을 나선다. 지브롤터 해협을 건너 스페인 안달루시아의 이슬람 도시들을 차례로 순방했다. 그리고 돌아오는 길에는 사하라를 거쳐 아프리카를 둘러 여행을 끝낸 것이 1353년 말이었다. 21세의 열혈 청년이 어느새 49세의 노인으로 변해 있었다. 무려 30년의 세월 동안 그는 암흑의 시대에 잠들어있던 서반구 대륙을 제외하고 인간이 갈 수 있는 모든 곳을 돌아다녔다. 그리고 기록하고 분석하였다. 지구의 서쪽 끝에서 동쪽 끝까지 동일한 길을 반복하지 않으며 육로와 해로를 불문하고 12만km를 누비고 다닌 셈이다. 그리고 1368년 모로코에서 타계했다.

그의 여행기는 단순한 호기심과 즉흥적인 기행문이 아니다. 정확한 지리적 정보와 정치적 환경, 그 지방의 기초 정보를 자세히 파악하고 있다. 민속에 관한 일종의 지역별, 종족별 기초자료이다. 그는 방문했던 지방의 정치와 경제, 문화, 그리고 시장에 이르기까지 모든 것을 그냥 넘기지 않았다. 그들의 삶에 대한 솔직하고 상세한 설명 등이 돋보인다. 다양한 의식과 의례, 각 지방별로 독특한 통과 의례와 가치관의 차이, 의식주 일반에 이르기까지 잘 묘사되어 있다. 그는 각지의 술탄과 총독, 성직자를 비롯한 여러 유력 인사를 만나 교제하면서 여러 가지 물자와 정보도 얻을 수 있었다. 중세 지구촌 사람들의 삶에 대한 가장 흥미롭고 가장 상세한 현지 보고서인 셈이다.

뿐만 아니라 당시 각 지역의 다양한 이슬람 문화를 이해하는 중요한 자료이기도 하다. 이슬람이 아랍에서 발생하게 되었지만, 이슬람이 갖고 있는 특유의 포용력과 관용성으로 어떻게 토착 문화와 부닥치며 서로 절

충하고 동화해 가는지에 대한 기초 자료를 제공해 주고 있다. 이슬람 신비주의 수피즘이 어떻게 토착 문화와 섞이고 중앙아시아 여러 지방의 신앙과 가치 체계와 접목했는지, 그리고 어떻게 그것이 민중들의 강력한 영적 기둥으로 작용하게 되었는지를 보여주고 있다. 이러한 광범위하고 다양한 사례는 이슬람 전파사 연구에 있어서도 귀중한 자료임에 틀림없다.

이븐 바투타의 『여행기』는 그보다 앞선 13세기 후반 마르코 폴로가 남긴 『동방견문록』과 비교된다. 두 사람의 여정과 여행 기간은 큰 틀에서 유사한 점도 일부 있으나 다른 점이 더 많다. 여행의 햇수가 이븐 바투타는 30년이고 마르코 폴로는 25년이다. 마르코 폴로는 그 중 17년간을 오로지 중국에만 머물렀던 것에 반해, 이븐바투타는 훨씬 넓은 지역을 주유했다. 그의 『여행기』는 당대 동서 교류의 대동맥인 실크로드의 오아시스 육로와 해로 그리고 대상 등을 통한 동서 교류의 실상을 선명하게 전해 준다. 서반구인의 동반구 체험기인 『동방견문록』은 르네상스에 직접적인 영향을 끼쳤지만, 중반구인의 동반구 체험기인 『여행기』는 유감스럽게도 오랫동안 사람들에게 제대로 알려지지 않았다. 따라서 르네상스에 직접적인 영향을 끼칠 수는 없었으나, 적어도 당대 동방의 모습을 생생하게 이해 할 수 있는 훌륭한 자료임에는 틀림없다.

사실 마르코 폴로나 이븐 바투타 이전에도 이런 횡단 여행에 도전한 사람들이 있었다. 13세기 초 몽골이 등장할 때부터 14, 15세기 원나라 말기와 명나라 초기에 이르기까지 선교사, 상인, 외교 사절, 여행가, 기술자들은 끊임없이 동반구와 중반구와 서반구를 왕래하였다. 그리하여 그들이 보고 들은 바에 따라 '다른 세계'에 대한 인식은 상당히 높았다. 그들은 지정학적인 이유로 오랫동안 갈라져 있던 저 너머의 '다른 세계'를 향해 누구보다 먼저 징검다리를 건넜다. 그들은 새로움에 대한 두려움보다 호기심이 더 컸을 것이며, 다른 사람보다 더 큰 용기를 갖추었을 것이다.

동반구를 처음으로 방문한 서반구인은 카르피니 출신의 요한John of Plano Carpini이라는 프란체스코파 수도사로 가톨릭 선교사였다. 1245년 리옹을 출발하여 폴란드로부터 키예프, 카스피해, 아랄해 북쪽 연안, 톈산산맥 북쪽 기슭을 거쳐 몽골 제국의 수도 카라코룸에 도착하였다. 그곳에서 구육 칸의 즉위식에 참석한 후, 칸의 회신을 받아 1247년에 귀국하였다. 그리고 『몽골인의 역사』 Ystoria Mongalorum라는 저술을 남겼다. 그로부터 10년도 채 지나지 않은 1253년, 또 한사람의 선교사가 동반구를 향했다. 프란체스코파 수도사인 루브룩 출신의 윌리엄William of Rubruck이 프랑스 국왕 루이 9세의 허락을 얻어 몽골을 방문한 것이다. 그리고 남긴 책이 『여행기』 Itinerarium이다. 한국을 '카울리' Kauli라는 이름으로 서구에 처음 소개한 것도 그의 글이었다.[99]

1293년에는 이탈리아 몬테코르비노 출신의 요한John of Montecorvino이라는 선교사가 몽골 제국의 여름 수도인 칸발릭Qanbaliq·현재 내몽골 소재에 도착하였다. 그는 25년 이상을 그곳에 머물다가 1328~1331년 무렵에 중국에서 사망하고 말았다.

그의 뒤를 이어 중국에서 활동한 사람으로는 프란체스코 수도회 소속인 포르데노네의 오도릭Odoric of Pordenone이 있다. 그는 1318년 베네치아를 출발하여 서아시아를 통해 인도, 스리랑카, 인도네시아, 브루나이, 베트남 등 동남아시아를 거쳐 1324년에 원나라에 도착했다. 그리고 티베트와 이

---

99) Brother Anthony of Taizé, Robert D. Neff, 2016. *Brief Encounters: Early Reports of Korea by Westerners*. Korea Foundation.

란 등 중앙아시아를 지나 1330년 12년간의 동방여행을 마감하고 돌아와 『동유기』The Eastern Parts of the World Described라는 여행기를 남겼다. 그의 행로는 마르코 폴로와 비슷하게 서아시아에서 해로를 이용해 동남아시아, 그리고 중국으로 이동한 후 중앙아시아를 통해 육로로 돌아갔다.

인적 교류가 서에서 동으로만 향한 것은 아니었다. 동반구에서 서반구로 향한 사람 가운데 랍반 사우마Rabban Sauma, 1220~1294라는 인물이 있다. 그는 원래 내몽골 지방에 살던 웅구트 부족 출신으로 튀르크·몽골인 사이에 널리 퍼져 있던 네스토리우스파 기독교를 신봉하고 있었다. 13세기 후반 그는 같은 부족의 마르코스라는 젊은이와 함께 예루살렘으로 성지 순례를 떠났다. 우여곡절 끝에 1281년 동행했던 마르코스가 네스토리우스교단을 총괄하는 '총주교'로 선출되었다. 당시 서아시아를 지배하던 몽골은 랍반 사우마를 칸의 특사로 임명하여 유럽으로 파견하였다. 그는 교황청을 방문하고 영국과 프랑스의 국왕을 알현했으며, 자신이 보고 들은 내용을 기록으로 남겼다.[100]

그리고 거의 100년 정도 이후의 인물이기는 하지만, 데 클라비호Ruy González de Clavijo, ?~1412의 역할도 빠트릴 수가 없다. 티무르의 위세가 서반구에 전해지고 유럽의 각 나라들은 악몽 같은 몽골군의 침략을 떠올리고 있을 때였다. 서반구 기독교 국가 중 최강국으로, 이베리아반도에 있던 카스티야Castilla의 왕 엔리케 3세가 가장 먼저 나섰다. 티무르 제국과의 관계 수립을 위해 1403년 데 클라비호를 파견한 것이다. 그가 돌아와서 쓴 책 『티무르 시대 카디스로부터 사마르칸트까지의 여행기』Timur Devrinde Kadis'ten

---

100) Morris Rossabi, 2010. *Voyager from Xanadu: Rabban Sauma and the First Journey from China to the West.* University of California Press.

Semerkand'a Seyahat[101]는 티무르의 진면목을 서반구에 널리 알렸다.

그가 사마르칸트에서 티무르를 알현할 때 중국 명나라 영락제永樂帝의 사절도 자리를 함께했다는 기록은 매우 상징적이다. 당시 중반구의 티무르 제국은 서반구와 동반구를 잇는 문명의 징검다리 역할을 하고 있었다. 이들이 한 자리에 했다는 것은 그때부터 동반구에서 중반구를 거쳐 서반구에 이르기까지 문명의 벨트가 서서히 형성되고 있었음을 말해주고 있는 것이다.

이처럼 칭기즈 칸 시대로부터 티무르 시대에 이르기까지 많은 개척자들이 중반구를 거쳐 동반구에서 서반구로, 혹은 서반구에서 중반구를 거쳐 동반구로 누비고 다니며 교역과 외교의 통로를 개척했다. 그리고 그들은 동쪽에서 서쪽으로, 혹은 서쪽에서 동쪽으로 서로 다른 문명을 퍼 날랐던 사람들이다. 이들이 남긴 기록은 외부 세계에 대해 극히 무지하던 서반구 사람들의 지식이 얼마나 폭발적으로 팽창했는가를 보여주고 있다. 그것은 결국 콜럼버스 같은 인물의 모험이 대항해의 시대로까지 연결되면서 르네상스의 밑거름이 되었다.

---

101) 1859년 영어로 출판되었다. *Narrative of the Embassy of Ruy Gonzalez de Clavijo to the Court of Timour at Samarcand AD 1403-6*. London, Printed for the Hakluyt Society

제 IV부

교류사로 읽는 글로벌 르네상스

1장   비단 문명의 길

2장   종교 문명의 길

3장   기술 문명의 길

4장   도자기 문명의 길

제IV부 1장
비단 문명의 길

중반구야말로 페르시아의 다리우스 대왕, 마케도니아의 알렉산더 대왕, 한나라의 무제, 당나라의 태종, 이슬람의 칼리프들, 칭기즈 칸, 티무르 등이 전쟁과 정복을 거듭해 온 역사의 현장이다. 특히 몽골리아, 타림 분지, 준가리아, 티베트, 파미르고원, 투르크메니스탄, 아프가니스탄, 이란, 이라크, 시리아, 터키 등이 이 공간에서 상호 연관을 맺고 발전을 해왔다. 많은 민족들의 이동과 흥망이 거듭되었던 이 공간은 어느새 문명의 벨트를 이루고 있었다. 따라서 중반구의 동맥인 비단길 혹은 실크로드가 얼마나 중요한 역할을 하고 있었는가는 새삼스럽게 설명할 필요가 없다.

실크로드는 고대 비단 무역을 계기로 하여 중국과 서역 각국의 정치, 경제, 문화를 이어준 육해 교통로의 총칭이다. 보통 중앙아시아의 오아시스를 경유하는 길, 소위 오아시스 루트를 가리키지만, 과거 유라시아 대륙에서 명멸했던 제 문화들의 교통로이기도 하다. 더 정확히 말하자면 중국과 트랜스옥시아나 및 인도와의 비단 무역을 매개하였던 중앙아시아의 교통로였다. 실크로드는 이곳을 통과하는 문화들이 어떻게 시작되어 어떻게 발전을 이루어 갔는지를 이야기해 주고 있을 뿐만 아니라, 그들의 상호 유기적 변용의 과정이 어떠했는지를 이야기해 주고 있다. 세계 각지에서 전개된 민족의 역사와 문화 거의 모두가 여기에 관련되어 있다고 해도 과언이 아니다. 그야말로 세계사의 거시적 조망을 위해서도 간과할 수 없는 매우 중요한 학술 개념이다.

실크로드라는 용어를 처음 사용한 사람은 19세기 말 독일의 지리학자 리히트호펜Ferdinand von Richthofen[102]이다. 그런데 제2차 세계대전 후, 실크로

---

102) Waugh, Daniel. 2007. "Richthofen's 'Silk Roads': Toward the Archaeology of a Concept." *The Silk Road*. Volume 5, Number 1, Summer 2007, p. 4.

드를 둘러싼 동서문화의 교류에 대한 다양한 연구가 이루어져 그 개념이 더욱 확대되었다. 오늘날에는 일본의 나라奈良와 한국의 경주에서 중국, 중앙아시아, 서아시아의 오아시스 지대를 거쳐 이스탄불과 로마에 달하는 문명 루트 전체를 가리킨다.

중국의 장안長安에서 로마까지 실크로드는 직선 거리로 약 9,000km, 실제 여행 거리로는 약 12,000km이다. 한반도까지 연장하면 14,500km 정도 된다. 지도를 통해 보듯이, 몇 갈래의 간선과 수많은 지선이 있다. 각각의 길에 대한 이용도 시대의 흐름에 따라 다양하였다. 크게는 초원길, 사막길, 그리고 바닷길 등 세 개의 루트로 분류된다. 초원길은 중국 북부 농어촌을 가로지른다. 오아시스길로도 불리는 사막길은 중국 중원을 가로지른다. 바닷길은 중국 광주로부터 연결되는 해상 루트이다. 해상로보다 육상로가 먼저 시작되었지만, 그것이 문화의 교역로로서 역할을 하게 된 것은 전한 시대前漢, 기원전 3세기-기원후 8세기부터다. 그러나 실제로는 당나라 때 이르러서야 실크로드가 무역로로서 제대로 역할을 하게 된다. 중원의 역사에서 당나라가 문화적으로 가장 안정되게 전성기를 이룰 수 있었던 것도 그런 이유 때문이다.

실크로드의 역사는 결코 짧은 것이 아니다. 실크로드를 통한 최초의 동서 교역 흔적은 사막길이 아닌 북아시아의 스텝지대를 가로지르는 초원길에서 볼 수 있다. 기원전 7, 8세기 무렵 남러시아에는 스키타이족이라 불리는 이란계의 유목민이 있었다. 그들은 그리스 식민 도시와 보스포러스 왕국을 중계지로 하여 여러 가지 물자를 교역했다. 약 400년간 몽골을 중심으로 한 동반구 북방지대에서 활동하면서 시종 중국과 관계를 유지해 온 흉노의 역할도 빼놓을 수가 없다. 그들은 중국의 농경 문화를 수

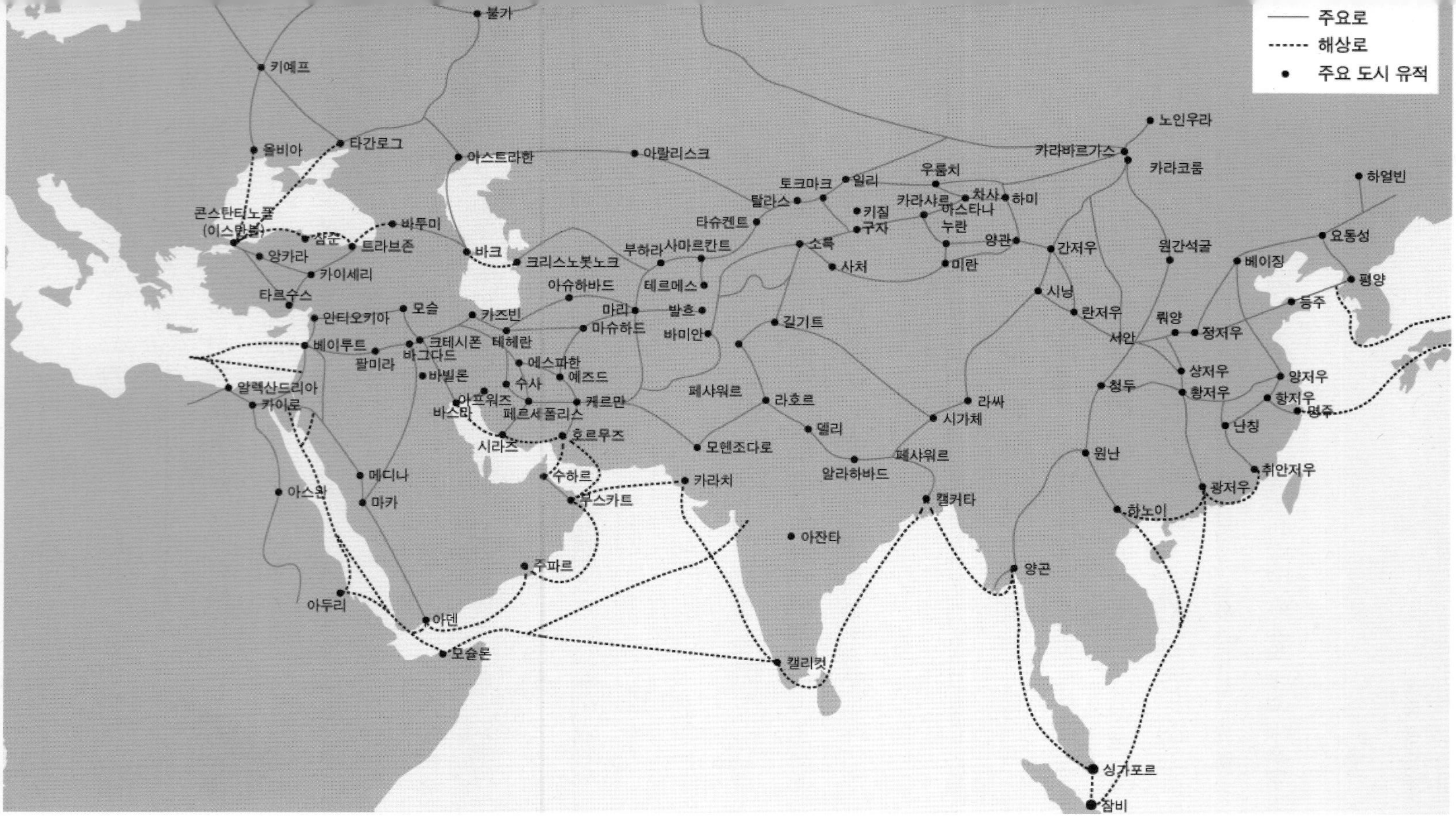

주요로
해상로
주요 도시 유적
불가
키예프
올비아
타간로그
아스트라한
아랄리스크
노인우라
카라바르가스
카라코룸
하얼빈
우룸치
토크마크
일리
탈라스
키질
카라샤르
차사
하미
아스타나
누란
콘스탄티노플
(이스탄불)
바투미
삼순
트라브존
앙카라
카이세리
타르수스
타슈켄트
구자
양관
간저우
원간석굴
요동성
부하라
사마르칸트
바크
크리스노봇노크
소륵
사처
미란
베이징
평양
테르메스
아슈하바드
마리
발흐
시닝
란저우
등주
안티오키아
모슬
카즈빈
마슈하드
바미안
길기트
뤄양
정저우
서안
베이루트
크테시폰
테헤란
팔미라
바그다드
에스파한
바빌론
수사
예즈드
알렉산드리아
아프워즈
카이로
케르만
페샤워르
라호르
바스라
페르세폴리스
호르무즈
시라즈
청두
샹저우
양저우
황저우
항저우
명주
라싸
시가체
델리
난칭
모헨조다로
원난
페샤워르
알라하바드
메디나
수하르
카라치
취안저우
광저우
아스완
마카
무스카트
캘커타
하노이
아잔타
주파르
양곤
아두리
아덴
모슐론
캘리컷
싱가포르
잠비

[지도24] 비단길

용하기도 하고, 유목 기마 민족 특유의 '호한'胡漢 문화를 전파하기도 하였다. 동반구에서 중앙아시아와 러시아 남쪽 초원 지대의 중반구를 지나 서반구까지 자신의 영역을 확대했다. 그들에 의한 교류 내용은 우선 스키타이 유목 문화가 동쪽으로 전해진 것에서 알 수 있다. 그 대표적인 것이 오르도스Ordos 綏遠 청동기 문화다. 기원전 5~2세기경에 출현한 이 문화는 스키타이를 비롯한 북방 유목 민족들의 청동기 문화를 수용했다. 그리고 이를 한층 더 발전시켜 동북아시아 청동기 문화에 촉매제 역할을 하였다.

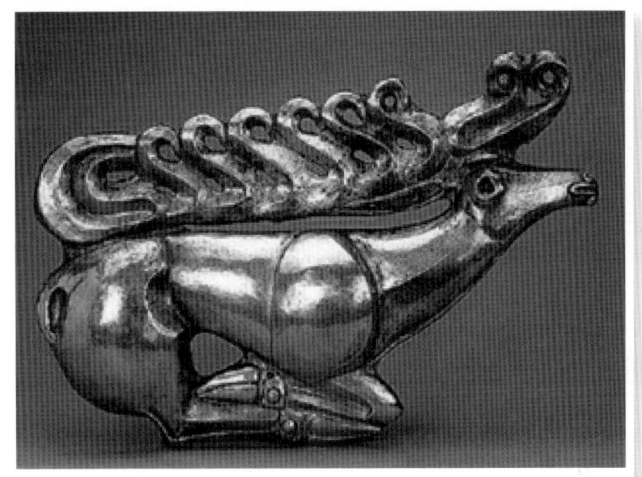

[그림35] 금제 사슴 모양의 방패 장식판, BCE 7.
상트 페테르부르크 에르미타주 미술관

이들의 화려한 문화 교류를 증명하는 것은 유명한 스키타이 동물 문양이다. 이 문양은 동쪽으로는 중국 변경의 오르도스에, 서쪽으로는 흑해 연안의 쿠반강 유역에 걸쳐 북방 유라시아 일대에 널리 분포하고 있다. 스키타이 문양이 옛날부터 유라시아 일대에 분포하고 있었던 사실로 보아, 스키타이 교역로가 스텝 지대를 가로지르고 있었던 것은 확실한 듯하다. 유물의 특징은 스키타이계 동물 문양을 수용한 점이다. 각종 장식물에 예외 없이 동물 문양이 있다. 이는 전국시대부터 위진남북조 시대에 이르기까지 중국 화북華北 지역은 물론, 동쪽으로는 중국 동북 지방이나 고구려를 비롯한 한반도와 멀리 일본까지 영향을 미쳤다. 여기에는 중국적 요소와 함께 스키타이 및 서역의 요소도 혼합되어 있다. 그것은 주로 문양에서 확인되는데, 특히 동물 투쟁 문양들이 그러하다. 페르시아계의 대칭 문양도 그런 특징 가운데 하나다.[그림35]

중국의 하남성과 감숙성 등에서 출토된 채색 도기, 만리장성 지대에서 출토된 수많은 오로도스 청동 제품, 그리고 유라시아에 널리 산재한 옥기玉器 등도 실크로드를 통한 교류의 증거들이다.[103] 초기에는 채색 도자기와 옥이 주를 이루었다. 채색 도기의 형태와 문양과 색채는 오리엔트의 그것과 완전히 일치하고 있다. 아마도 메소포타미아에서 시작된 것으로 보인다. 호탄을 중심으로 발견되는 옥기玉器의 교류 역시 신석기 시대부터 활발했던 것이다. 현존하는 엄청난 옥기의 숫자만 보더라도 고대 중국인들이 옥을 얼마나 좋아하고 소중히 여겼는지를 알 수 있다. 호탄의 옥은 당시 감숙 지방에 거주하고 있던 월지月氏에 의해 동투르키스탄에서 중국으로 전달되었다.

전한 시대의 동서 교역이 한 무제에 의해 크게 활성화되었다는 사실은 앞서 이야기한 대로이다. 황하강 서쪽에 하서사군을 설치함으로써 한은 실크로드를 완전히 장악한 것이나 마찬가지였다. 하서 지방은 중국과 서역을 잇는 오아시스의 연결 고리이며 동시에 고비 사막 북쪽의 몽골고원까지 이어주었다. 이로써 파미르 서쪽의 여러 나라들과 타림 분지의 오아

---

103) 정수일, 2001. 『고대 문명 교류사』, 사계절, 58-64.

시스 제국 모두 한의 존재를 확실히 인식하게 되고 한의 명령에 복종하게 되었다. 그로부터 50~60년 동안은 실크로드가 얼마나 활발했는지 사신들이 길에서 서로 마주칠 정도로 빈번하게 오갔다. 이와 함께 중반구의 상인들도 계속 장안으로 들어왔다.[104]

무제는 이들을 환대했고, 자신의 부를 과시함으로써 더 많은 상인들이 한에 왕래하도록 하였다. 그들은 빛나는 보석류, 향료, 약품, 진귀한 물건들을 중국으로 가져오고, 중국에서는 비단, 칠기, 금 등을 서방으로 운반하였다. 물론 서방과의 교역에서 가장 중요한 중국의 수출품은 말할 것도 없이 비단이었다. 옛날 흉노와 대월지의 중계로 서방 세계에 운반되고 있었던 비단을 이제는 한과 파르티아가 직접 교역을 하기에 이르렀다. 더 많은 물량의 교역이 이루어지면서 문자 그대로 실크로드의 번영을 가져왔다.

이렇게 되니 1세기에서 6,7세기 사이는 타림 분지의 오아시스 제국들이 각각 독자적으로 활발한 발전을 보여준 시대였다. 선선국, 우전국, 언기국과 쿠차 등이 각각 독립국으로서 번영을 자랑하고 있었던 것이다. 73년 이후 중국의 세력은 다시 중반구에 진출하여 마침내 반초班超의 서역 평정으로 말미암아 전한 시대에 필적하는 서역 경영이 이루어졌다. 그러나 후한의 서역 경영 전성기는 겨우 20여 년에 지나지 않았고, 3세기에서 7세기 초의 중국은 이른바 위진남북조의 혼란기로 앞뒤가 꽉 막힌 상황이었다. 덕택에 타림 분지의 오아시스 제국은 미증유의 번영을 자랑하게 되었다.

중원이 혼란 속에 있던 이 시대에는 카라반도 멀리 중국 내지로 오는

---

104) 정수일, 2001. 같은 책. 250.

것이 쉽지 않았다. 마침 그 무렵 하서 지방은 중계 교역을 통하여 커다란 이익을 독차지하고 있었다. 그 사막길은 자체가 지리적인 독립성을 지니고 있었기에 전에 없던 번영기를 맞이했다. 지금부터 2천 여 년 전 동서 교역의 교차지로서 유례없는 번영을 누린 나라가 바로 누란樓蘭 Loulan이다. 동서 교류사에서 가장 중요한 중계 기지인 누란은 한과 흉노 사이에서 언제나 쫓기는 신세를 면치 못하다가 결국 나라 이름을 선선鄯善으로 고치고 한의 속국으로서 서역 경영에 큰 기여를 하였다. 이 지역에서 출토된 유물들은 서반구의 영향을 많이 받았다. 그것은 간다라를 넘어 지중해의 그리스 예술과 직접 연결의 증거였다. 그 밖에 그레꼬·로만풍의 모직물과 한나라 시대의 비단, 나무조각품, 옥보석류 등은 당시 동서 교역이 얼마나 크게 번성했는가를 말해주고 있다.

위진남북조의 혼란했던 시기는 6세기 말 수의 통일로 말미암아 끝이 났다. 이때부터 10세기 초 당이 멸망할 때까지 동반구는 최고의 번영을 누리게 되었다. 동반구 문명권이라고도 할 수 있는 하나의 질서가 형성되어 실크로드가 가장 화려한 전성기를 자랑한 시대였다. 인구 백만이라 일컫는 장안에는 수천의 이란인과 튀르크인이 모여살고 있을 정도였다. 호인胡人이라 불린 그들은 주로 동서 교역에 종사했지만, 조정에까지 진출했으니 장안에는 이란풍의 문화가 찬란한 꽃을 피웠다.

동시에 종이라든가 차茶, 그리고 도자기와 같은 중국의 특산물이 서반구에 미친 영향도 참으로 컸다. 탈라스 전투751년에서 당의 많은 제지 기술자들이 포로가 되어 사마르칸트에 보내지고, 이를 계기로 아랍 세계 최초의 제지공장이 만들어지기도 했다. 그야말로 화려한 국제 문화 도시가 된 당의 문화가 동반구 전체를 휩쓸게 된 것은 더욱 눈여겨 볼 일이다. 장안에는 아시아 각지에서 유학생과 승려들이 몰려들었다. 이들은 이란풍의 화려함 위에 중국 문화의 전통이 잘 조화된 유려한 당의 문화를 접목시켰고 그 열매를 각각 조국으로 전하였다. 동반구에서 일어난 르네상스의 조짐이라고 할 수 있을 것이다.

9세기 말부터 10세기에 걸쳐 동반구는 일찍이 볼 수 없었던 변혁기를 맞이했다. 황소의 난黃巢의亂, 875 884은 그토록 강대함을 자랑하던 당 제국을 커다란 혼란에 빠뜨렸다. 귀족 계급은 모두 몰락하고 그 대신 군벌이 득세하게 되었다. 각종 산업이 점차 발전하면서 상인들이 크게 성장하였다. 11, 12세기의 실크로드는 하서 지방을 경유하여 요와 금으로 가는 교통로가 가장 크게 붐볐다. 중세 이후 오랫동안 중국이 '키타이' Kitai 契丹 혹은 '카세이' Cathay로 불린 것은 요의 위세가 멀리 몽골고원에까지 미쳐서 중국이 그곳의 유목민들에게 키타이란 이름으로 알려졌기 때문이다. 뿐만 아니라 몽골고원 남쪽 길을 통한 동서 교통이 원활해지면서 그 이름이 카라반들에 의해 서반구로 전해졌기 때문이다.

송이 금에게 쫓겨 강남으로 옮기게 되자, 서역과의 교통이 두절된 남송 1127~1279은 오로지 남쪽 바닷길동남아시아를 우회하는 해상교통로을 통해 아랍 제국과 교역하게 되었다. 남송은 해외 무역을 장려했기 때문에 8세기 이후 해상 무역이 크게 발전하였다. 남해의 여러 나라 사람들, 특히 아랍과 페르시아 무슬림들의 중국 왕래가 더욱 빈번해지면서 그들은 엄청난 부를 쌓았다. 남해 바닷길은 더욱 번영을 계속하다가 결국 서반구의 동쪽 진출로 말미암아 아시아와 유럽은 직접 연결되었다. 앞서 말한 대로 육상 실크로드가 쇠퇴하게 된 원인이다.

13세기 초, 몽골 제국의 지배 영역은 유럽과 아프리카에까지 이르는 광대한 지역이었다. 그야말로 팍스 몽골리카의 실현이다. 더구나 몽골은 역참제를 통해 유례없는 동서 교류의 번영을 이루어냈다. 이 시대의 동서 교류에서 가장 중요한 것은 이슬람의 동반구 진출이라고 할 수 있다. 이슬람은 이미 당대(唐代)에 조로아스터교와 마니교 등과 함께 중국에 전해졌지만 보급은 더뎠다. 그러나 12, 13세기경에 이르자 중앙아시아는 어느덧 무슬림의 땅이 되고 말았다. 실크로드를 통하여 동반구와 중반구, 그리고 중반구와 서반구가 연결되면서 세계의 판도를 크게 변모시킨 것은 확실히 괄목할만한 것이었다.

실크로드의 번영에 중추적인 역할을 한 인물이 있다면, 티무르이다. 당시 사마르칸트는 내륙아시아를 통합한 티무르 제국의 수도에 어울리게 실크로드의 중심 도시였다. 티무르는 정책적으로 상인을 각지에 파견하여 정보를 확보했기 때문에 외국의 정세에는 더없이 정통하였다. 서반구와 관련한 그의 지속적인 관심과 소통은 이미 앞 장에서 다룬 대로다. 결국 오스만 튀르크마저 격파함으로써 서반구에서의 걱정이 사라진 티무르는 드디어 동반구로 눈을 돌렸다. 오랫동안의 숙원이었던 명나라를 장악하고 싶었던 것이다. 비록 그런 계획은 실패했지만, 르네상스를 향한 그의 과학 정신은 명나라를 넘어 한반도에 이르기까지 크게 영향을 미쳤다. 15세기 후반에 이르자 상황이 바뀌게 된다. 바스코다가마(Vasco da Gama)가 인도 항로를 발견한 이후 인도양을 둘러싸고 해상 교역로가 발전하기 시작한 것이다.

육상 실크로드가 쇠퇴의 길을 걷게 된 것은 무엇보다도 정치·경제의 중심이 남방으로 이동했기 때문이라고 할 수 있다. 대부분의 중국 정치·경제·문화의 중심은 장안을 기준으로 북쪽에 있었다. 그러나 당나라 말기 송나라 가까이 되면서 제일 먼저 경제의 중심이 장강 쪽, 그러니까 상해, 복건, 홍콩 등지로 이동해 가게 된다. 그리고 정치도 따라서 남쪽으로 이동한다. 그러면서 남쪽의 경제는 북쪽 사람을 먹여 살릴 정도로 상당히 풍요로워졌다. 경제가 발달하면서 무역이 활성화되고, 무역은 바닷길로 이루어지면서 육상 실크로드는 차츰 쇠퇴하게 된 것이다.

또 다른 이유는 무역품과 관계가 있다. 실크로드의 초창기에는 대표적인 무역품이 비단이었다. 비단 무역을 위해서는 육상 루트가 문제될 리 없었다. 비단이 찢어지거나 변질될 염려가 없었다. 그러나 송나라 때에 이르자 가장 대표적인 무역품은 도자기로 바뀌었다. 도자기는 아무리 포장을 잘 한다고 해도 낙타 등에 싣고 가다가 모래바람이 불어 뒤집어지면 다 깨져버린다. 상품으로서의 가치를 잃어버리게 되는 것이다. 우리나라 신안 앞바다에서 발견된 고려 시대 보물선도 그때의 도자기 무역품 수송선이었다. 육로가 쇠퇴하고 해로를 이용할 수밖에 없었던 것이다. 이런 바닷길을 담당한 것이 명나라 정화의 함대가 등장하면서 크게 발달하였으니, 육로는 이제 무용지물이나 마찬가지가 된 것이다.

'문명의 교차로'라는 말은 원래 아놀드 토인비가 아프가니스탄 지역을 가리켜 사용했던 용어이다. 그러나 실제로는 중반구 전 지역에 해당되고, 구체적으로는 중앙아시아를 지칭하는 것으로 이해할 수 있다. 그렇다고 해서 중앙아시아 지역이 단순히 인접하는 문명 세계들 사이에서 교류와 전파를 매개하는 역할만 했던 것은 아니다. 오히려 그들이 관통하는 중앙아시아에서 다양한 문화를 받으면서 독자적인 변용을 꾀했다. 그리고 새로운 모습으로 다른 지역에 다시 전파되어갔다.

이를 문명의 동서 교류라고 한다면, 이에 못지않게 중앙아시아에는 문명의 남북 교류도 있었다. 북쪽 오아시스민과 남쪽 유목민의 교류에서 생겨난 문자의 사용이 그것이다. 따라서 동서 교류의 한 축과 남북 교류의 또 다른 축이 만나는 교차로에서 중반구 문명을 이해할 필요가 있다.

특히 종교 사상과 과학 기술에 초점을 맞추어 이해할 필요가 있다. 오늘날 중앙아시아는 종교적으로 거의 이슬람 일색으로 물들어 있는 형편이다. 하지만 그 전, 즉 아리아 시대의 중앙아시아에는 불교와 조로아스터교, 마니교, 기독교 등 다양한 종교가 혼재해 있었다. 이들은 동반구로 전파되었고 불교는 그 끄트머리인 한반도와 일본에까지 전해졌다. 이들 종교 사상이 기본적으로 서쪽에서 동쪽으로 전해졌다면, 기술 문화는 동쪽에서 서쪽으로 전해졌다고 할 수 있다. 비단의 생산 가공과 제지술 등의 과학과 공업기술 등이 그것이다.

제IV부 2장
종교 문명의 길

실크로드를 오고갔던 국제 상인들 가운데서도 이른바 소그드 상인들은 호상胡商이라 불리며 일찍부터 무역에 두각을 나타내고 있었다. 이들은 기원전 5, 6세기부터 역사의 무대에 등장했지만 자체적인 나라를 일으켜 세울 만큼 강하지는 못했지만, 독자적인 문화를 유지하고 있었다. 현장玄奘의 기록에 의하면 소그드인들은 농업과 장사를 통해 생계를 꾸리는 사람들이 각각 절반 정도라고 했다.[105] 그만큼 상업에 종사하는 사람들의 숫자가 많았으니 서아시아와 인도, 중앙아시아, 북방 초원의 갖가지 물품들이 모두 그들의 손을 통해 운반되었다. 4세기에 이르면 남쪽으로는 서북 인도 방면, 서남쪽으로는 메르브Merv, 그리고 동쪽으로는 둔황에 이르는 광대한 지역을 세력권으로 삼게 된다. 말 그대로 지역 상권의 강자로 자리매김했던 것이다.

소그드는 말 그대로 다종교 사회를 형성하고 있었다. 이들의 카라반 행렬을 따라 마니교와 조로아스터교, 인도 불교, 시리아 기독교 등의 정신문명도 한걸음씩 동쪽으로 발걸음을 재촉했다. 그러나 교통량이 많아지자 이곳은 여러 주변 세력들의 충돌이 잦은 곳이 되었다. 그 충돌을 통해 여러 종교가 섞이기도 하고, 종교적 고민 없이 개종하는 경우도 빈번하게 일어났다. 그것은 아직도 확고한 종교적 신념보다 현실적인 필요에 의해 종교를 선택하는 경우가 많았기 때문이었을 것이다.

기원 후 1세기 무렵 이 지역은 주도권을 둘러싸고 흉노족과 튀르크족들이 서로 다투고 있었다. 그들 사이에는 불교도와 네스토리안 기독교인 및 아리안 기독교인들 그리고 마니교 신자들이 뒤섞여 있었다. 9세기에 들

---

[105] 다정 김규현 역주, 2013, 『대당서역기』. 글로벌콘텐츠. 고마츠 하사오 외, 이평래 옮김, 앞의 책, p.130 등 참조

어서는 튀르크족의 왕국인 위구르가 마니교를 국교로 삼기도 했으나 얼마 지나지 않아 이슬람교도가 된 것은 역사적으로 잘 알려져 있는 사실이다. 그 후 무슬림들이 중앙아시아 지역에서 불교와 마니교 등의 다른 종교들을 완전히 몰아내기 전까지 소그드 땅은 여러 종교들이 공존하는 여러 문명의 교차점으로 기능하고 있었다.[106)]

중요한 것은, 소그드인들이 단순히 무역활동에만 종사한 것은 아니라는 사실이다. 그들은 문명의 교류라는 시대적 흐름을 능동적으로 파악하고 있던 국제적 감각의 소유자들이었다. 따라서 불교와 기독교 등의 종교 사상이 실크로드를 거쳐 중국으로 전해지는 과정에서 상당한 역할을 했다. 다양한 종교 경전들을 소그드어로 번역하거나 이를 다시 중국어로 재번역하는 등 능동적 매개자였던 셈이다. 이들은 상대적으로 비옥했던 오아시스 지역의 주요 교통로를 활동무대로 삼고 있었던 탓에 다양한 문화를 경험할 기회가 있었다. 실크로드의 인적 물적 교류가 절정에 이르렀던 8~9세기에는 소그드어가 이 지역의 국제통용어가 되었을 정도였다. 바로 이 지역이 종교 문화의 교류 통로와 일치하는 이유이다. 소그드인들은 이곳에서 종교를 비롯한 사상과 문화를 재생산하면서 전달자 역할도 톡톡히 했던 것이다.

재생산이란 특히 종교에 있어서 그러하다. 본래의 이념과 고유한 영역에 머물고 있는 고정불변의 제도나 기구가 아니라 하나의 유기체처럼 오랫동안 생존조건의 변화를 수용하면서 일종의 진화를 거듭하기 때문이다. 이런 가운에 어김없이 일어나는 종교내부의 갈등과 대립 또한 피할 수 없는

---

106) Luce Boulnois. trans. Helen Loveday. 2005. *Silk Road: Monks, Warriors & Merchants on the Silk Road*. Odyssey Books &Guides, p.245. pp. 239-242.

운명이다. 특정 교리의 해석을 둘러싸고 벌어지는 같은 종교 안의 이단논쟁이 이러한 사례에 속한다. 이 경우 세포분열 하듯이 서로 갈라지기도 하지만 심한 경우에는 완전히 다른 모습의 새로운 종교로 독립하기도 한다.

이와 같은 종교의 유기체적 속성이 가장 잘 드러나는 것이 실크로드를 통해 일어난 종교 문명의 상호 변형 과정이라고 할 수 있다.[107] 실크로드는 여러 종교들을 동쪽으로 흘려보낸 단순한 파이프라인 이상의 의미를 지니고 있다. 그저 어떤 종교가 경유했던 길이 아니라, 동시에 그 종교가 만나게 된 다른 여러 이념들을 통해 새롭게 거듭나는 배경이자 무대가 되기도 했다.

(1) 불교

불교는 인도에서 발생했지만 실크로드를 지나면서 훗날 대승 불교와 정토 불교라는 일련의 종교 운동으로 변모했다. 당시로서는 신학문이었던 불교 사상이 기원 전후에 중국에 이르자 동반구 문명에 큰 변화를 일으켰다. 그것은 오늘날 서반구에서 기독교 문화가 차지하고 있는 위상과 흡사하다. 불교는 정치, 경제, 문화 등 각 분야에서 문화적 변용을 주도하고 있었으며, 복장, 음식물, 건축 등 의식주에 이르기까지 거대한 문화적 복합체 역할을 했다. 기원후 9세기에 이르러서는 서아시아를 제외한 대부분의 아시아 지역을 망라하면서 명실상부한 동반구의 종교로 부상하였다.

불교가 동반구의 종교로 급속하게 전파된 것은 우연이 아니다. 극심

---

107) 같은 책, p. 8.

한 계급·신분적 차별을 강요하는 브라만교의 모순에 대해서는 만민 평등사상을 제시했다. 중도를 따르면 모든 중생이 구원을 받으며 열반에 이를 수 있다고 주장했다. 이런 교리가 전파되던 당시의 중반구는 종교적 공백기나 마찬가지였다. 중국을 비롯한 유교 문명권 나라들도 현실 정치나 윤리 도덕에만 치중하여 종교적 한계점에 달해 있었다. 유교만으로는 복잡다단한 현실을 제대로 설명하고 다스릴 수 없음은 물론, 내세에 대한 비전도 제시할 수가 없었다. 이런 마당에 새로운 종교와 사상의 출현이 필연적인 상황이었다.

한편, 불교의 동진과 불경의 번역자로 이름이 높았던 강맹상康孟詳, 2세기 말과 강승개康僧鎧, 강승회康僧會, 3세기초가 등이 모두 소그드인이었다는 것을 상기할 필요가 있다.108) 이들의 성씨가 강康이 된 것은 당시 중국에서 소그드 지역을 강국康國으로도 불렀던 것에서 연유한다. 이를 미루어 불교는 기원전 100년에서 50년 사이에 실크로드를 따라 점진적으로 중국에 도달했을 것으로 짐작할 수 있다. 따라서 중국 최초의 불교 신자들은 실크로드를 통해 중국 땅을 밟았을 중앙아시아 출신의 이방인이었을 것이다.109)

불교의 전파는 나름대로 특징이 있었다. 첫째는, 기원전 3세기의 동남아시아 전파가 소승 불교라면, 이에 반해 기원전 1세기를 전후해 서역과 동아시아 일대에 전파되기 시작한 불교는 대승 불교였다. 이로 말미암아 오늘날까지도 불교권은 크게 남방 불교권과 북방 불교권으로 나뉜다. 남방 불교권에 해당하는 소승불교는 정통적이고 보수적인 불교를 표방

---

108) 정수일 역주, 2004, 『혜초의 왕오천축국전』 p. 387.
109) 종교문명의 교류현상에 대한 이론적인 논의에 대해서는 정수일, 『실크로드학』, pp. 377~380 민병훈, 「실크로드를 통한 역사적 문화 교류」 국제한국학회 편, 『실크로드와 한국문화』, pp. 40-45 등 참조.

한다. 석가모니의 원래 가르침대로 부처를 다만 '깨달은 인간'으로 여기며, 사회와 엄격히 분리된 종교성과 개인의 해탈을 중시한다. 이에 반해 북방 불교권에 해당하는 대승불교는 석가모니를 신격화한다. 위로는 진리를 구하고, 아래로는 중생을 구제하기 위해 이기적인 집착을 버릴 것을 강조한다.

둘째는, 불교가 인도 문화를 배경으로 전파지의 사회 문화에 큰 영향을 미친 동시에 스스로 토착화의 길을 걸으며 입지를 공고히 했다는 사실이다. 불교 전파 초기에 중국으로 건너온 도래승들 가운데는 중앙아시아의 오아시스 도시 출신자들이 상당수 있었다. 특히 중국 불교에 획기적 전환기를 가져다 준 구마라습鳩摩羅什, 4 CE이 쿠차 출신이었다는 사실은 중반구의 불교적 환경이 얼마나 잘 발달되어 있었는지를 말해준다.

이는 불교 예술 양식에서도 그대로 나타난다. 이른바 간다라식 또는 그레꼬 붓딕식 불상의 등장이다. 그리스 향기가 짙은 불교 예술이 문자 그대로 실크로드를 따라서 동반구에 전해졌다. 이처럼 중앙아시아 쪽으로 확대되기 이전 단계에서 불교는 이미 중앙아시아와 서아시아의 요소들을 받아들여 새로운 모습으로 탈바꿈하고 있었던 것이다.

그러나 오히려 불교의 발상지인 인도에서는 불교가 휘청거리기 시작했다. 4세기 초에 세워진 굽타 왕조320~520는 복고적인 브라만 보호 정책을 추구하면서 불교에 타격을 가하였다. 급기야 불교는 힌두교에 흡수되어 갔다. 7세기경에 흥기한 밀교密教도 결국 불교의 변질을 자초했다. 또한 이즈음에 발생한 이슬람의 동반구 진출도 불교에 커다란 압박으로 작용하였다. 이렇게 되자 불교는 9세기부터 점차 사양길로 접어들기 시작하더니 13세기 초에는 거의 자취를 감추게 되었다. 그러나 이것이 결코 보편 종교로서 불교의 쇠퇴나 종말을 의미하지는 않았다. 오히려 이러한 상황은 그 생존을 위해 새로운 지역으로 전파되거나 이미 전파된 지역에서 교세 확장을 촉진하는 계기가 되었다.

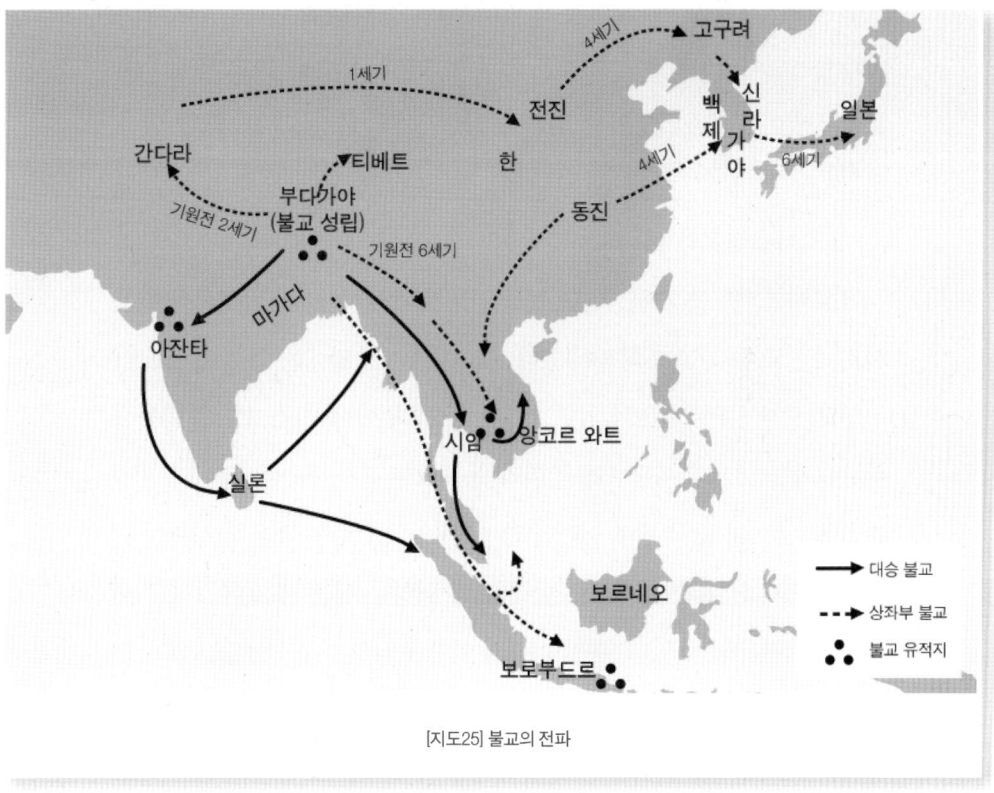

[지도25] 불교의 전파

동반구의 불교 융성을 대변하는 것 가운데 하나가 대불大佛의 출현이다. 불교의 고향인 인도에서는 거대 불상이 거의 발견되지 않지만, 중앙아시아로 전파되면서 거대한 불상이 조성되기 시작했던 것이다. 얼마 전 파괴된 아프가니스탄의 바미얀Bamiyan 대불이 대표적이다. 힌두쿠시 산맥 바미얀 계곡의 절벽에 새겨져 있던 높이 38미터의 동대불東大佛과 55미터의 서대불西大佛이 그것이다. 그 주위의 절벽에는 750개나 되는 석굴이 자리 잡고 있어서 거대한 불교의 기념비적 유적으로 알려져 있다. 더욱이 타림 분지 방면으로 가면 오늘날 남아 있지는 않지만 키질ₖyzyl 석굴이나 심심 석굴에도 높이 10미터 전후의 대불이 있었다고 한다. 둔황 막고굴에도 7세기 말부터 8세기 전반에 조성된 높이 33미터의 북대불北大佛과 26미터의 남대불南大佛이 남아 있다. 이들은 거의 미륵불의 모습을 하고 있어 미륵보살 신앙이야말로 인도와는 다른 중앙아시아적 특징이라고 할 수 있다.

(2) 조로아스터교와 마니교

조로아스터교는 기원전 1000년을 전후로 페르시아에서 발생하여 한문 사료에 천교祆敎라고 기록되어 있다. 늦어도 7세기 말에는 둔황에 조로아스터교 신전이 존재하고 있었던 것으로 보인다. 이 역시 소그드 상인들을 비롯한 실크로드의 여행자들을 따라 동쪽으로 흘러 들어온 것이다. 기원전 8세기에 이미 중국 땅에 이란인 점성술사가 있었다는 것을 암시하는 언어학적 증거가 있다.[110] 지금도 난주蘭州와 낙양洛陽에는 조로아스터교 사원들의 흔적이 남아 있다. 뿐만 아니라 이미 수당 시대 이전에 조로아스터교를 믿는 소그드인들의 마을이 중앙아시아의 오아시스 도시나 장안, 낙양 등의 중원 지방 그리고 북중국에까지 퍼져 있었다. 안사의 난을 일으킨 안록산도 소그드계 출신일 가능성이 있다. 소그드어로 빛을 뜻하는 그의 이름 록산Roxsan도 조로아스터교와의 관련성을 암시해주고 있다. 그 후에도 조로아스터교는 중국 본토에서 명맥을 유지했으며 특히 산서성에서는 송대에 몇 개의 천신묘祆神廟가 세워져 원, 명, 청 시대까지 사람들의

---

110) 프랜시스 우드, 박세욱 옮김, 앞의 책, 2013. 『문명의 중심 실크로드』. 연암서가. p.88 참조.

신앙의 대상이 되었다.

아후라 마즈다Ahura Mazda를 유일한 신으로 숭배하는 조로아스터교는 이 세상을 선악 이원론으로 파악했다. 아후라 마즈다는 선한 신이고 다른 신들은 악한 신이다. 아후라 마즈다를 태양과 불로 상징화한 그 유사성 때문이었다. 그리고 이들이 가진 정화능력에 대한 대중들의 믿음을 수용한 것이었다. 낙원이란 곧 빛이 찬란한 곳이었다.[111] 곧 다가올 세상의 종말, 구세주의 출현, 사후에 낙원에서 누릴 영원한 삶에 대한 믿음은 유대교나 기독교에도 큰 영향을 끼쳤다. 그리고 쿠샨조의 지배 아래에서 인도에까지 영향력을 확대했다.

대승 불교의 내세관에도 조로아스터교의 영향이 강하게 배어 있다. 1960년 아프가니스탄 북부 박트리아 땅에서는 그리스풍의 도시 계획과 건축 기법을 구사한 유적이 발굴되었다. 기원전 1세기에 새롭게 박트리아 지방에 등장한 나라가 쿠샨조이다. 그들은 중앙아시아 쪽으로 소그드 지방까지 지배하면서 중국이나 로마 제국과도 외교 관계를 맺고 있었다. 쿠샨조가 원래 믿던 종교는 조로아스터교적인 것일 가능성이 크다.

마니교는 실크로드를 따라 소그드 상인과 여행자들이 중국으로 전한 또 다른 종교다. 기원후 216년 파르티아 왕가 후손의 집에서 태어난 예언자 마니Mani가 메소포타미아에서 창시했다고 전해진다. 조로아스터교의 영향을 강하게 받으면서 3세기에 기독교를 모체로 탄생했으니, 그것은 이란과 셈족의 종교전통을 혼합한데다 불교와 기독교의 교리까지 가미된 일종의 복합 종교였다. 마니교가 8세기 무렵에는 위구르의 국교가 되어 위

---

111) Luce Boulnois, 같은 책. p. 277.

세를 떨친 적이 있다는 것은 잘 알려진 사실이다. 그리고 타림 분지 주변으로 퍼져 나갔다.

둔황의 서고와 투루판 지역에서는 중국어로 된 8, 9세기의 마니교 경전들이 발견되었다. 시리아어와 중세 페르시아어 및 파르티아어로 써진 것들이 소그드어와 튀르크어 및 중국어로 번역되어 읽히고 있었다는 사실을 추정할만한 고문서들이었다. 특히 투르판의 베제클리크 천불동에는 원래 불교 석굴이었던 것이 마니교 석굴 사원으로 바뀌었다가 그 후 10세기 말 혹은 11세기에 다시 불교 석굴로 돌아온 흔적을 볼 수 있다.

하지만 그 후 중국의 도착 신앙들과 습합되면서 고유의 정체성을 상실한 채 유명무실해져 버렸다. 13세기 후반 중국을 여행했던 마르코 폴로의 기록에 의하면, 실크로드 위에서 소그드 상인들이 자취를 감춘 뒤에도 마니교 신앙은 다양한 형태로 계속 유지되고 있었던 것으로 보인다.[112]

흔히 영지주의靈智主義적이라고 간주되고 있는 마니의 사고 방식은 우주에 대한 이원론적 관점을 제시했다. 빛과 어둠의 이원론을 설파하는 종교라는 점에서 조로아스터교와 닮았다. 선은 악에 맞서 균형을 이루고 있는데 비밀스럽게 얻어지는 지식의 해석을 통해 구원을 얻을 수 있다고 한다. 특히 정신은 빛과, 그리고 물질은 어둠과 동일시되었으며 선은 자신을 가두고 있던 어둠의 물질로부터 달아나려고 발버둥치는 빛의 입자라고 했다. 또한 마니는 조로아스터와 부처, 예수 등의 선대 예언자들을 망라하는 판테온pantheon 萬神殿을 꾸미고 자신을 이 예언자들의 후계자로 선포했다.[113]

---

112) 프란시스 우드. 앞의 책, pp. 92-93.
113) 프란시스 우드. 앞의 책, pp. 89-92.

중국까지 전해진 마니교는 이렇듯 중앙아시아에서 변용을 거쳤기 때문에 불교적 환경에 더 잘 적응할 수 있는 종교로 성장 했다. 마니교의 수도원인 마니스탄은 불교 사원과 많은 공통점을 지닌 조직이었다. 뿐만 아니라 대승 불교처럼 그 바탕에 그노시스주의가 깔려 있어 종교 습합의 흔적이 뚜렷하다. 팔리어 경전에는 붓다의 전생 이야기도 실려있다. 547가지의 산문과 운문으로 구성된 '자타카' Jataka[114]가 그것이다. 붓다가 현생에서 깨닫게 된 원인은 전생에 쌓은 선행과 공덕 때문이라는 내용이다. 이는 당시 인도의 민간에 널리 유포되고 있던 전설과 우화 속의 인물 하나를 붓다의 전생으로 꾸며서 불교 설화로 변경시킨 것이다. 그런데 이 이야기가 마니교 파르티아어 문헌에도 기록되어 있으니 마니의 전기 자체에도 불교의 영향이 들어 있다는 뜻이다.

(3) 네스토리안 기독교

파사교波斯敎, 대진교大秦敎, 경교景敎로도 불리던 네스토리안 기독교는 에페소스 공회의(431년)에서 파문당했다. 예수에게는 신성뿐만 아니라 인성도 동시에 있으며 마리아는 '신의 어머니'가 아니라는 주장 때문이다. 비잔틴으로부터 이단으로 몰린 이들은 살 길을 찾아 동반구로 향했다. 이 과정에도 소그드 상인들이 적지 않은 기여를 했다. 그들은 기본적으로 조로아스터교였지만 기독교 신앙에도 관대했기 때문에 시리아·페르시아 동방교회는 사마르칸트에 대주교구를 설치하여 소그드인들의 개종과 선교 활동을 도왔던 것이다. 타림 분지에서 발굴된 네스토리안 교회의 문서 일

---

114) 『시공 불교사전』, 2003. 시공사.

부가 소그드어로 기록되어 있는 것으로 미루어 알 수 있다.[115] 때는 늦어도 9세기 중반 이전이었던 것으로 보인다.

이들은 한때 유라시아의 스텝 민족들 사이에서 수십만 명의 신자들을 확보하기도 했다. 불행하게도 그 중간의 역사는 아직 정확하게 밝혀진 것이 별로 없지만, 수백 년이 지난 어느 날 중국에 온 최초의 가톨릭 선교사들은 중국 사회에 뿌리내리고 있던 동방기독교의 흔적을 발견하고 이를 본국에 보고하기도 했다.

경교[116]와 관련된 가장 유명한 유물은 781년 장안 서녕방西寧坊의 대진사大秦寺에 세워진 '대진경교유행중국비' 大秦景教流行中國碑이다. 여기에 시리아어로 이름이 새겨져 있는 인명은 대부분 페르시아계 사람들인 것으로 추정된다. 머리 부분과 몸통, 그리고 받침대 세 부분으로 구성되어 있는데, 의장意匠에는 불교나 도교적인 요소가 뚜렷하다. 상부는 용이 큰 여의주를 받쳐 들고 있고, 그 바로 아래에 십자가가 연꽃과 구름 속에 돋을새김으로 조각되어 있다. 십자가 아래에는 표제문이 새겨져 있다. 경교의 신앙적 교리와 신조 및 의례도 간략하게 개괄되어 있다. 그러나 그리스도의 기적이나 십자가의 죽음과 부활 같은 것이 명문화되지 않고 오히려 불교와 도교적인 의례나 표현들을 차용하고 있다. 그러면서도 신의 영원성이나 삼위일체에 근거한 유일신론, 주의 창조성 등은 기독교 고유의 신관과 기본적으로 일치한다. 또한 성자나 성령에 관한 이해도 기독교의 근본 교리를 벗어나지 않으며, 구원관에서도 기독교적 정통성이 나타나고 있다.[117]

---

115) 김상근, 2011. 「실크로드 그리스도교를 찾아서-근대 이전의 고대 아시아 선교 역사 연구를 위한 로드맵-」. 『선교신학』. 27. 33-70.
116) 김호동, 2002. 『동방 기독교와 동서문명』. 까치. pp. 89-172.
117) 정수일, 2013. 『실크로드사전』. 창비. 97.

우리는 1965년 경주 불국사 경내에서 출토된 석십자가石+字架와 역시 경주 지역에서 발견 된 2점의 철제 십자문장식+字文裝飾, 그리고 성모 마리아 모양의 소상塑像 등을 여전히 풀지 못한 숙제로 남겨두고 있다.[118] [그림37] 8~9세기 통일 신라시대의 유물로 알려진 '마리아상'도 마찬가지다.[119] 불상처럼 보이기도 하지만, 화관花冠으로 머리를 장식한 여인이 손을 입에 물고 있는 어린아이를 무릎 위에 안고 있는 형상이다. 경교와 불교의 교류 및 경교의 한반도 유입을 보여주는 중요 유물로 여겨진다.

[그림36] 진경교중국비

[그림37] 경주출토 마리아상

이들은 실크로드를 거쳐 중국에 들어왔던 네스토리안 기독교와 같은 고대 동방 기독교의 일파가 다시 한반도까지 건너왔다는 물증일 수도

---

118) 정수일 지음, 2001. 『고대 문명 교류사』 앞의 책, pp. 592-599, pp. 616-617.
119) 숭실대 한국기독교박물관에 보관되어 있다.

있다. 말하자면 소그드 상인들은 실크로드를 따라 다양한 종교 문명을 서반구에서 중반구를 거쳐 동반구로 전파했을 뿐만 아니라 그것을 변형시키는 과정에도 직간접적으로 참여했다는 커다란 그림Big Picture이 그려질 수 있는 것이다.

제IV부 3장
기술 문명의 길

(1) 양잠과 직조 기술

문명의 교차로를 통해 서로 오간 것들은 수없이 많다. 그 가운데서도 특히 동반구에서 중반구를 거쳐 서반구로 전달된 것 가운데 가장 대표적이라 할 수 있는 비단 직조의 기술과 종이 생산의 기술을 살펴본다.

호탄Khotan이라는 도시는 실크로드 선상에서 대단히 중요하다. 과거 우전于闐국으로 불렸으며 중국 최초로 불교를 받아들인 도시이다. 오아시스 도시 호탄은 중국과 서방을 잇는 비단길과 중국과 인도, 티베트와 중국과 중앙아시아를 잇는 주요 도로로서 전략적으로 중요하였다. 현장의 『대당서역기』에는 이들이 중국과의 정략 결혼을 통해서 비밀리에 양잠 기술을 반입해 온 사건을 기술하고 있다.

왕성에서 동남쪽으로 5~6리 떨어진 곳에 마사麻射 사원이 있다. 이 나라 선왕의 부인이 세운 것이다. 옛날 이 나라 사람들은 뽕나무를 알지 못했다. 그런데 동쪽의 나라에는 그것이 있다고 들었으므로 사신에게 명하여 구해 오도록 하였다. 그런데 중국의 군주는 이것을 분양해 주지 않았다. 뿐만 아니라 변방의 출입문에 엄명을 내려서 누에나 뽕나무 종자가 나가지 못하게 철저히 경비를 서도록 하였다. 하는 수 없이 호탄 왕은 자존심을 굽혀서 중국에 혼처를 구하였다. 중국의 군주는 먼 나라에 영향을 미치려는 의도도 지니고 있었으므로 그 청을 받아들였다. 호탄 왕은 공주를 맞으러 간 사신에게 다음과 같이 말하도록 명령하였다.

"여기는 본래 비단실이나 누에, 뽕나무의 종자가 없으니, 반드시 그것을 가지고 와서 친히 옷을 만들어 입으셔야 합니다."

공주는 그 말을 듣고 비밀리에 종자를 구한 뒤 모자 속에 감추어 마참내 변방의 출입문에 도착하였다. 국경의 관리는 두루 수색하였지만 공주의 모자만은 조사하지 못하였다. 그리하여 호탄국에 들어가서 마사 가람의 옛 땅에 머물렀다. 왕은 비로소 예를 갖추고 공주를 받들어 궁으로 맞아들였다. 뽕나무와 누에의 종자는 이 땅에 남겨 두었는데, 따뜻한 봄이 오자 그 뽕나무를 심고 누에 먹일 잠월蠶月: 음력 4월이 되자 다시 이곳으로 와서 뽕나무 잎을 따다가 누에에게 먹였다. 처음에 왔을 때는 여러 가지 잎을 먹였지만, 이 때 이후로는 뽕나무가 무성해졌다. 이에 왕비가 돌비석에 규정을 새겨 두었다.

"살상해서는 안 된다. 누에가 나방이 되어서 날아가 버린 뒤에 누에고치를 처리해야 한다. 만일 이 법칙을 어긴다면 신이 보호하지 않으실 것이다."

그리하여 마침내 누에를 위해 가람을 세웠다. 이곳에는 말라버린 뽕나무가 몇 그루 있는데, 이것이 그 본래 종자였던 나무라고 한다. 그러므로 이 나라에서는 누에를 죽이지 않는다. 그리고 몰래 실을 가져가면 다음 해에는 누에 작황이 좋지 않다고 한다.[120]

일찍이 영국의 저명한 중앙아시아 탐험가 스타인A. Stein은 호탄에 위치한 단단윌리크丹丹烏里克에서 이 전설의 주인공왕비, 즉 중국 공주의 잠종 반출 내용을 그린 판화 '견왕녀도' 絹王女圖를 발견한 바 있다.[121] 그러니까 중국은 양잠에 대한 기술을 가지고 있었지만, 이웃에게 알려주지 않아 호탄이라는 나라가 정략 결혼을 통해 그 비밀을 알아냈다는 말이다.

---

120) 김규현 역, 2013. 『대당서역기』. 글로벌콘텐츠. 574-576.
121) Aurel Stein. 1907. *Ancient Khotan: Detailed Report of Archaeological Explorations in Chinese Turkestan*, 1-2. Oxford: Clarendon Press. Digital Library of India Item 2015.181484

실제로 비단은 고대로부터 중국의 문명을 대표하는 상징이었다. 따라서 고대의 제왕들은 모두 양잠을 중시했다. 황후가 몸소 '선잠'先蠶에 대한 제사를 주관하게 된 것은 이 때문이다. 선잠이란 황제黃帝의 아내인 누조嫘祖 Leizu 또는 시링쉬西陵氏 Xi Lingshi의 다른 이름으로, 인간들에게 뽕나무 잎을 이용한 양잠 기술을 가르치고 그 실로 비단을 짜는 방직 기술을 발명한 신이다. 122)

[그림38] A. Stein이 발견한 그림 絹王女圖

비단의 원산지가 중국이라는 사실은 기원전 2500년경으로 여겨지는 은허殷墟 출토 갑골문의 기록을 통해서도 알 수 있다. 여기에는 상桑·잠蠶·사絲·백帛·건巾 등의 문자가 있는가 하면 실을 끊는다는 절絶 자, 실을 묶는다는 속屬 자, 실로 낚시질 한다는 민緡 자 등 방적과 관련된 여러 글자가 나타나기 때문이다. 이로 미루어 당시에 이미 잠업이나 견직물이 성행했음을 짐작할 수 있다. 기원전 1500년경의 주周대에 이르러서는 견직업이 더욱 발달하여 생산 규모가 확대되었고, 다양한 직조기가 발명되고 염색 기술도 발전하여 비단의 종류 또한 다양해졌다. 기원후 600년 이후 수·당시대에 이르러 견직업은 전성기를 맞아 국민 생활과 직결되는 업종으로 자리

---

122) 정재서. 2013. 『수인씨와 문명의 창시자들』 21세기북스. 22.

잡게 되었으며 그 역할과 용도도 전례없이 커졌다.[123]

비단 만드는 법이 언제 한반도에 들어왔는지 알 수 없으나, 기원전 1122년에 기자가 5천여 명의 무리를 끌고 조선으로 와서 평양에 도읍을 두고 농사짓는 법과 누에 치는 법을 가르쳤다고 한다.[124] 진시황이 중국을 통일하자, 많은 양잠 기술자가 조선으로 옮겨 갔고, 고조선 말기에 진한과 변한의 여러 자치국에서 이미 비단을 생산했다[125]고 한다.

이 당시에 한반도의 직조 기술이 어느 정도인지 알 수 없지만, 광주 신창동 유적에서 발견된 비단 조각은 기원전 1세기 무렵에 한반도에서 비단이 생산되었다는 것을 입증한다. 『삼국지-위지동이전』에 나오는 마한에 관한 이야기에도 "그들은 벼를 심어 곡식을 먹고 누에를 쳐서 비단을 짜 입는다."는 기록이 있다. 『삼국사기』에 따르면 신라 초대 왕 박혁거세r. BCE 57~CE 4부터 누에치기를 권장했다고 나오며, 일본에서 발견된 신라 촌락에 대한 기록인 「민정문서」에 따르면 신라는 3년에 한 번씩 뽕나무의 숫자를 구체적으로 기록하면서 관리할 정도로 비단 생산과 관리에 국가적으로 힘을 쏟았던 것으로 보인다.

이로 미루어 누에를 키워서 양잠을 한 것은 양사오 문화기仰韶文化期인 기원전 4500년 이전으로 추정되지만, 실제 실크제품의 발견은 기원전 2700년경까지 거슬러 올라간다. 주변국가인 한반도와 서역의 호탄에 전달된 것은 기원전 1세기 전후였을 것으로 추정된다. 유럽과 지중해, 그리고 다른 아시아 국가들에 확산된 것은 그 이후이다.

---

123) 정수일, 「비단」 『실크로드사전』. 331-336.
124) 『한서』漢書의 기록에서는 "기자箕子가 조선으로 와서 백성들에게 예와 전잠田蠶을 가르쳤다."라 하였는데, 이는 은나라 말기인 우리나라의 청동기 시대였던 기원전 1170년경이다.
125) 신채호 저, 김종성 역. 2014. 『조선상고사』. 역사의아침.

비단 유물은 장안을 중심으로 동쪽으로는 한반도의 낙랑까지, 서쪽으로는 시리아의 팔미라까지, 남쪽으로는 장사長沙에 이르기까지, 북쪽으로는 시베리아의 잘라이 노르Jalai-Nor에 이르기까지 광활한 지역에서 두루 출토되고 있다. 고대 중국의 비단이 얼마나 종횡무진으로 뻗어나갔는지 알 수 있다. 이 루트는 실크로드의 사막길·초원길과 대체로 일치한다.[126]

비단은 고가의 화려한 의상 제작 소재일 뿐만 아니라, 국가나 개인 간의 교제용 증여품이나 통화通貨를 대신하는 지불 수단으로 역할과 용도가 확대되었다. 따라서 국내에서는 물론, 멀리 서방세계에까지 희귀한 진품으로 알려지게 되었다. 비단을 통해 처음으로 동반구의 존재를 눈치 챈 서반구는 수세기가 지나서야 비로소 원산지 중국으로부터 양잠養蠶을 비롯한 비단의 비밀을 알아내는 데 성공하였다. 그들이 비단을 처음 본 것은, 3부에서 언급한 바과 같이, 기원전 53년 로마가 카르헤Carrhae 전투에서 파르티아군을 만났을 때였다. 파르티아군이 북을 울리고 깃발을 들고 진격할 때 로마군은 햇빛을 받아 너무나 아름답게 휘날리는 비단에 앞을 볼 수가 없어 결국 패배하고 말았다고 한다.[127] 동반구에서 전달된 비단이 중반구를 거쳐 서반구에 알려진 순간이었다. 그러나 실크로드의 서쪽 끝을 장악하고 있던 파르티아는 비단 무역을 독점하면서 직조의 비밀을 알려주지 않았다. 양잠법이 서북 인도와 카슈미르에 알려진 것은 3세기 말, 페르시아와 시리아에는 4~5세기경에 이르러서였다.

이 양잠법과 비단의 전파 루트는 서반구와 중국의 고고학자들이 발굴해낸 견직 유물들로 말미암아 점차 분명해지고 있다. 서역 일대에서는

---

126) 정수일, 「비단」『실크로드사전』, 331-336.
127) http://www.kaogu.net.cn/en/News/Academic_activities/2018/0320/61386.html

한漢대에서 당唐대에 이르는 시기에 생산된 견직물 유물이 대량 출토되었다. 이를 통해 비단이 어떻게 서쪽으로 흘러갔는지 루트가 점차 밝혀지고 있다. 중국 비단의 서반구 전달자는 월지인들과 흉노인이었다. 기원전 3세기 말 흉노 제국은 한漢을 격파한 후 형제 동맹을 맺고, 한으로부터 엄청난 양의 비단을 공물로 받았다. 이때 받은 비단을 모두 소모하지 않고 일부는 서방과의 교역품으로 충당한 듯하다.

[그림39] 호탄에서 발굴된 600-700 경의 실크 조각
Victoria and Albert Museum, London.

이렇게 한대부터 로마에 대대적으로 유입된 중국 비단은 사치품으로 큰 인기를 모았다. 품질과 문양이 뛰어나고 이색적인데다가 산 넘고 물 건너 험한 길을 오느라 운반비가 많이 들고, 경유국마다 세금까지 더해져 로마 현지에서의 비단은 '금과 같은 중량으로 취급' 되는 고가의 귀중품이었다.

로마 공화정 말기 카이사르BCE 100~44는 극장에 나타날 때면 꼭 초호화 의상으로 비단옷을 입곤 하였다. 그 후 로마의 남녀귀족들 사이에서는 앞을 다투어 비단옷을 입는 풍조가 일어 비단이 고갈될 지경에 이르렀다. 제정 초기 티베리우스 황제r. 14~37 CE는 남자들의 비단옷 착용을 금지하는 칙령까지 내렸으나, 좀 채로 비단의 수요는 줄어들지 않았다. 1세기 경부터 수 세기 동안 로마에는 전문 비단 시장이 개설되어 성황을 이루었고, 시돈Sidon 레바논의 Saida 등 도시에는 중국에서 수입한 흰 비단을 다시 풀어서 무늬를 넣거나 염색 혹은 누금鏤金하는 가공 공장이 생겨났다. 2세기 때는 로마 제국의 가장 서쪽이라고 할 수 있는 런던에서도 비단이 성행했다.

3세기 이후, 로마에서는 비단 선호의 풍조가 아주 노골적으로 나타난다. 콘스탄티노플에서는 귀족들에게만 사용이 허용되던 비단이 이제는 귀천을 가리지 않고 최하층까지 퍼졌다. 410년 테오도시우스 2세의 세례식에는 모든 시민이 비단과 보석으로 장식된 의상을 입고 참석하였다고 한다. 그러나 동로마는 페르시아인들의 중간 차단과 중국인들의 통제 때문에 비단을 직접 수입하지 못하고, 그저 수입된 비단을 해체하여 재가공하는 정도에 머물러야 했다.

7세기 중엽 사산조가 아랍인들에게 망할 때까지 그들은 중국으로부터의 수입 독점권을 내려놓지 않았다. 페르시아의 제왕과 귀족들은 화려한 금관에 비단옷 차림으로 사치를 누렸다. 좀 후대의 일이기는 하나 명明대에 이르러서는 페르시아가 생산하는 무늬가 있는 고급의 흰 비단은 그 섬세함이나 짜임새에서 원산지 중국을 능가하였다고 한다. 이처럼 비단이야말로 가장 대표적인 글로벌 교역물이었다고 할 수 있다.

(2) 제지와 인쇄 기술

동반구에서 서반구로 전해진 또 다른 문명 기술은 제지술이다. 종이를 만들어 낸다는 것은 그야말로 인류 문명사에서 획기적인 발명이었다. '비단은 500년을 가지만 종이는 1천 년을 간다' 布五百紙千年고 하여 종이가 비단보다 낫다고 했다. 종이의 발명은 105년 후한의 채륜蔡倫에 의해서라고 알려져 있다. 우리나라에는 고구려 소수림왕 2년(372) 중국에서 불교가 전래되면서 제지법도 전파됐을 것으로 추측하고 있다. 그런데 1963~65년 발굴한 평양의 정백동 2호 고분인 고상현高常賢 묘에서 놀라운 유물이 나왔다. 영시3년永始三年, 기원전 14년이라는 연대기가 수록된 양산대가 종잇조각과 함께 출토된 것이다. 372년 고구려에 제지법이 전파됐다는 기존 학설이 틀렸음은 물론, 채륜의 종이 발명보다 120년쯤이나 이른 시기이다.

여기서 한 가지 더 주목해야할 사실이 있다. 기원전 180~142년 무렵 지금의 중국 감숙성甘肅省 지역의 무덤에서 출토된 방마탄지放馬灘紙[128]가 발견되었다. 방마탄지엔 지도가 그려져 있어서 최초의 지도로도 유명한데, 채륜의 종이발명보다 250년 이상 앞선다. 그러나 중국학자들은 이 획기적 발견을 무시하고 채륜이 종이를 발명했다는 주장을 굽히지 않고 있다. 방마탄지가 출토된 시기의 감숙성 지역은 한족漢族들의 땅이 아니라 흉노의 땅이었기 때문이다. 이 무렵 중국 한漢나라는 흉노에 매년 조공을 바치는 신세였다. 중국의 고대 사서史書는 흉노와 고구려를 전통적인 우호 관계로 묘사하고 있다. 결국, 고구려의 고상현 무덤에서 출토된 종잇조각도 기원전 1세기 무렵 흉노와 교류한 증거일 가능성이 높다. 그렇다면 채륜

---

[128] 『문헌정보학용어사전』 http://203.241.185.12/asd//read.cgi?board=Dic&y_number=11372&nnew=2

은 그저 종이의 개량자에 지나지 않았다고 할 수 있다.

중국 서부 티베트 지역에서 발견된 고고학적 자료에서도 종이의 발명이 실제로는 그보다 수세기 전에 이루어졌다는 보고가 있다. 기원전 200년경의 것으로 보이는 종이 유물이 고대 실크로드 도시인 둔황과 호탄, 그리고 티베트에서 발굴된 것이다. 이곳의 건조한 날씨 탓에 종이는 완전히 분해되지 않고 2,000년 동안이나 형태를 유지할 수 있었을 것이다. 이처럼 제지술은 중반구와 서반구로 전달되기 이전에 이미 동반구에서는 널리 보급되어 있었다.[129]

이런 종이의 제조법이 동반구에서 중반구의 이슬람 세계로 전해진 계기는 751년 탈라스 강변의 전투라는 것이 정설이다. 이 지역은 중국이 직물, 칠기, 금 등을 서방으로 수출하고 보석과 향료 등 진귀한 산물을 수입하는 교역의 요충지였다. 그러나 고선지 장군이 이끄는 당군과 압바스조의 군대가 격돌한 이 전투는 당의 대패로 끝났다. 당은 7만이라는 많은 군사를 잃었고 포로가 되기도 했다. 이 전투가 주목을 받는 것은 당시 포로가 된 중국인들 가운데 제지 기술자들이 여럿 섞여있었기 때문이다. 또한 이들을 통해 사마르칸트에는 757년에 제지 공장이 만들어졌고, 그 후 순식간에 서아시아 전역으로 종이가 확대되었다. 이를 계기로 당은 서역 경영을 포기할 수밖에 없었다. 결국 이 전투로 말미암아 유라시아 대륙의 패권은 압바스조로 대표되는 이슬람 문명권으로 넘어갔다고 할 수 있다.

'사마르칸트 종이'라고 불린 이 종이는 동반구 물건으로 서반구에서 호평을 받은 쌀, 비단과 아울러 손꼽히는 명물이었다. 사마르칸트 종이의

---

[129] 반지씽 저, 조병묵 역, 2002. 『중국제지기술사』. 광일문화사.

존재가 칼리프가 지배한 중반구 지역에 알려진지 한 세기가 지나자, 서쪽에서는 이집트의 파피루스, 동쪽에서는 사마르칸트의 종이라고 말할 정도로 명성을 얻었다. 한편 이집트로 제지술이 전파되었던 시기는 900년경으로 짐작이 된다.[130]

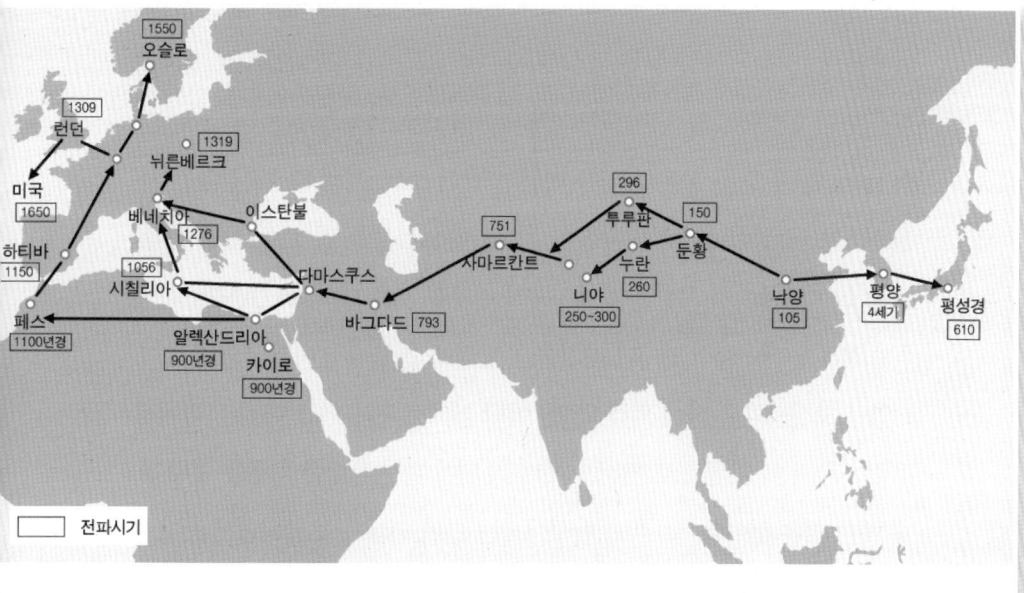

[지도26] 종이의 전파경로

다마스쿠스가 수세기에 걸쳐서 종이 수출의 중심지가 되긴 했으나 제지술이 서반구에 전파되기 전까지는 매우 긴 경로를 거쳐야 했다. 아시아에서 대장정을 시작하여 북아프리카의 먼 길을 돌아서 스페인을 경유해 로마로 들어갔다. 제지술이 스페인으로 비교적 순조롭게 유입될 수 있었던 것은 일찍이 후기 우마이야 왕조의 안달루시아 진출 경로와 일치한다.

---

130) 지배선, 2011, 『고구려 유민 고선지와 토번·서역사』, 도서출판 혜안.

1100년경에 이집트의 제지업이 같은 이슬람 지역인 모로코로 전파되었고, 1150년경에는 모로코에서 스페인으로 전해졌다. 이와 같은 제지술의 전파는 이슬람 세력의 해상 활동과 긴밀한 관계를 맺고 있다.

원래 시리아 방면에서 만들어진 종이를 수입해 사용하던 유럽도 12세기 이후에는 스스로 종이를 생산하기 시작했다. 스페인에서는 12세기, 이탈리아에서는 13세기, 독일에서는 14세기에 종이 생산이 시작되었다고 전해진다. '종이 한 뭉치'를 나타내는 이탈리아어 risma와 스페인어 resma, 영어 ream 등이 모두 같은 의미를 띠는 아랍어 rizma에서 파생되었다는 사실은 서반구 종이의 기원이 아랍어 문화권에 있었음을 잘 보여준다. 결국, 프랑스와 영국까지 서반구에 제지술이 전파된 것은 대략 1300년경이다.

이렇게 동반구에서 생겨난 제지술은 탈라스 전투에서 아랍군의 포로가 되었던 고선지의 부하에 의해 751년 아랍 세계로 전수되고 다시 아랍에서 유럽을 경유해 미국으로 건너가 무려 천 년에 걸친 장대한 여행을 훌륭하게 마감 지은 셈이다. 그 후 서반구에서는 활판 인쇄가 보급되면서 종이가 지식과 정보를 전달하는 매체로서 근대의 문을 여는 계기를 제공하게 된다. 제지술과 인쇄술이 만난 것이다. 그리하여 지식이 대중적으로 보급되어 중세를 르네상스로 이끄는 문명 탄생의 도화선이 되었다.

인쇄의 초기 단계는 나무판이나 금속판 등에 각자刻字를 하여 인쇄하는 조판인쇄다. 그 가운데 목판 인쇄술의 유래는 6세기 말에서 7세기 초로 거슬러 올라간다. 목판 인쇄술은 10세기 중엽 공자의 유교 경전들을 출판할 때 아주 잘 활용됐다. 나아가 불경, 왕조사, 지방사, 잡록집, 백과사전, 식물학, 의술서, 농업서적 등 수많은 서적을 출판하는데 적극적으로 활용됐다. 한 예로 당시 대규모 프로젝트였던 불경 발간사업은 10여 년

간 무려 5,048권, 13만 페이지에 달하는 위대한 출판 기록을 남겼다. 서양의 르네상스에 비길만한 '지적 혁명'이 이미 宋代960~1279에 일어난 것이다.

현존하는 목판 인쇄물 가운데 세계에서 가장 오래된 것은 그보다 2세기 전인 8세기 중엽 통일 신라시대에 제작된 것으로 보이는 『무구정광대다라니경』無垢淨光大陀羅尼經이다. 폭 6.65cm, 길이 6.3m의 종이에 인쇄되어 불국사 석가탑 머리 부분에서 발견되었다. 그러나 목판의 제작 과정이 길고 경비가 많이 소요되어 많은 서적을 간행하거나 수요가 제한된 책의 경우에는 조판을 기본으로 하는 목판인쇄가 적절하지 않았다.

그래서 고안해낸 것이 활자 인쇄이다. 활자活字란 모난 기둥 모양의 나무나 금속의 한 끝에 글자를 새겨놓고 필요한 글자들을 움직여 조립해서 쓸 수 있다는 뜻에서 생긴 말이다. 나무 활자의 단점을 보완한 것이 금속 활자이고, 그것은 책을 신속하게 다량으로 찍어낼 수 있었다. 따라서 금속 활자의 도입은 인쇄술에서 일대 혁명이며, 문명사에 획을 긋는 대사건으로 평가된다. 물론 기존의 목판은 목판 활자나 금속 활자에 비해 한번 새겨 놓으면 몇 천 장을 찍을 수 있는 장점이 있었기 때문에 다량의 인쇄물은 조선 시대 말까지도 여전히 목판 인쇄술을 사용했다.

금속 활자가 만들어진 것은 한국의 고려 시대이다. 1230년경에 금속 활자가 처음으로 출현하였고, 1234년경에 『상정예문』 28부를 찍어 해당 관청에 나누어 주었다는 사실이 『동국이상국집』에 기록되어 있다. 특히 프랑스 파리 국립도서관에 소장된 『직지심체요절』直指心體要節은 1377년에 청주 흥덕사에서 금속 활자로 책을 인쇄하였음을 명기하고 있다. [그림 40] 우리나라가 금속 활자를 최초로 만들었음이 세계적으로 확인되어 지금은 '유네스코 세계 기록 유산'으로 등재되었다. 지금까지는 독일의 구텐베르크J. G. Gutenberg, 1395~1468가 1438년경에 연鉛활자를 주조하고 인쇄기를 발명하여 1454년에 처음으로 인쇄·출간한 것이 세계 최초라고 했지만, 인쇄물의 출간 연대를 비교해보면 한국이 독일보다 거의 80년이나 앞섰다.

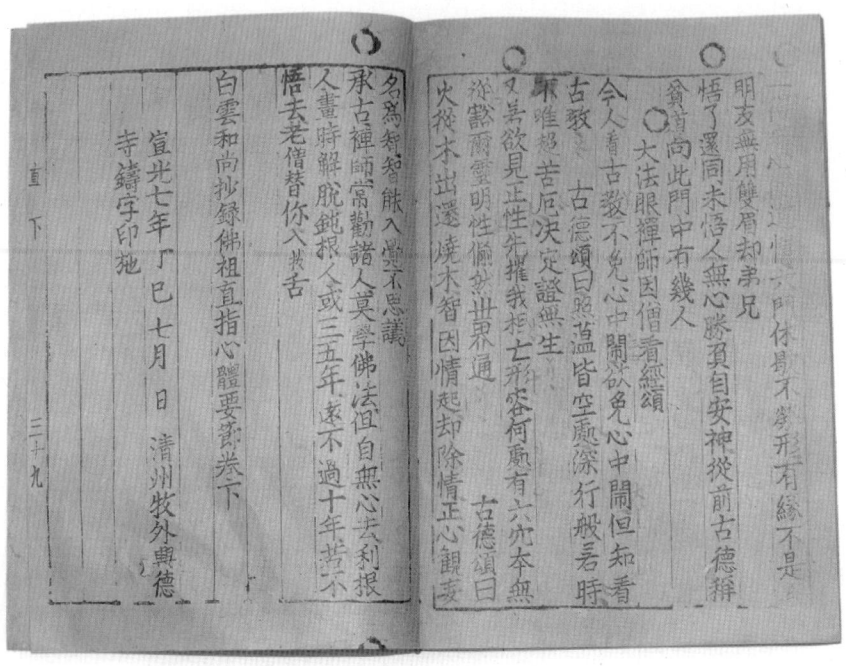

[그림40] 『직지심체요절』直指心體要節

1392년 건국된 조선은 유교를 새로운 국가의 통치 이념으로 내세웠고, 유교의 교리를 널리 전파하기 위하여 많은 책을 간행하였다. 금속 활자를 이용한 것이었다. 또한 1443년세종 25에 만들어 1446년세종 28에 반포된 한글은 세계 문자 중에서 가장 과학적인 문자로 1447년세종 29에 동銅을 이용하여 한글 활자를 만들었고, 이 활자로 『월인천강지곡』을 인쇄하였다. 1470

년 성종이 즉위하면서 세조 이전에 불교 서적이 간행된 것과는 달리 주로 유교 서적들이 인쇄되었다.

금속 활자 인쇄는 조선에 이어 중국에서도 발명·이용되었다. 동반구의 인쇄술이 최고의 정점에 달한 상태였다. 중국에서 금속 활자가 시작된 것은 1490년이다. 조선의 경우 13세기에 금속 활자를 사용하기 시작했지만 중국은 조선 초기인 15세기가 되어서야 금속 활자를 활발하게 사용하기 시작했다. 1490년 중국에서 만든 금속 활자는 한국의 영향을 받았음에 틀림없다. 일본의 경우는 임진왜란 때 조선에서 약탈해 간 금속 활자를 이용하여 책을 찍은 것은 1593년이 되어서였다. 특히 1596년에 비록 목판 활자 인쇄지만 조선에서 금속 활자 인쇄 방법을 습득하여 인쇄술을 발전시켰다. 이렇듯 한국의 금속 활자 인쇄술은 동반구 전체에 크게 영향력을 끼쳤다. 뿐만 아니라 당시는 몽골 제국과 티무르 제국에 의해 동서간에 활발한 교류가 이루어지고 있을 때였으니, 그것이 중반구와 서반구로 전달되는 것은 자연스러운 일이었다.

문헌 자료로는 한국의 인쇄술이 직접적으로 서반구에 전파되었다는 기록은 없다. 그러나 『고려사』에 불경의 필사를 전문으로 하는 사경승寫經僧 100명이 몽고의 수도인 대도로 파견되었다는 기록으로 봐서 그 전파 가능성은 충분하다. 그때의 통로는 고려에서 원나라의 대도를 거쳐 서반구로 이어지는 여러 갈래의 육상과 해상의 실크로드였을 테니 우리는 이를 '활자의 길' 활자로드이라 해도 좋을 것이다.

사실 그 전에 이미 목판 인쇄술은 1250년에서 1350년 사이 동반구로부터 서반구로 전달이 된 상태라는 주장이 있다. 특히 정수일은 '인쇄술의 교류'를 자신의 저서 『실크로드사전』에서 자세히 설명하고 있다. 우선, 유라시아의 광활한 지역에 건립된 몽골 대제국의 중·서반구 진출이다. 몽골은 일 칸국의 수도 타브리즈를 중계지로 하여 서반구와 접촉하면서 동반구 문명을 전파하였다. 일 칸국은 실제로 1294년에 원나라의 본을 받아 지폐紙幣를 인쇄·발행하기도 했다. 14세기 말엽에 이르자 서반구도 드디어 목판 인쇄에 성공하게 되었다. 13세기 중엽부터 동반구를 향한 왕래가 잦아지고, 인쇄술과 지폐를 포함한 인쇄물들도 소개된 덕택이라고 할 수 있다. 이미 14세기부터 목판 인쇄술로 성화聖畵류 등이 제작되고 있었던 것이다.

한국의 금속 활자 기술이 구텐베르크에게 전해졌다는 직접적인 증거는 없다. 그 대신 세계 최초로 금속 활자를 만들어냈다는 구텐베르크가 서반구의 4대 무역 도시 가운데 하나인 슈트라스브르크에서 10년 동안 머문 적이 있다. 아마도 그때 목판인쇄를 처음 접하고, 금은 세공술도 익혔을 가능성이 있다. 결국 이 공정을 최초로 완성한 것은 구텐베르크가 마인츠로 돌아가서였다. 그 다음에야 슈트라브부르크와 쾰른 등 독일 지역을 필두로 르네상스의 중심지인 이탈리아에는 1467년, 프랑스와 네덜란드에는 1470년, 에스파냐, 영국, 폴란드등지에는 1474~1476 퍼져나갔다.

또 다른 주장도 있다. 서반구의 금속 활자는 카스탈디Panphilio Castaldi, c.1398-c.1490가 1426년에 발명했다는 것이 그 내용이다. 그것은 구텐베르크가 금속 활자를 처음으로 제작 실험했다는 1430년대 초반보다 몇 해 전의 일이었다. 당시 카스탈디는 마르코 폴로와 친분이 있었을 뿐만 아니라 그로부터 동방의 금속 인쇄술에 대한 정보를 얻었다는 것이다. 실제로 카스탈디는 1470년대 베니스에서 성공한 인쇄업자이기도 하지만, 요즘도 자신의 고향인, 베니스 북쪽의 작은 마을 펠트레Feltre에서는 최초로 금속 활자를 발명한 사람으로 추앙되고 있다.

활자 인쇄가 한국을 비롯한 동반구에서 등장하고, 독일을 비롯한 유럽에서 약간의 시차時差를 두고 거의 동시대에 출현한 것은 그저 하나의 우연한 일치일지도 모른다. 그러나 몽골 군대가 거친 지역이 모두 서반구에서 초기에 조판 인쇄를 채용한 지역과 서로 가까웠다는 사실에 주목할 필요가 있다. 이미 동반구의 목판 인쇄술을 수용한 유럽인들로서는 같은 조판 인쇄술의 범주에 속하는 금속 활자 인쇄술마저 전해 듣고 불과 80년 사이에 책을 찍어내는 것은 자연스러운 일이라고 할 수 있다. 심지어 15세기 훨씬 이전부터 인쇄술과 관련하여 동서 교류가 있었다는 증거가 있다. 1880년 이집트 파이윰Faiyum의 아르시나Arsinae 유적에서 약 50점의 아랍어문 인쇄물900~1350년 제품이 출토된 것이다. 중국 신장新疆의 투루판 지역에서 발견된 회골문回鶻文 인쇄물과 유사한 이것은 돌궐족이 중앙아시아를 거쳐 서아시아와 이집트1172년 카이로에 아이유브 왕조 건립까지 동반구의 조판 인쇄술을 전해준 것이라고 추측된다.

제지술의 전달과 함께 인쇄술의 전달은 서반구의 르네상스에 결정적인 기여를 하였다. 가장 특기할 만한 것은 역시 학문의 발전에 미친 영향일 것이다. 무엇보다도 동일한 서적을 일시에 다량으로 공급할 수 있게 됨으로써, 근대 텍스트 비판의 토대를 마련했다는 점이 중요하다. 종래의 필사본은 숫자도 적을뿐더러 그 내용도 정확하지 않아 계속적이고 누적적인 텍스트 수정이 이루어질 수 없었다.

그러나 이제는 서로 멀리 떨어져 있는 학자들도 특정한 책의 특정 구절을 논의 대상으로 삼을 수 있게 됐고, 서로 다른 판본들을 쉽게 비교할 수 있게 되었다. 이런 식으로 지속적인 수정과 비교의 과정을 거치면서, 서반구 학자들은 19세기에 이르러 비로소 어떤 책의 비판본이라는 것을 갖게 되었다. 이는 학문의 발전 과정에서 극히 중요한 의미를 띤다. 왜냐하면 이로써 학문의 표준화가 가능해지고, 그것을 바탕으로 사물을 평가하는 공통적인 규준이 마련될 수 있었기 때문이다.

예컨대, 코페르니쿠스는 이미 16세기 초 태양 중심설을 입론했으나, 혼자서 이 문제와 씨름하다가 1543년에 이르러서야 그 결과를 책으로 간행했다. 그의 주장은 많은 학자들 간에 대화의 주제가 되었고, 그만큼 해결책도 더 빨리 도출될 수 있었다. 활판 인쇄술은 학문의 비판적 축적과 아울러 다양한 관념들을 널리 확산시키는데 결정적으로 기여했다. 만일 인쇄술이 없었다면 에라스무스 같은 문인의 영향력이 그렇게도 급속히 전 유럽으로 확대될 수 있었을까?

이는 루터의 경우에 더욱 극적으로 나타난다. 1517년에서 1526년 사이에만, 약 2천개에 달하는 루터의 저작과 설교집 판본들이 간행됐다. 우리는 여기에, 교황을 적敵그리스도라 공격하고 미사 의식을 풍자하며 수도원의 세속화를 요구하고 농노제가 그리스도교인의 자유와 모순된다고 주장하는 수많은 대중적 팜플렛, 선전물, 만화류 등속을 더해야만 할 것이다. 이 모든 것이 활판 인쇄술을 매개로 사회의 모든 계층 깊숙이 전달됐던 것이다. 특히 이 기간은, 루터가 95개 조를 내건 뒤 교황 및 황제와 충돌하면서 결국 파문까지 당한 민감한 시기들이었다. 만일 활판 인쇄술이 없었더라면 루터도 없었을 것이다.

금속 활자는 인류의 삶을 변화시킨 중요한 발명품이다. 13세기와 15세기에 한국과 독일에서 각기 금속 활자를 발명했다. 한국과 독일의 금속 활자는 종교와 관련이 있다는 점에서 공통점이 있다. 한국에서는 불교와 유교의 도입과 함께 경전을 확산하고자 했다면, 서반구에서는 기독교의 교리를 전파하려는 목적이었다. 한국의 경우 금속 활자 발명 당시인 고려에서 많은 불교 경전을 찍어내었다. 불교는 신라 이래 고려 시대까지 1,000여 년 간 한국의 국교로 자리 잡았다.

1392년 조선이 건국된 이후로는 불교를 억누르고 유교를 숭상하였다. 이 당시 위정자들은 백성들에게 불교의 교리를 없애고 유교의 교리를 빨리 전파시키고자 하였다. 따라서 조선 초기에는 많은 유교 경전이 인쇄되었고, 조판 기술도 발전하여 조선 세종 때는 한번 조판 후 수십 장을 찍어 낼 정도로 발전하였다.

금속 활판 인쇄가 나타난 이후부터 사람들은 비로소 값싼 서적을 얻을 수 있었고, 동반구와 중반구, 그리고 서반구에서도 르네상스의 기반은 단단하게 다져지기 시작했다. 그것은 문자의 사용과 컴퓨터의 발명에 필적하는 일대 문화사적 대사건이라고 불러도 전혀 과장이 아닐 것이다.

제IV부 4장
도자기 문명의 길

인류는 1만 2000년 전 처음으로 토기를 만들었다. 이후 도기 시대를 지나 자기 시대에 이른 것은 중국의 경우 8세기, 우리나라는 9세기 무렵이었다. 600~800℃에서 구워내는 토기에서 1,300℃의 고高화도에서 구워내는 자기에 이르는 시간이 무려 1만 1,000년 이상이 걸린 셈이다.

청화 백자靑畫白磁 Blue and White Porcelain의 등장은 르네상스를 중심으로 나타난 가장 글로벌한 문화 현상 가운데 하나일 것이다. 청화 백자는 '순도 높은 백자에 청색의 코발트 안료로 무늬를 그리고, 그 위에 투명유약을 입혀 환원염還元焰에서 구워낸 도자기'이다. 환원염이란 도자기를 구울 때 가능한 산소 공급을 줄여서 굽는 방법이다. 도자기에 포함되어 있던 산소가 빠져나가 흙 속에 들어 있던 미량의 금속 성분들이 제 색깔을 내도록 하는 것이다. 청화 백자는 몽골이 세계를 지배했던 14세기 초 원나라 때 중국에서 개발되었다. 그리고 고려와 일본 및 유럽에까지 전파된 대표적인 도자기 장식 기법이다.

자기 제작에서 가장 중요한 두 가지 요소는 태토胎土와 소성온도燒成溫度 기술인데, 중국에는 태토로 사용되는 양질의 고령토 매장량이 엄청났다. 자기를 굽기 위해서는 약 1,300℃의 열을 만들어내는 것도 중국에만 있는 기술이다. 단순히 나무로 불을 떼어서는 그 온도를 얻을 수가 없었다. 그래서 등장한 것이 오랜 시간 불을 가두어 고온 공간을 형성하는 가마이다.[131] 다만 자기에 문양을 그려 넣을 때 필요한 안료顔料가 문제였다. 중국에는 그게 없었다.[132] 그래서 찾아낸 게 '회회청'回回靑이라고도 불린 '산화코발트' Cobalt Oxide이다. 14세기 초 중반구와의 교역을 통해 아프가니스

---

131) Frederick L. Olsen, 1983. *The Kiln Book*. Radnor: Chilton. 65.
132) 방병선, 2012. 『중국도자사 연구』, 경인문화사, 101, 111~113.

탄·이란 등지에서 수입한 것이다.

고려 말 궁중이나 귀족 사이에서도 극소량을 사용했다는 기록이 있다. 사실상 청화 백자를 제작, 사용하기 시작한 것은 세종 때이다. 순백자와 푸른 청화의 만남은 당시로서는 신선한 충격이었을 것이다. 조선 후기 지식층의 서화, 골동, 분재 취미가 청화 백자에 많이 반영됐다. 눈같이 흰 백자 바탕에 짙푸른 남색의 청화 문양을 두른 백자는 여유있는 생활이 가능한 사대부士大夫나 부상富商들에게 인기가 많았다. 청화 백자에 들어가는 안료 회회청回回靑은 명나라에서 소량 수입해서 썼다.

청화 백자가 일반적으로 '전형적'인 중국 상품으로 여겨지지만 따지고 보면 완전히 중국 상품은 아니었다. 너무나도 비싸서 조선의 도공들은 이를 대신할 수 있는 안료를 열심히 찾기도 했다. 세조, 예종 때는 국내에서 나는 소위 토청土靑을 찾아내 청화 백자를 생산하려한 기록왕조 실록도 있지만 아무래도 회회청의 코발트 블루를 재현하긴 어려웠다. 그러니 청화 백자를 한 점 정도 소장한다는 것은 부와 권력의 상징이었을 것이다. 성종 때는 회회청回回靑으로 만든 청화 백자는 귀하고 특히 사치풍조를 조장하는 것이라 수입을 일절 금한다는 어명御命까지 있었다.

하지만 1592년 임진왜란으로 우리 도자문화는 완전히 파괴됐다. 장인匠人 수천 명이 일본으로 끌려갔고 가마와 관련시설은 대부분 파괴됐다. 재기 불능의 지경에 이르렀던 것이다. 17세기 전반까지 임진왜란과 병자호란의 후유증으로 도자 산업은 되살아날 기미가 보이지 않았다. 청화 백자는 만들지도 못했다. 17세기 중·후반부터 청화 백자가 명기名器로 다시 만들어지기 시작, 17세기말~18세기 전반에 걸쳐 우리나라 청화 백자 사상 가장 한국적이고 가장 간결하면서 아름다운 조선 중기 청화 백자가 만들어졌다. 임진왜란이 끝난 지 200년 만에 다시 제작됐던 것이다.

청화 백자는 동반구와 중반구의 다양한 과학적 요소와 산물이 결합되어 탄생한 교류의 산물이었다.[133] 그것은 르네상스가 서구의 전유물이 아닌 것과 마찬가지다. 바탕에 섬세하게 문양을 음각한 후 그 위에 홍색이나 황색, 남색, 녹색 등 다양한 색채를 먹여 그 화려함을 부각시키는 기법도 개발했다. 소위 '금상첨화'라는 기법이다. 르네상스의 문자적 의미와 다르지 않은 "재창조"였던 셈이다.

이렇게 제작된 중국의 청화 백자는 아라비아 상인들을 통해 실크로드를 거쳐 오스만 제국의 술탄들에게 공급되었다. 동서 교역을 통해 엄청난 숫자의 도자기가 중반구 이슬람 세계를 거쳐 서반구로 흘러 들어갔다. 당시 서반구에서는 중국의 청화 백자를 직접 수입하는 루트가 없어 오스만 제국을 경유해야 했기 때문에 가격은 금값에 비교할 만큼 비쌌다. 나무나 쇠붙이로 된 접시를 식기로 사용하던 중반구나 서반구의 사람들은 이 우아한 아름다움을 간직한 도자기를 경험하자마자 한 순간에 그 매력에 흠뻑 빠졌다. 문제는 수요를 공급이 따라오지 못했고, 상인에게 주문을 해놓고도 몇 년을 기다려야 하는 형국이었다. 이 귀한 청화 백자가 14세기 중반부터 19세기 중반까지 약 400년 동안 먼저 중반구로 얼마나 많은 양이 쏟아져 들어갔는지는 남은 흔적만으로도 짐작할 수 있다.

지금도 술탄Sultan들이 거주한 콘스탄티노플의 톱카프 궁Topkapi Palace 도자기 콜렉션은 엄청난 양의 중국 청화 백자를 소장하고 있다. [그림41] 뿐만 아니라 이란의 아르다빌 궁전Ardabil Palace의 '도자기 방'chinikhaneh도

---

133) 닐 맥그리거 지음 강미경 역 2014. 『(대영박물관과 BBC가 펴낸) 100대 유물로 보는 세계사』, 다산초당. 452~457.

중국 청화 백자 700여 점을 소장하고 있을 정도이다. [그림42] 사실은 이 두 곳에 소장된 청화자기 가운데 많은 양이 동시대의 것으로 판명되었다. 아르다빌 궁전의 소장품은 현재 대부분 테헤란 바스탄 고고 박물관Iran Bastan Museum에 소장되어 있지만, 이들은 1611년 이란 사파비 왕조의 압바스 1세r. 1587~1629가 아르다빌 궁전에 기증한 1,189점에서 비롯되었다. 톱카프 궁전 박물관에 소장된 전체 청화 백자는 5,300여점이고 이 가운데는 이란과의 전쟁에서 승리하고 전리품으로 가져온 것과 이후 시리아의 다마스쿠스와 이집트 카이로에서 전리품으로 가져온 것이 포함되어 있었을 것으로 추정된다.[134]

[그림41] 터키 이스탄불 톱카프 궁전의 청화 백자

사실 중국 도자기가 중반구에서 본격적으로 주요 교역품이 된 것은 동서 간의 해상 교역이 발달하는 8세기 이후부터였다. 셀주크 왕조Seljuk

---

134) Pope. J A. 1952. "Fourteenth century blue and white a group of Chinese porcelains in the Topkapu Sarayi Müzesi Istanbul" *Freer Gallery of Art Occasional Paper.* Vol.2, No.1.Washington Smithsonian Institution.

[그림42] 이란 아르다빌 궁전의 청화 백자

Dynasty, 1037~1194에 이르러서는 단순히 수입한 중국 자기의 기형이나 유색을 모방하는 것에 그치지 않고 희고 부드러운 유리질의 백색 태토를 개발하게 된다. 후대 이슬람 도자에 커다란 영향을 미친 이른바 연질 자기질의 '셀주크 도자'Seljuk ware이다.[135] 이들은 기면을 이슬람 문양으로 장식했다. 일 칸국Ilkhanate, 1256~1353시대에는 두 지역 간의 문물 교류가 더욱 활발히 이루어졌다. 14세기에 이르러 티무르 왕조Timur Dynasty, 1370~1506와 이집트 맘루크 왕조Mamluk Dynasty, 1250~1517가 이슬람의 중심 세력을 이루면서, 백색 기면에 코발트로 장식하는 새로운 미감의 청화 백자가 유입된다. 덕택에 요즘도 원대元代와 명초明初의 청화 백자를 모방한 도기는 이란, 우즈베키스탄, 시리아, 터키, 그리고 특히 이집트 등지에서 쉽게 만날 수 있다.

중국의 청화 백자를 비롯하여 차와 비단 같은 동반구의 산물들이 중

---

135) James W. Allan, 1973. "Abu'l Qasim's Treatise on Ceramics," *Iran*. Vol. 11. pp. 13~16.

반구를 거쳐 본격적으로 서반구 시장으로 유입된 것은 14세기부터였다. 르네상스 시기와 일치한다. 이전까지 중반구 지역에 다량으로 수출된 중국 도자기 역시 육상, 해상으로 연결되는 교역로를 통해 이탈리아에 상륙했다. 본격적으로 유럽 사회에 등장하기 시작한 것이다. 이는 당시 유럽인들의 항해기와 여행기, 그리고 지도 같은 다양한 문헌 자료를 통해 확인할 수 있다.[136]

뿐만 아니라 15세기 초 28년에 걸쳐 7차례나 실시된 정화의 해상 진출 시기와도 일치하니 그 영향 또한 적지 않았을 것이다. 기록에 의하면 정화의 함대는 엄청난 양의 도자기를 중반구로, 그리고 또 서반구로 실어 날랐다. 15세기 영락 시기부터 16세기 정덕 연간에는 경덕진 관요에서 본격적으로 아랍어·페르시아어 등으로 장식된 청화 백자의 주문 제작이 시작되었다. 『쿠란』이 새겨진 이슬람풍 자기를 비롯해서 이슬람 문화권에서 사용되는 대형 접시·주전자 등도 수출되었다.

대항해 시대의 주도권을 가진 포르투갈은 16세기에 이르러 중국과의 직접교역을 이루고자 여러 차례 대규모 원정을 시도했지만 실패했다. 영락제가 죽고 명나라가 취한 소위 해금海禁정책 때문이었다. 공식적인 교역 시도에 실패한 포르투갈은 마카오를 통해 밀무역을 하다가 1571년부터는 정식으로 세금을 내며 아예 그곳에 눌러앉았다. 이렇게 시작된 중국과의 무역을 17~18세기 네덜란드와 영국이 이어받으면서 서반구 사회에는 중국 도자기가 넘쳐났다. 그리고 유럽인들은 중국 도자기에 매료되어 열광적인 반응을 보였다. 극작가 셰익스피어의 작품 *Measure for Measure* 자에는 자로

---

136) Maria A. Pinto de Matos, 2002. "Chinese Porcelain in Portuguese Written Sources", *Oriental Art*. Vol. 48(5), p.36.

[그림43] 아랍어로 장식된 청화 백자

제1장에서 폼피가 변명을 늘어놓으며 중국 도자기가 최고의 제품임을 강조하는 구절이 등장할 정도다. 그들이 중국을 도자기 생산의 선진 지역으로 인식하고 있었다는 증거는 도자기를 지칭하는 영어 단어가 'Pottery' 또는 'Porcelain' 말고도 'Chinaware'라는 사실에서도 알 수 있다.

여기에는 다양한 요인이 복합적으로 작용했다. 중국 도자기는 무엇보다도 유럽 사회의 식생활과 위생에 있어서 중요한 변화를 가져온 혁신적인 상품이었다. 중국 도자기가 유입되던 시기 유럽의 음료 문화는 새로운 변화를 겪고 있었다. 중국차와 더불어 커피가 유입된 것도 바로 이때였다. 신대륙으로부터는 쵸콜릿 음료까지 전해져 궁정과 상류층 여성들을 중심으로 다양한 차 음료의 소비가 급증했다.[137] 이 새로운 세 종류의 음료

---

137) Philippa Glanville and Hilary Young (eds.), 2002. *Elegant Eating: Four Hundred Years of Dining in Style*. London: V&A Publications. pp.109~110.

는 모두 고온으로 끓여 마셔야 했다. 지금까지 유럽 상류층에서 고급 식기로 사용되던 은제 식기는 쉽게 뜨거워지고 녹이 잘 슬어 관리가 어려웠다. 그리고 유럽에서 생산되던 연질 도기는 자기에 비해 쉽게 깨지고 유약이 녹아 내려 고온의 음료를 담기에는 부적합했다.[138] 그러나 중국 도자기는 도기에 비해 내열성이 높아 쉽게 뜨거워지지 않았다. 뜨거운 음료를 담아도 유약이 녹지 않고 깨지거나 갈라지지도 않았다. 유럽의 그것보다 위생적이고 단단했던 것이다.

그러나 이 비싼 중국 도자기에 열광했던 진짜 이유는 이런 실용적인 측면보다 그것이 '신비롭고 이국적인 중국' 즉 오리엔트를 상징하는 문화적 소재였던 것이다. 중국 도자기로 실내를 장식하고 전시하는 것은 르네상스 유럽인들이 갖고 있었던 이국적인 중국 문화에 대한 갈증을 해소 할 수 있는 훌륭한 방법이었던 것이다. 소위 상류 사회의 중국 취향이라고 할 수 있는 '쉬누와즈리' Chinoiseries의 등장과 밀접한 관련이 있다. 그것은 사치품의 소비 증가와 소유를 통한 지위 과시라는 르네상스 시대의 경향[139]과도 맞아 떨어진다. 고가의 중국 도자기를 소유한다는 것은 소장자의 사회적 지위와 경제적 부유함을 담보하는 것이었고, 실제로 귀족들은 '자기 진열실'을 따로 만들어 그것을 과시하기에 이르렀다.[140]

유럽의 왕족이나 귀족들이 도자기 컬렉션을 시작한 것은 이런 배경에서

---

138) Stacey Pierson, *Collectors, Collections and Museums: The Field of Chinese Ceramics in Britain, 1560~1960* (Bern: Peter Lang), pp.31~33.
139) Keith Thomas, 2010. *The Ends of Life: Roads to Fulfillment in Early Modern England.* Oxford University Press. 4장 참조.
140) 그랜트 맥크래켄(이상률 譯), 『문화와 소비』, 문예출판사, 1996, pp.189~191 Malcolm Waters, *Globalization* London: Routledge, 1995, p.140.

이다. 포르투갈 마누엘 1세가 수집한 중국 청화 백자 컬렉션이 대표적인데, 1501년부터 주로 원나라와 명나라의 청화 백자를 모아 17세기 중반에 산토스 궁전의 벽과 천장을 장식하는 용도로도 사용되어 지금까지 보존되고 있다. [그림44] 17세기와 18세기에도 중국 도자기 컬렉션에 대한 상류층의 열망은 계속되었다. 영국 햄프튼 코트 궁전 컬렉션, 베를린 샤를로텐부르크 궁전 컬렉션, 그리고 드레스덴의 쯔빙거 궁전 컬렉션 등도 모두 그런 결과물이다.

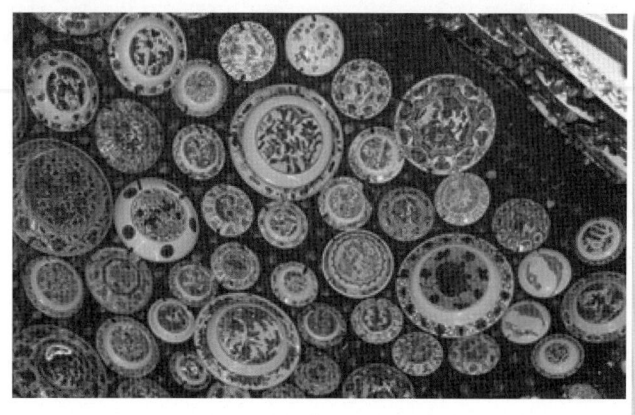

[그림44] 산토스 궁전의 벽을 장식한 청화 백자
https://www.macaomagazine.net/culture/globalisation-chinese-porcelain

사실 르네상스를 이끈 새로운 집단을 형성한 것은 부유한 상인들이었다. 이들은 영주나 기사 같은 작위를 받은 세습 귀족과는 판이하게 다른 평범한 사람이었다. 그러나 상업 활동이 활발하게 전개되던 당시 상황 속에서 막강한 부를 거머쥔 일종의 자수성가형 다국적 기업인으로 성장하였다. 왕궁 귀족에 뒤지지 않는 엄청난 부를 기초로 거대한 저택을 건립하였고, 교회를 후원하는 등 막대한 돈을 예술 활동에 투자하였다. 르네상스가 이들의 지갑에서 나왔다고 해도 과언이 아니다.

[그림45] 반 에이크 作, 아르놀피니 부부의 초상. 1434
National Gallery, London

그들의 사치 문화는 11~12세기에 일어난 중세 상업 혁명의 연장선상으로 해석될 수 있다. 따라서 당시의 문화적 현상을 상품 경제의 고도화라는 맥락에서도 살펴볼 필요가 있을 것이다. 또 다른 한편으로는 과시적 소비와 경제적 번영의 맥락이다. 과시적 소비Conspicious Consumption란 사회에서 성공한 계층이 자신의 우월한 지위를 비생산적 소비 활동을 통해 확인하려 한다는 이론이다. 가문이나 신분 같은 확실한 증표 없이 벼락출세한 상인 계층은 일반 평민 계층과는 다른 고도의 소비 행태를 통해 스스로를 돋보이려고 했을 것이다.

도자기를 비롯한 당시의 호사스런 예술품은 이들의 과시적 소비의 결과물이며, 그것을 전시하는 행위 또한 이들이 꿈꾸는 안락의 세계라는 것이다. 위 [그림45]은 그림의 초점이 마치 아르놀피니의 부에 맞춰져 있는 양 의상이나 가구나 장식이 화려함의 극치를 보여주고 있다. [그림46]은 당시 유럽에서 유통되던 사치품들 가운데 대부분이 중국산 도자기임을 보여준다.

원래 청화 백자의 공급자였던 중국도 그저 물건을 파는 일에만 열중하지 않았다. 서반구 시장의 수요에 맞추어 자발적으로 변화를 모색했다. 도자기를 통해 새롭게 변모한 서양 문화와 기술의 한 면을 접할 수 있었던 중국은 이제 서양식 식생활과 문화에 어울리는 그릇 모양의 도자기를 생산하게 되었다.

그리고 그것은 다시 서반구로 재수출되었을 뿐 아니라 중국 내에서도 소비되고 향유되었다. 중국 황실 및 귀족층에게도 영향을 주었다. 서양풍 문양을 많이 도입한 17~18세기의 주문 제작 중국 도자기가 서양인들에게는 자신들과 기호와 문화를 도자기에 담을 수 있다는 점에서, 중국 상인과 도공들에게는 일반 도자기보다 높은 가격을 받을 수 있다는 점에서 그러했다. 중국 상류층에게는 서양 문화를 담은 이국적인 물품이라는 점에서 매력적인 교역품이자 예술 소장품으로 등장한 것이다.

[그림46] 작자 미상. 중국 수출상의 실내장식
Interior of a Chinese shop. 1680-1700

가장 중국적인 것으로 여겨졌던 청화 백자가 수요자의 기호와 문화를 적극적으로 수용함으로써 중국 도자기라는 하나의 제품 안에 중반구와 서반구라는 다른 두 지역의 기술과 문화를 혼합하여 담아냈다. 그야말로 교류의 산물로 재탄생한 것이다. 이제 청화 백자는 더 이상 동반구의 것도, 중반구의 것도 아니었다. 그렇다고 해서 서반구의 것은 더욱 아니다. 서로의 교류를 통해 만들어진 청화 백자야말로 가장 르네상스적인 상품이며, 르네상스를 이해하는데 가장 중요한 키워드라고 할 수 있다. 무슬림들은 중국 자기의 우수한 내구성과 청화 백자의 아름다움을 이렇게 예찬했다.

자기는 비취 이외의 값비싼 돌이 갖지 못한 세 가지 성질을 가지고 있다. 첫 번째로 자기는 모든 찌꺼기를 침전시킨다. 두 번째로는 결코 낡지 않는다. 세 번째로는 다이아몬드로 긁었을 때만 긁힌다. 그리고 다이아몬드를 확인하는 방법 또한 이것뿐이다. 이러한 자기를 사용하여 식사를 하거나 물을 마시면 힘이 생겨난다.[141]

그것은 인류가 보편적으로 가진 심미적 안목의 조합이며, 도예에 대한 다양한 표현과 제작기술이 상호 교류의 시너지 효과를 통해 이루어낸 결정체이다. 그리고 그것이 서반구에서 꽃피운 르네상스 장식 미술의 근간이 된 것은 자연스러운 일이라고 할 수 있다.

---

141) 미스기 다카토시 지음, 김인규 옮김. 2001. 『동서도자교류사 마이센으로 가는 길』 눌와. p.29. 1516년 오스만튀르크의 무역 상인으로 짐작되는 아크바르(Ali Akbar)가 1500년대 초반 실크로드를 통해 명나라를 방문한 다음 여행서 『카타이나메』(Khataynameh The Book of China)에 남긴 기록이다. 물론 실제 자기 제작 공정이나 자기의 특성과는 관련 없는 과장되고 허구적인 내용이다. 다만 수용자인 중반구나 서반구 사람들이 중국 자기에 얼마나 열광했는지를 알려준다.

자료 목록

표 목록

[표1] 같은 시대에 글로벌한 현상으로 나타나는 르네상스 12
[표2] 13세기부터~16세기까지의 동반구와 중반구   122~123
[표3] 동반구와 서반구의 시계장치를 중심으로 본 천문과학의 방향성과 확장성 131
[표4] 헬레니즘의 생성에서부터 근대까지 209

지도 목록

[지도1] 몽골 제국 70
[지도2] 티무르 제국 77
[지도3] 750년까지 이슬람의 팽창 85
[지도4] 혼일강리역대국도지도(混一疆理歷代國都之圖, 1402) 112
[지도5-1] Hereford Mappa Mundi (1285) 117
[지도5-2] Hereford Mappa Mundi (1285), 오늘날의 모습. @2014 omniatlas.com 118
[지도6] al-Idrisi's world map 120
[지도7] 1763년 제작된 「천하전여총도(天下全與總圖)」 136
[지도8] 정화의 원정로 138
[지도9] 십자군 침공루트 152
[지도10] 메대-바빌로니아 왕국 192
[지도11] 왕의 길 195
[지도12] 알렉산더의 오리엔트 원정로 204
[지도13] 1세기의 파르티아 제국 211
[지도14] 그리스-박트리아의 지도와 그 최대 판도 (BCE 180) 215
[지도15] 사산왕조의 영역 (4세기 말) 220
[지도16] 동돌궐과 서돌궐 235
[지도17] 소그드 243
[지도18] 흉노의 활동반경 251
[지도19] 실크로드와 장건의 여행로 253
[지도20] 혜초의 여행 경로 260
[지도21] 전투가 벌어진 탈라스는 카자흐스탄과 키르기즈스탄의 접경에 있다 264
[지도22] 마르코 폴로의 여행 경로 269
[지도23] 이븐 바투타의 해양 루트 271

[지도24] 비단길 284
[지도25] 불교의 전파 299
[지도26] 종이의 전파경로. 출처:『실크로드사전』317

그림 목록
[그림1] J. Burckhardt (1818-1897) 25
[그림2] L. Huizinga (1872-1945) 28
[그림3] 산 마르코 성당 중앙돔 서쪽 둥근 천장 위의 모자이크(1200년경) 36
[그림4] Husband and Wife with a 'Bellini'carpet by Lorenzo Lotto's (1523) 37
[그림5] Cloth of St. Gereon 39
[그림6] Sant'Andrea Forisportam in Pisa 39
[그림7] 압둘 라흐만 3세 ('Abd al-Rahman III, 912-961) 47
[그림8] 실베스터 2세 (Gerbert d'Aurillac, 약 940-1003) 48
[그림9] The Ambassadors (1533) by Hans Holbein 58
[그림10] 티무르의 포로가 된 바예지드 1세. Stanisław Chlebowski (1878) 76
[그림11] Iskandar Horoscope. Wellcome Library reference: MS Persian (474) 80
[그림12] 울루그베그 천문대 (사마르칸트) 81
[그림13] 성채의 건축. 비흐자드 作 83
[그림14] 코르도바의 메스키트 90
[그림15] Bellini 作, 메흐메드2세의 초상화. (1480) 95
[그림16] Da Vinci 作, 갈라타 다리 설계도. (1502-1503) 97
[그림17] 송나라 때 지폐인 '회자'의 원판 106
[그림18] 양부일구 129
[그림19] 이집트의 알렉산드리아 도서관. 162
[그림20] 인류의 문자로 벽을 디자인한 알렉산드리아 도서관 외관 162
[그림21] 13세기 문서에 그려진 바그다드의 지혜의 집 166
[그림22] 제왕절개 수술 중인 이븐 시나 183
[그림23] 터번을 쓴 이븐 루쉬드 184
[그림24] 키루스 실린더 (British Museum) 193
[그림25] 파괴된 페르세폴리스 유적지 198
[그림26] 이수스 전투에서 다리우스 3세와 싸우는 알렉산더의 모자이크 201
[그림27] 파르티안 샷 212
[그림28] Augustus of Prima Porta (바티칸 박물관) 213
[그림29] 간다라 불상 217
[그림30] 발레리아누스가 샤푸르 1세 앞에 무릎 꿇다. 비샤푸르의 암각 부조 221
[그림31] 세계수를 중심으로 유익수가 양쪽에 앉은 모양 http://guity-novin.blogspot.kr/2014/03/chapter-76-graphic-design-for-textile.html 227

[그림32] 입수쌍조문(立樹雙鳥紋, 나무를 가운데에 두고 공작새 두 마리가 있는 문양). 228
[그림33] Dīwān Luyāt at-Turk; 『돌궐어대사전』 북경 민족출판사, 2002년. 231
[그림34] 톤육쿡 비 238
[그림35] 금제 사슴 모양의 방패 장식판, BCE 7. 상트 페테르부르크 에르미타주 미술관 285
[그림36] 진경교중국비 305
[그림37] 경주출토 마리아상 305
[그림38] A. Stein이 발견한 그림 絹王女圖 310
[그림39] 호탄에서 발굴된 600-700경 실크 조각. Victoria and Albert Museum, London. 313
[그림40] 직지심체요절 320
[그림41] 터키 이스탄불 톱카프 궁전의 청화 백자 331
[그림42] 이란 아르다빌 궁전의 청화 백자 332
[그림43] 아랍어로 장식된 청화 백자 334
[그림44] 산토스 궁전의 벽을 장식한 청화 백자 https://www.macaomagazine.net/culture/globalisation-chinese-porcelain 336
[그림45] 반 에이크 作, 아르놀피니 부부의 초상 (1434) 337
[그림46] 작자미상. 중국 수출상의 실내장식 Interior of a Chinese shop (1680-1700) 339

345

참고 문헌

강톨가 지음, 김장구 이평래 옮김. 2009. 『몽골의 역사』. 동북아역사재단.
개빈 멘지스 지음, 박수철 옮김. 2010. 『1434-중국의 정화 대함대, 이탈리아 르네상스의 불을 지피다』. 21세기북스.
개빈 멘지스 지음, 조행록 옮김. 2004. 『1421-중국, 세계를 발견하다』. 사계절.
고마츠 하사오 외, 이평래 옮김. 2005. 『중앙유라시아의 역사』. 서울: 소나무.
곽철환, 2003. 『시공불교사전』, 시공사.
규장각한국학연구원, 2011. 『조선 사람의 세계여행』. 글항아리.
그랜트 맥크래캔, 이상률 역. 1996. 『문화와 소비』, 문예출판사.
김규현 역, 2013. 『대당서역기』. 글로벌콘텐츠.
김상근, 2011. 「실크로드 그리스도교를 찾아서: 근대 이전의 고대 아시아 선교 역사 연구를 위한 로드맵」. 『선교신학』 27. 33-70.
김상준. 2007. 「잊혀진 세계화: 송원연간의 세계변화와 '사건'으로서의 정주학」. 『한국사회학회 사회학대회 논문집』. 943-958
김성윤. 2007. 「영·정조시대(18세기)는 한국사의 르네상스였는가?」. 『한국사 시민강좌』. 40: 180-196.
김정하. 2014. 「이탈리아 르네상스에 대한 상호관계론적인 해석」, 『중동문제연구』, 제13권 2호. 129-156.
김차규. 2014. 「역사적 관점에서 본 이탈리아 르네상스」『인문과학연구논총』 Vol. 37.
김유진, 이종경. 2015. 「교류사의 관점에서 중국 도자기 다시 보기」, 『歷史敎育』(134).
김정하. 2014. 「이탈리아 르네상스에 대한 상호관계론적인 해석」, 『중동문제연구』, 제13권 2호. 129-156.
김정위 편. 2002. 『이슬람 사전』 학문사.
김혜정. 2016. 「중국 청화백자의 기원과 제작 배경 - 제(諸) 학설의 고찰을 중심으로」, 『미술사와 문화유산』 4:7-31.
김호동 지음. 2010. 『몽골제국과 세계사의 탄생』. 돌베개.
_____. 2002. 『동방 기독교와 동서문명』 서울: 까치.
_____. 2016. 『아틀라스 중앙유라시아사』 사계절.
노태구, 2015. 「단군 조선의 정치사상: 홍범구주 洪範九疇 」『한국정신과학학회지』. 17권 1호: 1~25.
도현철, 2013. 「원 제과 1333년 의 고려인·중국인 대책문 對策文 비교 연구」『역사와 실』89.
류강 劉鋼 지음, 이재훈 역, 2011, 『고지도의 비밀』, 글항아리.
맥그리거 닐 지음, 강미경 역. 2014. 『(대영박물관과 BBC가 펴낸) 100대 유물로 보는 세계사』, 다산초당.

이진일. 2007. 「비교사에서 교류사로?」, 『士林』. 28: 39-42.
이화선·구사회, 2016. 「동아시아의 해시계와 문화 교류 연구」, 『문화와 융합』 38권 4호.
마이클 모간 지음, 김소희 옮김, 2009. 『잃어버린 역사, 이슬람』 성균관대학교 출판부.
미스기 다카토시 지음, 김인규 옮김. 2001. 『동서도자교류사 마이센으로 가는 길』. 눌와.
민병훈, 2000. 「실크로드를 통한 역사적 문화 교류」 『실크로드와 한국문화』. 국제한국학회: 40-45.
반지씽 저, 조병묵 역, 2002. 『중국제지기술사』. 광일문화사.
방병선. 2012. 『중국도자사 연구』 경인문화사.
버나드 루이스 엮음, 김호동 옮김, 1994. 『이슬람 1400년』 까치.
신양섭, 2008. 「페르시아 문화의 동진과 소그드 민족의 역할: 조로아스터교와 마니교를 중심으로」 『中東硏究』 27-1: 1-23.
신일희. 2015. 「실크로드 역사에서 읽어내는 교류의 가치(mutatio)와 중반구학(Middle Hemisphere Studies)의 모색」, 『실크로드 인문학 국제학술회의』. 계명대학교. 52-76.
신채호 저. 김종성 역. 2014. 『조선상고사』. 역사의아침.
암리딘 베르디무로도프. 2005. 『사마르칸트 역사로부터의 물방울들』, 마나비얏 출판사, 타쉬켄트.
앨버트 후라니 지음, 김정명 홍미정 옮김. 2010. 『아랍인의 역사』. 심산.
에드워드 사이드 지음, 박홍규 옮김. 1993. 『오리엔탈리즘』. 교보문고.
오카다 히데히로 저, 이진복 역. 2002. 『세계사의 탄생』. 황금가지.
오상학. 2016. 「'혼일강리역대국도지도'의 최근 담론과 지도의 재평가」 『국토지리학회지』 제50권 1호, 117-134.
요시미즈 츠네오, 오근영 옮김. 2002. 『로마문화왕국, 신라』 씨앗을 뿌리는 사람.
요한 하위징아 지음, 이종인 옮김. 2012. 『중세의 가을』 연암서가.
이상현, 1998. 『지성사로 본 세계사』. 집문당.
이희수. 2011. 『이슬람』 청아출판사.
_____ 2012. 『이슬람과 한국문화』 청아출판사.
_____ 2015. 『이슬람학교 1, 2』 청아출판사.
전승창. 2009. 「조선 초기 명나라 청화백자의 유입과 수용 고찰」 『미술사학연구』 12: 35-62.
정다함, 2009. 「麗末鮮初의 동아시아 질서와 朝鮮에서의 漢語, 漢吏文, 訓民正音」 『韓國史學報』 제36호, 269-305.
정수일. 2001. 『실크로드학』. 창비.
_____. 2001. 『고대 문명 교류사』. 사계절,
_____. 2002. 『문명교류사 연구』. 경기 파주: 사계절.
_____. 2002. 『이슬람 문명』. 창비.
_____. 2004. 「혜초의 서역기행과 "왕오천축국전"」 『한국문학연구』 27: 26-50
_____. 2005. 『한국 속의 세계』 上下, 창비.

_____. 2009. 『문명담론과 문명교류』. 살림.

_____. 2009. 『실크로드사전』. 창비.

정재서. 2013. 『수인씨와 문명의 창시자들』. 21세기북스.

제러미 블랙 저, 김요한 역, 2006, 『세계 지도의 역사』, 지식의숲.

조너선 라이언스. 김한영 역. 2013. 『지혜의 집, 이슬람은 어떻게 유럽 문명을 바꾸었는가?』, 책과 함께.

주겸지 저, 전홍석 역. 2010. 『중국이 만든 유럽의 근대: 근대 유럽의 중국문화 열풍』. 청계.

지배선, 2011. 『고구려 유민 고선지와 토번·서역사』. 도서출판 혜안.

최재수, 2005. 「실크로드 최후의 주자 정화의 하서양」 『해양한국』. 153-157.

최창모. 2013. 「'혼일강리역대국도지도(混一疆理歷代國都之圖)'(1402)의 제작 목적 및 정치-사회적 배경에 관한 연구」 『한국이슬람학회논총』 23(1): 111-144.

타밈 안사리 지음. 류한원 옮김. 2011. 『이슬람의 눈으로 본 세계사』. 뿌리와 이파리.

Talat Tekin 지음. 이용성 역. 2008. 『돌궐비문연구: 퀼 티긴 비문, 빌개 카간 비문, 투뉴쿠크비문』, 제이앤씨.

티머시 브룩 저, 박인균 옮김. 2008. 『베르메르의 모자: 베르메르의 그림을 통해 본 17세기 동서문명교류사』. 추수밭.

프랜시스 우드 지음. 박세욱 옮김. 2013. 『문명의 중심 실크로드』 경기 고양. 연암서가.

피터 왓슨 지음. 남경태 옮김. 2009. 『생각의 역사 I: 불에서 프로이트까지』. 들녘.

하워드 R. 터너 저, 정규영 역. 2004. 『이슬람의 과학과 문명』, 르네상스.

Anne Glynn-Jones, 1996. *Holding Up a Mirror*. London: Centtury.

Anzovin, Steven. 2000. *Famous First Facts 2000*, item # 3084. H. W. Wilson Company.

Blockley, R. C. 1985. *The History of Menander the Guardsman*, Francis Cairns.

Boulnois, Luce. trans. Helen Loveday. 2005. *Silk Road: Monks, Warriors & Merchants on the Silk Road*. Odyssey Books & Guides.

Brother Anthony of Taize and Robert D. Neff, 2016. *Brief Encounters: Early Reports of Korea by Westerners*. Korea Foundation.

de Clavijo, Ruy Gonzalez. 2012. *Narrative of the Embassy of Ruy Gonzalez de Clavijo to the Court of Timour at Samarcand AD 1403-6*. London, Printed for the Hakluyt Society.

Foltz, Richard C. 1999. *Religions of the Silk Road: Overland Trade And Cultural Exchange From Antiquity To The Fifteenth Century*, New York: St. Martin's Griffin,

Freeman, Charles. 2003. *The Closing of the Western Mind*. Knopf.

Glanville, Philippa and Young, Hilary (eds.), *2002. Elegant Eating: Four Hundred Years of Dining in Style*. London: V&A Publications.

Hansen, Valerie and Curtis, Ken. 2013. *Voyages in World History,* Volume 1. To 1600. Cengage Learning.

Hartwell, Robert. 1966. "Markets, Technology, and the Structure of Enterprise in the Development of the Eleventh Century Chinese Iron and Steel Industry", *Journal of Economic History* 26: 29-58.

Hobson, John. 2004. *The Eastern Origins of Western Civilization.* Cambridge: Cambridge University Press.

Innes, Matthew. 1997. "The classical tradition in the Carolingian Renaissance: Ninthcentury encounters with Suetonius", *International Journal of the Classical Tradition.* Vol. 3, No. 3, pp. 265-282

Iqbal, Muzaffar. 2009. *The Making of Islamic Science.* Kuala Lumpur: Islamic Book Trust.

James W. Allan, 1973. "Abul-Qasim's Treatise on Ceramics," *Iran.* Vol. 11. pp. 13~16.

Katz, Victor J. 2007. *The Mathematics of Egypt, Mesopotamia, China, India, and Islam: a sourcebook.* New Jersey: Princeton University Press.

Kerr, Rose and Mengoni Luisa E. 2011. *Chinese Export Ceramics.* London: V&A.

Kim, Hongnam, 2017. "An Analysis of the Early Unified Silla Bas-relief of Pearl Roundel, Tree of Life, Peacocks, and Lion from the Gyeongju National Museum, Korea." *The Silk Road* 15: 116-133

Kim, Tschung-Sun. 2016. "The Development of the Silk Road: The Postal Relay Route of Mongol and Goryeo." *Acta Via Serica.* Inaugural Issue: 105-117.

Le Bon, Gustave. 1974. *The World of Islamic Civilization.* New York.

Mairs, Rachel. 2014. *The Hellenistic Far East: Archaeology, Language, and Identity in Greek Central Asia.* University of California Press.

Majid Fakhry, 2001. *Averroes: His Life, Works and Influence.* Oxford: One World Publications.

Mann, Michael. 1986. *Sources of Social Power: Vol. 1. A History of Power from the Beginning to A.D. 1760.* Cambridge University Press.

Maria A. Pinto de Matos, 2002. "Chinese Porcelain in Portuguese Written Sources", *Oriental Art.* Vol. 48(5)

Marshall, Peter. 1981. "Nicole Oresme on the Nature, Reflection, and Speed of Light", *Isis* 72(3). 357-374.

Morgan, Michael Hamilton. 2007. *Lost History: The Enduring Legacy of Muslim Scientists, Thinkers, and Artists.* National Geographic.

Olsen, Frederick L. 1983. *The Kiln Book.* Radnor: Chilton. 65.

Pierson, Stacey. 2007. *Collectors, Collections and Museums: The Field of Chinese Ceramics in Britain, 1560~1960.* Bern: Peter Lang.

Pope, J A. 1952. "Fourteenth century blue and white; a group of Chinese porcelains in the Topkapu Sarayi Müzesi Istanbul" *Freer Gallery of Art Occasional Paper.* Vol. 2: 1. Washington Smithsonian Institution.

HRH The Prince of Wales. 1993. *Islam and the West,* Oxford Centre for Islamic Studies, Oxford.

Rossabi, Morris. 2010. *Voyager from Xanadu: Rabban Sauma and the First Journey from China to the West.* University of California Press.

Sancisi-Weerdenburg, H. 1987. "Decadence in the empire or decadence in the sources: Ctesias, from source to synthesis," *Achaemenid History I: Sources, Structures and Synthesis,* ed. by H. Sancisi-Weerdenburg. Leiden.

Southern, R. W. 1962. *Western Views of Islam in the Middle Ages.* Cambridge: Harvard University Press. 21.

Starr, S. Frederick. 2013. *Lost Enlightenment: Central Asia's Golden Age from the Arab Conquest to Tamerlane.* Princeton University Press. Princeton and Oxford.

Stein, Aurel. 1907, *Ancient Khotan: Detailed Report of Archaeological Explorations in Chinese Turkestan,* 1-2. Oxford: Clarendon Press. Digital Library of India Item 2015.181484

Thomas, Keith. 2010. *The Ends of Life: Roads to Fulfillment in Early Modern England.* Oxford University Press.

Violetta Thurstan, 1934. *A short history of decorative textiles and tapestries.* Pepler & Sewell.

Waters, Malcolm. 1995. *Globalization.* London: Routledge.

Waugh, Daniel. 2007. "Richthofen's 'Silk Roads': Toward the Archaeology of a Concept." *The Silk Road.* Volume 5, Number 1, Summer.

Werner, Michael and Zimermann, Benedicte 2006. "Beyond Comparison: Histoire Croiseand the Challenge of Reflexivity", *History and Theory,* Vol. 45(1): 30-50.

김호동. 2007. 「파미르 원정대를 이끈 고선지와 그의 시대」 http://weekly1.chosun.com/site/data/html_dir/2007/07/27/2007072700578.html

김호동. 「중앙유라시아 여행」
http://www.junim.pe.kr/koica/prepare/eurasialesson.html

이평래. 「몽골 제국과 동서 문명의 교류」. https://www.censcakmu.org:44273/sub05/sub05_2.php?mode=view&idx=14&page=2

전홍철. 「백제 연주문, 페르시아 문명을 말하다」. http://www.jjan.kr/news/articleView.html?idxno=1126156

Gallatin, Harlie Kay. 2001. "Western Europe in the High Middle Ages: An Overview From c. 900 to c. 1300". http://archive.li/Nx9A6.

Liu Yingsheng & Peter Jackson. "CHINESE-IRANIAN RELATIONS iii. Mongol Period ." www.iranicaonline.org. *Encyclopedia Iranica*.

『후한서』 https://ko.wikipedia.org/wiki/%EA%B0%90%EC%98%81_(%ED%9B%84%ED%95%9C)

「중국 도읍지 이야기 4」 http://yonseisinology.org/archives/1405

찾아보기

간다라	208, 215~218, 226	바그다드	46, 75, 88, 93, 108
	227, 288, 298		131, 158, 164, 176, 225
감영	60, 254~256		231, 255, 271
강리도; 혼일강역대국도지도	111~116	바빌로니아	192, 222, 244
	119~125	바스코다가마	290
까디시야	225	바예지드	75, 93
고선지	159, 258, 262, 316	박트리아	202, 210, 214, 221, 239
고조선	133		240, 252, 301
괵튀르크	234	반초	60, 213, 250, 287
구텐베르크	320	발흐	78, 214
굽타	259, 208	부르그히르드	23, 25, 29, 33
기독교	34, 73	부하라	78, 174, 228
낭생설화	234		230, 239, 240
네스토리안; 경교	244, 294, 303	비단	74, 113, 167, 212
다마스쿠스	46, 75, 85		236, 241, 254, 268
	157, 164, 317, 331		287, 308, 310, 312
다리우스	194, 200, 282	비문	234, 236, 237
동방견문록	267, 274		238, 240
돌궐	66, 105, 230, 240	비잔틴; 동로마	24, 33~38, 40, 44
디오클레티아누스	146		49, 61, 70, 86, 89
르네상스	21, 31, 54, 65, 101		93, 99, 146, 147
	126, 145, 175		149, 155, 167, 175
마니교	222, 240, 258, 290		224, 236, 241, 262, 304
마드라사	79, 99, 168	비흐자드	82
마라톤 전투	196, 200	사마르칸트	75~79, 81, 82, 93
마르코 폴로	260, 267, 302, 322		170, 228, 230, 240~248
모스크	75, 98, 157		263, 277, 288, 304, 316
무함마드	78, 156, 171, 272	사산	37~38, 146, 155, 164
메디아	192, 202, 225		175, 211, 214, 220
메소포타미아	40, 44, 167, 193, 205		242, 315
	223, 286, 302	샤나메	226, 229
메흐메드 2세	94	샤 루흐	77, 78
무세이온	161, 206	샤푸르 1세	221, 222
미케네	190	세밀화	80~72, 96, 100

세종	129, 130, 135, 321, 325, 329	알 마문	161, 164~168
셀레우코스	204~210, 214, 225, 242	알 만수르	164, 225
		알 부하리	174
		알 비루니	186, 247
셀주크	67, 92, 100, 150, 231, 239, 331, 332	알 콰리즈미	174, 185
		알 킨디	172, 186
소그드	204, 205, 228~237, 240~248, 294~306	알 파라비	173, 186
		알렉산드리아	47, 121, 149, 161~163, 175, 201~208
쉬누와즈리	335		
슐레이만	99		
스키타이	196, 226, 250, 283, 285	압둘 라흐만 3세	46
		압바스	46, 86, 105, 158, 159, 163~167, 175~178, 225, 239, 265, 314, 316, 331
실베스터 2세	48, 170		
실크로드	32, 40, 62, 69, 70		
십자군	103, 104, 141~143, 155, 160, 213, 215, 226, 241, 253, 254, 257, 274, 282~308, 316, 321, 340	에프탈	224, 236, 240, 247
		역참	68~72, 268, 290
		연주문	226~228
		영락제	57, 137~143, 227, 333
카르헤 전투	211, 312		
아리스토텔레스	36, 48, 89, 148, 149, 162, 164, 170~185, 200, 203	오로도스	250, 285
		오르톡	71
		오르혼	234, 235, 237
		오리엔트	45
아베로스; 이븐 루쉬드	89	오리엔탈리즘	11, 17, 52, 61, 196
아불카시스; 알 자라위	89		
아비센나; 이븐 시나	182	오손	250~255
아카드	190	오스만	75~77, 92~100, 128, 230, 330
아케메네스	197, 202, 204, 210, 211, 214, 225, 240~242		
		왕오천축국전	61, 258, 262
		왕의 길	69, 195
안티고노스; 안티고니즈	203	우마이야	85~88, 105, 156~158, 163, 175, 317
안식국	210, 255		
알 라흐만 1세	85~89, 158		
알렉산더	102, 187, 199, 200~207, 214, 220, 242, 282	울루그 벡	78, 81, 130, 245
		월지	210, 214, 216, 240, 243, 250~252, 286

위구르	67, 70, 230, 234, 239 2440, 245, 246 295, 302	칼리프	46, 149, 156, 158 161, 164, 165, 225 228, 282, 317
유목	16~18, 74, 78, 79, 84 105, 108,109, 150, 155 179, 196, 210, 230, 232 246	코르도바	46, 86, 88, 89, 91 158, 163, 170
		콘스탄티노플	75, 76, 79, 86, 88 94, 99, 146, 149 151~153, 224, 225 236, 272, 314, 330
유익수	226, 227		
이븐 바투타	267, 271~274		
이븐 루쉬드; 아베로스	89, 180~184	콜럼버스	57, 113, 137, 143 270, 277
이븐 시나; 아비센나	135, 173, 174 180~185, 247	쿠빌라이	69, 71, 73, 267
이슬람	24, 34, 37~40, 44~52 59~61, 66, 68, 71 75~82	쿠란	165, 163, 173, 182, 230 232, 333
		쿠샨	210, 214, 218, 221, 224 240, 243, 251 254, 298, 301
인쇄	57, 73, 80, 105 269, 318~325		
		쿠쉬나메	226
자힐리야	149	크레모나의 제라드	89, 180
장건	213, 250~257	크레타	50, 190
정화(鄭和)	56, 57, 131, 136~144 291, 301, 303	크세르세스	196
		크테시폰	213, 214, 222, 225, 255
제지술	10, 167, 265, 269 315~323	키루스	192~196, 242
		키르기스스탄	231, 242, 252, 255 259, 265
조로아스터교	103, 155, 222, 226 229, 242, 244, 258 290, 292, 294 300~303		
		탈라스	159, 239, 242, 265, 288 316, 318
종이	159, 288, 308, 315~321	테오도시우스	149, 314
중반구	33~40, 65, 102, 116	텡그리	67
지혜의 집	161~177	토번; 티베트	263, 264
차가타이	74, 230, 233	티무르	74~85, 93, 128, 130 138, 233, 241, 246, 277 282, 290, 322, 333
청화 백자	38, 328~340		
칭기즈 칸	66, 68, 72, 74, 75 79, 93, 240 ,247 277, 282		
		티베트	239 ,261, 263
		파르티아	60, 146, 205 ,217 220, 225, 252, 254 287, 301~303, 317
카라한	229~233		
카를로스 대제; 샤를마뉴	89, 178		

팍스 몽골리카	66, 68, 71, 268
	270, 290
페니키아	11, 192, 200
페르세폴리스	197, 202
페르시아	10, 37, 38, 46, 50, 56
	59, 69, 71, 82, 85
	98, 100, 103, 104
	109, 116, 121, 130
	131, 139, 149, 150
	151, 158 ,160, 164
	168, 174~182
	192, 202
프톨레마이오스	119, 161, 167~170
	178 ,180, 181
	204~207
플라톤	149, 162, 170, 173
	176, 178, 182,203
하위징아	27, 29, 33
현장	259, 294, 308
헤라트	77, 82
헤로도토스	196
헬레니즘	10, 50, 150, 174
	189, 203~218, 250
혜초	61, 103, 112
	258, 262
흉노	66, 216, 234, 240
	250~254, 257, 283
	287, 288, 294, 313
	315, 316
회회	71
회회청	328
히타이트	192